Uma Noite sem fim

Somos associados da **Fundação Abrinq** pelos direitos da criança.
Nossos fornecedores uniram-se a nós e não utilizam mão de obra infantil ou trabalho irregular de adolescentes.

Uma noite sem fim
Copyright by © Petit Editora e Distribuidora Ltda., 2013
1-10-13-8.000

Direção editorial: Flávio Machado
Produtor gráfico: Vitor Alcalde L. Machado
Capa: Julia Machado
Imagens da capa: Elena Elisseeva e Peshkova | Shutterstock
Projeto gráfico e editoração: Ricardo Brito | Estúdio Design do Livro
Preparação: Maria Aiko Nishijima
Revisão: Larissa Wostog Ono
Isabel Ferrazoli
Impressão: Vida e Consiência Gráfica e Editora Ltda.

Dados Internacionais de Catalogação na Publicação (CIP)
(Câmara Brasileira do Livro, SP, Brasil)

Florêncio, José (Espírito).
 Uma noite sem fim / romance do Espírito José Florêncio ; psicografia do médium Antonio Demarchi. – São Paulo : Petit, 2013.

 ISBN 978-85-7253-240-2

 1. Espiritismo 2. Psicografia 3. Romance espírita I. Demarchi, Antonio. II. Título.

13-11159   CDD: 133.9

Índices para catálogo sistemático:
1. Romance espírita : Espiritismo   133.9

Direitos autorais reservados.
É proibida a reprodução total ou parcial, de qualquer forma ou por qualquer meio, salvo com autorização da Editora.
(Lei nº 9.610, de 19 de fevereiro de 1998)
Traduções somente com autorização por escrito da Editora.
Impresso no Brasil, na primavera de 2013.

Prezado(a) leitor(a),

Caso encontre neste livro alguma parte que acredita que vai interessar ou mesmo ajudar outras pessoas e decida distribuí-la por meio da internet ou outro meio, nunca deixe de mencionar a fonte, pois assim estará preservando os direitos do autor e, consequentemente, contribuindo para uma ótima divulgação do livro.

Uma Noite sem fim

Romance de Espírito
José Florêncio

Psicografado pelo médium
Antonio Demarchi

Rua Atuaí, 389 – Vila Esperança/Penha
CEP 03646-000 – São Paulo – SP
Fone: (0xx11) 2684-6000
www.petit.com.br | petit@petit.com.br

PRIMEIRA PARTE

Uma noite sem fim	7
Um estranho acontecimento	21
Uma nova surpresa	43
O homem invisível	61
Planos sinistros	79
O lado obscuro da alma	97
Uma luz na escuridão	113
Os esclarecimentos	129

SEGUNDA PARTE

Superando desafios	143
O sucesso a qualquer custo	157
Alguns contratempos	171
Surpresas, muitas surpresas	185
Uma profunda decepção	205
Novas surpresas	213
Uma noite de tormentas	227
Um anjo protetor	247
Lutando para vencer	265
A eleição	283
A estratégia	311
Quando a felicidade chega	331
Um acontecimento doloroso	349
Despertando para a luz	365
Epílogo	379

PRIMEIRA PARTE

Uma noite sem fim

Não sei o que está acontecendo comigo, mas acho que estou vivendo um terrível pesadelo que parece não ter mais fim. Encontro-me em total desespero, pois a pior coisa que existe é ser completamente ignorado. Clamo e ninguém me responde, grito e ninguém me ouve. Choro, lamento, imploro por caridade e o que ouço é apenas o eco de minha própria voz seguido de um tétrico e assustador silêncio que me envolve o tempo todo.

A escuridão onde me encontro é pavorosa e minha situação é de total desalento. Em vão, tateio nas trevas, mas encontro apenas o vazio que aumenta minha sensação de desamparo e agonia. Em minha desdita procuro deitar-me, mas percebo que estou em um local onde o chão é úmido e viscoso — e isso me provoca arrepios! Então, novamente, volto a implorar, gritando com toda a força de meus pulmões:

— *Socorro! Por favor, alguém me ajude!*

Meu sofrimento parece não ter fim e meu desespero é insuportável, pois perdi completamente a noção do tempo.

— *Por misericórdia* — grito desalentado —, *preciso ouvir pelo menos uma voz que me diga o que está acontecendo!*

Diante de meus apelos desesperados, ouço apenas o eco de minha própria voz. O que está acontecendo? Não tenho a mínima ideia de onde estou. Estou vivendo uma tortura que parece não ter mais fim.

Tenho sentido muita fome, pois faz muito tempo que não me alimento. Sinto-me debilitado e, às vezes, parece que desmaiarei de fraqueza, mas isso não acontece. A sede tem me torturado e tenho implorado por um copo de água, e isso é mais uma da infinidade de dúvidas que me torturam: estou sem tomar uma gota sequer de água há tempos. Como é que ainda não morri?

Ultimamente também tenho sentido frio e percebo que minhas roupas estão em frangalhos. Então tomei uma decisão: resolvi me aquietar neste lugar obscuro onde me encontro, pois, quando tentei caminhar um pouco, caí em um buraco cheio de lama malcheirosa, tendo machucado as mãos e ferido as costas. Foi difícil sair daquele buraco fedorento e, desde então, resolvi permanecer por aqui mesmo.

Estou tomado por desespero com a perspectiva de que tudo ainda possa ficar pior. Entretanto, encontro-me diante de um enigma que está me levando à loucura: se estou vivendo um pesadelo, por que no próprio pesadelo, às vezes vencido pelo cansaço, tenho dormido? E quando durmo novos pesadelos têm me atormentado com monstros tenebrosos que me perseguem sem tréguas e, na tentativa de fuga, sempre despenco em um abismo insondável; e então acordo aos gritos de desespero e percebo a triste realidade em que me encontro?

Tenho chorado baixinho minha desdita, mas nada muda ao meu redor. Continuo aqui neste lugar sombrio, deitado em um terreno úmido e viscoso.

A verdade é que fiquei revoltado e confesso que ultimamente também tenho blasfemado contra Deus e o mundo. Para ser sincero, nunca acreditei mesmo em Deus. Sempre achei tudo uma balela, uma palhaçada que as religiões inventaram para controlar o povo. Marx tinha toda a razão quando dizia que a religião era o ópio do povo.

Insuflei meus pulmões e gritei minha revolta, destilei minha raiva em palavras rancorosas contra Deus, manifestei toda a minha ira e ironia, mas depois de longo destempero, cansei de minha própria estupidez, sentindo-me um completo idiota.

Se não acredito em Deus, por que estou blasfemando contra Ele?

Tenho repetido essa pergunta a mim mesmo com certa constância e confesso que isso tem dado um nó em meu pensamento. Ela ecoa de modo insistente em minha mente e, nesta reclusão em que me encontro, tenho a impressão de que o tempo não passa. Então fico me questionando a respeito de tantas coisas! Afinal, sempre fui uma pessoa que correu contra o tempo por causa de compromissos inadiáveis de homem de negócios e, agora, tenho tempo de sobra. Não sei onde me encontro, nem o que aconteceu comigo e tampouco qual a razão disso tudo, porque ninguém me responde.

Isso ainda me levará à loucura!

Cansei de minhas próprias blasfêmias e então passei a implorar por socorro. É difícil para um homem de minha importância ser relegado à situação em que me encontro. Afinal, sou o diretor-presidente de um importante conglomerado empresarial e estou acostumado a dar ordens e ser obedecido.

Já até pensei na possibilidade de ter sido sequestrado, mas onde estão meus captores? E que lugar é este em que não existe sequer uma réstia de sol? A escuridão é tormentosa, olho para o alto tentando vislumbrar o brilho de uma estrela qualquer, mas apenas densas trevas me fazem companhia.

Estou só, esquecido, abandonado, invisível, envolto em trevas tétricas de uma noite sem fim. Já quase não tenho forças para gritar, mas não posso desistir! Tenho de tentar! Alguém tem de me ouvir; não é possível que apenas eu esteja neste lugar medonho.

Mais uma vez, sinto que as forças me abandonam e adormeço. Todavia, nem dormindo tenho paz, pois logo formas estranhas e amedrontadoras começam a me perseguir sem trégua nem piedade.

— *Miserável!* — gritam aquelas formas esquisitas.

Parecem monstros, mas agora consigo vislumbrar alguma coisa e percebo que são seres com aspecto humano, porém de formas horripilantes.

— *Maldito, irá pagar por todo o mal que praticou!*

Ouço uma voz que me provoca arrepios e medo, porque parece me conhecer e repete insistentemente:

— *Ah, o sinhozinho achava que podia tudo, agora está pagando o que deve! A vingança será completa, hihihihi!* — ouço sempre aquele riso de escárnio apavorante!

Meu desespero não tem nome e minha desdita é insondável! Meus perseguidores parecem munidos de paus, punhais e facas e fazem gestos ameaçadores. Tento fugir a qualquer custo, mas sinto que minhas pernas estão fracas e, quando eles me alcançam e estão prontos para me golpear, desperto com o coração batendo descompassado em meu peito com o terror que invade minha alma.

Nestes últimos dias — é até um contrassenso dizer dias, pois não existe luz e não sei se é dia ou noite —, mas como eu estava dizendo, nestes últimos dias, tenho percebido que alguma coisa está errada comigo, e é melhor que eu descubra logo antes que perca completamente a razão.

Parei então com as blasfêmias, parei de exigir, parei de gritar imprecações. Sinto-me humilhado, o último dos últimos, e tenho apenas chorado baixinho.

Confesso que chorar me fez bem, pois pelo menos senti que ainda sou humano, o que me provocou muitas reflexões.

Veio-me à memória a figura de minha mãe. Até tive pena dela, pois para ela eu era sempre o menino doente que requeria cuidados. Coitada, aos seus olhos eu era sempre o filho doente e raquítico a exigir atenção e carinho maternos. Não percebeu que cresci, me formei, assumi posição de comando na empresa do papai e me tornei um importante homem de negócios.

É verdade que para isso passei meu irmão para trás por meio de artimanhas urdidas por trás dos bastidores, não muito éticas; o importante era o resultado. Papai era um homem muito sensível e flexível no trato com os funcionários, e meu irmão era igualzinho a ele. Por isso a empresa não ia bem. Comigo foi diferente, e o resultado não tardou a aparecer, mesmo que isso tivesse custado a aposentadoria precoce de meu pai e o afastamento de meu irmão.

Todavia, diante dos olhos de mamãe, eu não havia crescido. Para ela, eu continuava sendo sempre aquele menino fraco, doente e necessitado de apoio materno.

Isso me irritava.

Queria mostrar a ela que eu havia me tornado um homem forte, que não mais necessitava de seus cuidados maternos. Imaginem vocês, de vez em quando ela tinha o disparate de me ligar, interrompendo assuntos importantes, para me perguntar:

— Meu filho, você está bem agasalhado? Tomou os remédios da bronquite? Já fez sua oração de hoje e agradeceu a Deus por tudo? Por sua saúde e por sua vida?

Aquilo me irritava em demasia. Minha vontade era dar um grito: — Não me encha a paciência, mamãe, pois não acredito em Deus!

Mas tinha de manter minha postura: respirava fundo, contava até dez e respondia baixinho para não ser ouvido por ninguém:

— Sim, mamãe, já fiz minha oração de hoje e agradeci por tudo, conforme a senhora me ensinou.

Então, satisfeita, ela desligava o telefone, não sem antes me abençoar:

— Que Deus o abençoe, meu filho!

Não sei por que tenho pensado em mamãe ultimamente e não posso negar que sinto um pouco de remorso por minhas intemperanças. Mas também tenho pensado em meu pai. Lembro-me de que uma de nossas últimas conversas não foi nada agradável. Papai saiu de minha sala com lágrimas nos olhos e eu até senti raiva naquele momento. O assunto era sempre o mesmo:

— Meu filho, não há como negar nem como não reconhecer que você tem se saído muito bem na administração das empresas. Por outro lado, acho que você está falhando em um detalhe muito importante: temos de ser mais compreensivos e valorizar nossos funcionários mais antigos. Precisamos investir no ser humano e dar oportunidades aos bons profissionais que temos.

Meu pai era um visionário, um sonhador. Respirei fundo e contei até dez.

Aliás, essa era uma boa técnica que meu cardiologista havia sugerido quando eu precisava controlar as explosões de raiva, cada vez mais frequentes nos últimos tempos, o que estava causando preocupação em meu médico, que me dizia:

— Arnaldo, você precisa controlar melhor suas explosões, pois está extremamente estressado e com hipertensão arterial. Qualquer hora, você terá um ataque cardíaco fulminante. Precisa se controlar, tirar umas férias com sua esposa e sua filha, descansar, se desligar um pouco do trabalho e dos compromissos.

Minha resposta era imediata:

— Está louco? Nem morto saio de férias.

Então ele me ensinou alguns truques para melhor controlar minhas descargas intempestivas de ira. O legal era que o truque da respiração funcionava mesmo. Respirava fundo três vezes, soltava o ar pela boca pausadamente e contava até dez antes de responder e, então, conseguia responder com firmeza sem perder o controle, principalmente quando se tratava de meu pai e minha mãe:

— Muito bem, papai, já sei aonde o senhor quer chegar. Está se referindo ao sr. Edmundo, não é mesmo?

O sr. Edmundo era nosso contador. Um dos funcionários mais antigos. Praticamente havia começado a empresa junto com papai e, por essa razão, era muito considerado. Papai sempre me dizia:

— Tenha muito respeito pelo sr. Edmundo, pois é um bom profissional, um homem digno, fiel, responsável e comprometido com a empresa. Ele veste a camisa de nossa organização e, além do mais, é meu amigo. Uma pessoa de muita confiança.

Se havia uma coisa que me irritava era ouvir meu pai dizer que um funcionário incompetente vestia a camisa da empresa, como se isso fosse credencial para mantê-lo no cargo. Então eu respondi contrariado:

— Papai, aqui quem manda hoje sou eu e não estou interessado em pessoas que vestem a camisa, mas que ficaram ultrapassadas com o tempo. Não quero saber de fidelidade nem de amizade, mas sim de competência. O sr. Edmundo pode ser tudo o que o senhor disse, mas é incompetente, foi superado, não se atualizou. Hoje estamos na era da informática, da internet e de tecnologia de ponta. O sr. Edmundo ficou parado no tempo e no espaço e, por esta razão, não há mais lugar para ele aqui.

— E precisava demiti-lo? Não poderia ter encontrado outra solução até, pelo menos, ele ter completado seus anos de contribuição à Previdência Social e conseguido a aposentadoria?

— Papai, preste atenção uma vez por todas ao que vou dizer: a empresa não é nenhuma instituição de caridade para abrigar idosos incompetentes. Além do mais, aquele velho estava tomando o lugar de jovens profissionais promissores, competentes, atualizados. Sinto muito dizer-lhe, papai, mas hoje não há mais espaço para aquele que ficou parado no tempo. Tempo é dinheiro! Nem sei por que estamos perdendo tempo aqui com esta discussão estéril e sem sentido!

Foi então que vi meu pai chorar pela primeira vez. Meu velho abaixou a cabeça e, quando levantou os olhos para mim, vi que estavam cheios de lágrimas, as quais desceram por sua face.

— Meu filho, meu filho! Onde foi que errei? Vejo que você se tornou uma pessoa desumana, fria, calculista e sem sentimento. Que pena!

Se havia uma coisa que eu não suportava e ainda não suporto é a fraqueza humana. Papai era uma pessoa muito fraca e sentimental. Colocava sentimentos em primeiro lugar. Eu não, na empresa, o que me importava eram os resultados. Se um profissional trazia os resultados que eu esperava, sentia-me feliz e o recompensava, mas pieguices para cima de mim? Jamais!

— Por que está me dizendo isso, papai? Está chorando por aquele velho superado e incompetente que demiti? Ora, ora, ora, vá para casa, assista a um bom filme com mamãe, ou façam uma viagem juntos. Vão aproveitar os dias que ainda lhes restam de vida usufruindo do dinheiro que temos. Afinal, para que então serve o dinheiro se não para viver as facilidades que ele proporciona?

Observei então que papai levou a mão sobre o coração e respirou fundo, assim como eu fazia, para, em seguida, com a voz pausada, me responder:

— Estou chorando sim, meu filho, não apenas pelo homem honesto e íntegro de caráter que você despediu, mas por você. Um dia você irá compreender que nesta vida nem tudo se resume a dinheiro!

Dizendo isso, saiu de minha sala com a cabeça baixa. Foi nossa última conversa, que ficou gravada para sempre em minha memória.

Lembrei-me de minha primeira e única paixão: a mulher que encontrei e senti amor à primeira vista. Lívia era uma mulher muito linda e fazia parte de um grupo de estudos e caridade comandado por meu irmão, outro fraco de sentimentos. Conquistei-a, como conquistei tudo o que desejei na vida, casei-me e posso dizer que fui muito feliz durante algum tempo. Depois... as coisas desandaram, e tenho de admitir que foi por culpa minha.

Lívia tinha um sorriso meigo, cativante e, em seus braços, eu me sentia tocado por um sentimento que até então não havia experimentado: era o amor. Mas isso me deixava fraco em termos de razão e decisão. Percebi que esse era um sentimento muito perigoso e que eu precisava me acautelar para não ser dominado. Dessa forma, tão logo terminou nossa lua de mel, não tardei em mostrar a ela quem era que mandava. Às vezes, eu a via chorando pelos cantos da casa, mas tinha de ser durão: não poderia ceder.

Depois de um ano de casamento, Lívia presenteou-me com uma filha linda, a quem dei o nome de Cleo em homenagem a Cleópatra, rainha do Egito, de quem era grande admirador.

Meu Deus, essas lembranças têm povoado minha mente e, aos poucos, vou rememorando momentos felizes alternados com tristezas. Aos poucos, fui me distanciando de Lívia e me apegando cada vez mais a Cleo. Queria moldá-la como uma mulher de fibra, à minha semelhança, para no futuro assumir minha posição nas empresas de nosso grupo empresarial. Todavia, parecia-me que Cleo havia herdado o sentimentalismo de meu pai.

Lívia era muito sensível, "mas mulheres são assim mesmo", pensava eu. O que poderia eu fazer? Assim são as mulheres quanto à sua natureza: complexas e sensíveis. Essas eram minhas próprias conclusões para justificar meu distanciamento. Aos poucos, fui percebendo que o amor que não tinha em minha casa por parte de minha esposa eu substituía com vantagem por garotas lindas, que apenas se preocupavam em satisfazer minhas vontades, sem nenhum compromisso nem questionamento.

Assim era bem melhor. Ninguém me importunava, nem ousava me contrariar ou me dar conselhos inoportunos.

Até mamãe desapareceu de meu convívio. Percebia que, muitas vezes, ela estava em casa com minha esposa e minha filha, mas bastava eu chegar para que fosse embora, não sem antes dar-me um beijo de despedida e dizer-me como se diz a uma criança:

— Tenho orado e pedido muito a Deus por você, meu filho!

Eu a ignorava. Sempre a mesma coisa, sempre a mesma ladainha, sempre a mesma querela! Eu já estava cheio de tudo aquilo.

Todavia, o que mais tem me incomodado nestes dias de tormento que estou vivendo diz respeito a meu irmão, Felipe. Ele era dois anos mais velho que eu e sempre o vi como herói. No fundo, sentia muita inveja dele porque eu era doente, raquítico, sempre tomando remédios e injeções. Minha vida era uma peregrinação interminável a prontos-socorros, ambulatórios, hospitais, e ele saudável, belo, inteligente.

Queria ser como ele; via o tempo passando e Felipe era o preferido de papai, que sempre dizia que meu irmão estava sendo preparado para assumir a presidência das empresas. Na opinião de papai, ele fora talhado para aquilo, pois era inteligente e ao mesmo tempo bondoso e sensível.

Aquilo me deixava com raiva e inconformado! Eu quase não conseguia me conter em sentimentos de ódio quando ouvia papai fazendo aquelas referências a Felipe. Com o tempo, fui percebendo que meu maior inimigo vivia dentro de minha casa: era meu próprio irmão. Eu sabia que precisava tirá-lo de meu caminho se quisesse ter sucesso na vida! Custasse o que custasse.

Todavia, não precisaria ter acontecido o que aconteceu! Se existe algo que ainda me incomoda muito e que me traz um sentimento de remorso a remoer meu coração, é lembrar o que aconteceu e tudo o que eu poderia ter feito e não fiz por meu irmão.

De tudo o que fiz na vida, este é meu único arrependimento e que me faz muito mal quando penso a respeito. Hoje, quando penso em Felipe, sinto a dor do remorso a me sufocar e a acusação que pesa sobre minha própria consciência. Se existe uma coisa que me faz chorar e lamentar, é quando recordo aquele triste episódio em minha vida.

Esse pensamento é uma das lembranças que mais tem me angustiado nestes dias de escuridão e tormenta!

Balanço a cabeça desesperado, como que tentando me livrar desses pensamentos tristes. — *Vamos!* — grito para mim mesmo — *Você é forte e os fins justificaram os meios. Não seja fraco agora, tudo aquilo já passou!* — concluo, na tentativa louca de me animar.

Mas até quando vou viver esses momentos tenebrosos de angústia e tormento? Até quando? É a pergunta que faço a mim mesmo incessantemente e não encontro resposta!

Perdi a noção do tempo diante das sombras tenebrosas que me envolvem em uma noite que parece não ter mais fim.

Um estranho acontecimento

Nestes últimos dias — será que posso dizer dias? —, envolvido em trevas e dominado por pesadelos horripilantes, percebo que algo tem me trazido um pouco de paz: é quando meu pensamento se volta para Lívia, minha esposa, e Cleo, minha filha.

Hoje, depois de mais um pesadelo angustiante, acordei chorando e chamando por minha esposa e por minha filha! Parece-me que, em meio a tanta tormenta, quando meu pensamento se volta para elas, recebo um minuto de paz! De repente, senti que meu coração se aquietou e um sentimento de saudade me envolveu!

Então me surpreendi chorando! — *Que é isso?* — questionei a mim mesmo. — *Eu, um homem durão, chorando? Será que o sofrimento está me fazendo ficar sentimental?*

Entretanto, apesar de minha resistência ao sentimentalismo, percebi que chorar me fazia bem.

De repente, um *flash* irrompeu em minha frente, deixando-me cego por instantes que não pude precisar, de forma que não percebi o que estava acontecendo. Quando dei por mim, como em um passe de mágica, encontrava-me em frente à minha casa.

Fiquei atônito, sem entender o que havia acontecido. Era uma manhã ensolarada e, depois de tanto tempo, parei encantado com a luz do Sol que resplandecia por todos os cantos, enquanto eu ouvia os pássaros entoando seus cantos e enchendo o espaço de alegria, como se tudo aquilo fosse algo novo para mim. Chorei emocionado. Depois de tanta escuridão e trevas, ouvia novamente o som de alguma coisa diferente da minha própria voz.

A tese de que eu fora sequestrado fazia sentido. Acho que meus captores haviam ministrado alguma droga alucinógena e todos aqueles acontecimentos estranhos que haviam ocorrido comigo deveriam ser fruto de alucinação. Possivelmente minha família deveria ter pago o resgate e meus algozes haviam finalmente me libertado, trazendo-me de volta, deixando-me em frente à minha casa.

Assim, alegre, caminhei em direção ao enorme muro que circundava a mansão onde eu residia, em lugar nobre da capital paulista. O portão principal estava fechado por medida de segurança. Todavia, naquele momento, o portão de serviço se abriu para que um serviçal levasse o lixo para o local apropriado na rua. Não era costume que eu entrasse por aquele portão, mas naquele momento segui em frente sem me preocupar em cumprimentar o serviçal, pois, afinal, ele não fazia nada mais do que sua obrigação.

Adentrei o salão principal e chorei emocionado ao observar que tudo estava em seu devido lugar. Notei os quadros que eu havia arrematado em leilões de arte e os móveis, cujos detalhes havia escolhido com esmero. Fiquei satisfeito ao verificar que tudo estava em ordem. Mas onde estava Lívia, minha esposa? Queria que ela soubesse em primeira mão que eu havia sido libertado e que me encontrava em casa. Então gritei com toda a força de meus pulmões:

— *Meu amor! Estou de volta!*

Minha voz soou estranha pelos corredores da mansão, sem resposta. Insisti:

— *Querida! Onde está você?*

Tive novamente uma sensação estranha e inexplicável. Ouvi apenas o eco de minha voz como resposta. Aquela sensação me angustiava. Havia algo que não se encaixava em todos aqueles acontecimentos, mas o quê? Eu estava mergulhado nesses pensamentos estranhos, quando ouvi o som cristalino de um riso que eu conheceria em qualquer lugar do mundo, fosse onde fosse: era o riso de minha querida e amada filha, que vinha da parte superior da mansão.

Subi correndo as escadas que davam acesso à sala superior, onde vi uma cena que me comoveu: minha mãe, com os cabelos à semelhança de uma névoa, brincava com minha filha, mostrando um retrato meu.

Naquele momento vi minha mãe, que parecia uma santa, enquanto minha filhinha parecia um anjo de Deus! Ajoelhei-me e chorei emocionado ao ouvir o diálogo entre elas. Minha filha, segurando meu retrato e mostrando com o dedinho meu rosto, dizia:

— Estou com muita saudade do papai, vovó! Quando ele voltará?

Vi então duas lágrimas descerem dos olhos de minha mãe, enquanto ela acariciava os cabelos de Cleo e beijava sua fronte, dizendo:

— Você terá de ter muita paciência, minha querida! Papai fez uma longa viagem e não sabemos quando ele poderá voltar!

"Então era isso", pensei. Eu fora sequestrado, e minha mãe, para não assustar o coração de minha filhinha, inventou aquela história de viagem. Então não mais consegui me conter e gritei com lágrimas de emoção que sufocavam minha garganta:

— *Mamãe! Mamãe! Olhe para mim, estou aqui bem na sua frente!*

E dirigindo-me para minha filha tão amada, gritei emocionado, com os braços abertos, esperando que ela corresse para um abraço carinhoso:

— *Cleo, filhinha querida, papai está aqui! Venha! Venha me dar um abraço! Também estou com muita saudade sua!*

Todavia, meu grito mais uma vez ecoou no vazio, pois nenhuma das duas deu a mínima importância, ou parecia que não me ouviam. Fiquei desesperado! "O que estava acontecendo comigo? O que estava acontecendo comigo?" Esse pensamento martelava minha cabeça e ainda me levaria à loucura!

Aproximei-me, tentando abraçar minha filha, mas ela não me deu atenção. Chorei desesperado ao verificar que minha mãe também parecia não notar minha presença nem me ouvia.

Foi então que me dei conta de que estava invisível!

Acomodei-me em um canto e, angustiado, chorei desesperado, enquanto minha mãe, segurando Cleo pela mão, desceu para o jardim. Acompanhei-as desesperado, observando minha filha que brincava no gira-gira do jardim auxiliada por uma criada, enquanto minha mãe olhava a neta com um sorriso triste. Não sei como explicar, mas senti que mamãe pensava em mim. Parecia-me que orava. Aproximei-me e pude ouvir suas palavras pronunciadas baixinho, dizendo:

— Meu filho, onde estiver, receba esta prece!

Prece, prece, minha mãe só pensava em rezar. No entanto, tudo aquilo era muito estranho e aterrador. Minha mãe parecia não ter ideia de onde eu me encontrava. Como entender todos estes acontecimentos tão estranhos? Lá estava eu, diante de minha filha e de minha mãe, que orava por mim, e, pelo que me era dado raciocinar, não tinham ideia do meu paradeiro? "Muito estranho", pensei comigo mesmo.

De repente, um pensamento tomou de assalto minha mente deixando-me ainda mais angustiado: se eu havia desaparecido, quem estava tomando conta das empresas? O fato de sentir-me invisível e todos aqueles acontecimentos deixaram de ter tanta importância diante de minha preocupação com os negócios: alguém deveria, mesmo que temporariamente, durante minha ausência, ter assumido a presidência, mas quem? Meu pensamento estava fixo naquele novo problema que me angustiava em demasia.

Novamente aquela sensação estranha. Senti uma tontura e um torpor que me invadiu como se fora sugado e atraído em direção a um poderoso ímã que me deslocava para outro lugar e, de repente, me vi em plena avenida, bem em frente ao prédio onde estavam localizados os escritórios das empresas de nossa organização, sediada em um dos maiores edifícios da cidade de São Paulo. Não entendia absolutamente nada do que estava acontecendo comigo. Será que eu estava sonhando ou aquilo era um delírio de loucura? Pensei então em outra hipótese: "talvez alguém houvesse me internado em algum manicômio e estava eu sob efeito de drogas potentes". Sim, essa hipótese era plausível. Dizem que as pessoas quando estão sob efeito de drogas potentes deixam o corpo físico. Seria esse o meu caso?

Estava eu ruminando essas hipóteses absurdas, mas que na minha situação pareciam não ser tão absurdas assim, enquanto as pessoas passavam ao meu lado sem darem a mínima importância. Pensei com meus botões: "em pleno dia de trabalho, por que as pessoas parariam para dedicar seu tempo prestando atenção à minha pessoa?". Eu esperava no mínimo ser reconhecido por alguém, pois estava sempre nos jornais de negócios dando entrevistas, mas qual o quê! Por outro lado, pensei comigo mesmo: "brasileiro lê muito pouco e, embora tivesse observado que entre os apressados transeuntes também havia muitos executivos, concluí que todos eram pouco informados, uns ignorantes".

Caminhei em direção ao majestoso prédio que eu tanto conhecia. A diferença é que costumeiramente entrava de carro pela garagem. Estufei o peito e entrei com a postura da importância que minha posição exigia. O segurança olhou em minha direção, mas não esboçou nenhuma reação, deixando que eu adentrasse tranquilamente o saguão. Não dei bola, pois pensei: "pelo menos aqui alguém me conhece e me respeita".

Aproximei-me do balcão de informações onde várias moças uniformizadas, devidamente treinadas, anotavam em formulários próprios os nomes das pessoas e seus documentos para depois oferecerem crachás específicos aos visitantes.

Passei direto, pois afinal era o diretor-presidente da mais importante empresa daquele edifício. Ninguém, nenhum funcionário relapso me incomodou com perguntas idiotas: — Quem é o senhor? Deseja falar com quem? De onde é? "Ainda bem", pensei, "porque eu seria capaz de ter um ataque nervoso e despedir o incompetente que assim agisse."

No elevador, as pessoas não se incomodaram comigo, o que considerei natural. Recordei que, toda vez que eu entrava no elevador, as pessoas faziam de conta que não me viam mesmo e, se estavam com algum assunto em conversação, imediatamente emudeciam. Isso eu considerava um sinal de respeito, que eu apreciava.

Desci no andar onde ficava a sala da diretoria. Adentrei o escritório caminhando resoluto em direção à minha sala, que ficava no fim do corredor, sem que ninguém me perturbasse com aqueles cumprimentos rotineiros e chatos que eu preferia evitar: — Bom dia, dr. Arnaldo! Como vai? O senhor está bem?

Eu apenas respondia com aceno discreto de cabeça, esboçando um sorriso forçado com os lábios, como querendo dizer: — Ora, não me amole! O que lhe interessa como estou? Se estiver bem ou não, é problema meu! — mas as pessoas insistiam, repetindo sempre os mesmos cumprimentos.

Chegando em frente à porta da minha sala, meu coração pulsou descompassado e minha respiração ficou opressa. Senti uma dor no peito, como se um peso enorme estivesse comprimindo meus pulmões, e uma terrível dificuldade para respirar, mas, naquele momento, minha secretária abriu a porta e adentrei minha sala, como um furacão, pois não estava me sentindo bem. Pensei que poderia me deitar no confortável sofá, na expectativa de pedir um copo de água.

Todavia, não deu tempo. Quando adentrei minha sala, não consegui conter um grito de revolta: ocupando minha mesa estava Lívia, minha esposa, ladeada pelos demais diretores de todas as áreas da organização. Lá estavam Gervásio, da área comercial; Carlos, da área financeira; Norberto, da área de sistemas; Francisco, da área de logística; Resende, da área de contabilidade e custos, além de minha linda secretária, em quem eu sempre havia confiado.

Aliás, Carlos, Resende e Alice, minha secretária, eram as pessoas em quem eu mais confiava na organização. Eram pessoas sérias e competentes. Confesso até que havia me envolvido emocionalmente com Alice, e que ela era alguém que sabia mais de minha vida que qualquer outra pessoa — nem minha mãe, meu pai ou mesmo minha esposa sabiam mais de mim do que ela. Ela era minha confidente de todas as horas; além de tudo, era muito conveniente, pois não me cobrava nem exigia nada por isso. Era algo espontâneo, que me trazia muita satisfação, algo que eu não tinha em minha casa. Mas o momento era crítico, e então voltei à realidade, dando um grito:

— *O que é isso? O que vocês estão fazendo aqui? Uma rebelião? Não admito, pois isso é uma insubordinação!* — gritei com as forças que ainda me restavam, manifestando toda a minha ira e contrariedade.

Ouvi angustiado o eco de minha própria voz, que ecoou como que fantasmagórica naquele ambiente de negócios que eu tanto conhecia. No primeiro momento, tive a impressão de que haviam me ouvido, porque houve um minuto de silêncio. Entretanto, logo em seguida, a conversação prosseguiu acalorada.

Gritei, esbravejei, ameacei de demissão, mas ninguém naquele momento parecia dar a mínima importância à minha presença. Percebi que as dores no peito aumentavam à medida que reacendia minha ira, chegando a um ponto de eu quase não conseguir mais respirar.

Achei melhor então deitar-me no sofá e me aquietar um pouco para melhor pensar em uma estratégia e lutar contra tudo aquilo que estava presenciando. Parecia-me que eu fora destituído de meu cargo e que minha própria esposa ocupava meu lugar, assessorada por aquele bando de incompetentes que eu tanto conhecia.

Assim fiz.

Aquietei-me por alguns minutos no sofá, podendo acompanhar a conversa que se desenrolava bem diante do meu nariz, à total revelia de minha vontade. Percebi que minha esposa parecia pálida, mas ainda assim muito linda! Aliás, fazia tempo que eu não prestava muita atenção à sua fisionomia e, naquele momento, observei que ela me parecia ainda mais linda, como jamais a havia observado antes. Era ela quem falava naquele momento:

— Muito bem senhores, obrigada pela presença de todos — iniciou. — Convoquei esta reunião emergencial para que apresentem os relatórios pertinentes a cada área de sua responsabilidade, pois a empresa está passando por um momento de dificuldades financeiras. Precisamos identificar imediatamente os problemas e saná-los antes que seja tarde demais!

Tive um choque: Lívia era a presidente da empresa? E estávamos passando por momentos de dificuldades? Como isso poderia ter acontecido?

Todavia, a continuidade da conversa me chamou a atenção quando o diretor comercial, um executivo com pinta de galã, tipo Harrison Ford de meia-idade que eu havia contratado depois de longo e exaustivo processo seletivo, se manifestou:

— Dra. Lívia — começou ele —, eu gostaria de apresentar o relatório de vendas do último exercício fiscal!

Um ódio imenso tomou conta de mim. "Que bajulador!", pensei. "Chamando minha esposa de doutora! Por quê?" Mas minha desforra não demorou, porque Lívia o interrompeu, dizendo:

— Sr. Gervásio, por favor, peço que não se dirija a mim utilizando o título de doutora, mesmo porque não sou médica nem defendi nenhuma tese de doutorado!

"Isso mesmo, Lívia! Tomou, papudo?", pensei comigo mesmo.

Gervásio ficou meio desconsertado, pigarreou e prosseguiu:

— Perdoe-me, dona Lívia, prometo que tomarei cuidado das próximas vezes. Mas, prosseguindo em meu relatório, gostaria de dizer que as vendas despencaram neste último ano em razão da crise mundial e da política de câmbio que o governo tem adotado, além dos altos custos da matéria-prima, que acabaram por comprometer o preço final de nossos produtos. Estamos perdendo competitividade no mercado, e as quedas nas vendas é apenas a consequência de tudo isso.

Após apresentar sua visão e justificativa dos problemas, estendeu a Lívia uma cópia do relatório. Notei que ela ficou pensativa. Em seguida, questionou:

— E os demais diretores, o que têm a dizer? Sr. Carlos, faça-me a exposição do ponto de vista financeiro da empresa.

O diretor financeiro estendeu também um relatório com suas alegações:

— Em síntese e corroborando o que o sr. Gervásio já adiantou, poderia dizer que o índice de inadimplência aumentou significativamente, comprometendo nosso índice de liquidez, de forma que fomos obrigados a recorrer a empréstimos bancários e a renegociar algumas dívidas vencidas. Os altos juros cobrados pelos bancos contribuíram para a diminuição da margem de lucro de nossas vendas, o que, agravado pela redução da produtividade, acarretou prejuízo financeiro.

— E qual a solução? — perguntou Lívia.

Toda aquela conversa estava me deixando extremamente nervoso. Eram mesmo uns incompetentes! Como haviam chegado àquela situação tão dramática? Mas, diante da pergunta de minha esposa, prestei atenção na resposta do Carlos.

— A solução, dona Lívia? Precisamos urgentemente reduzir custos!

— E como vamos reduzir custos? O que propõe?

— Precisamos demitir funcionários! Infelizmente, sei que a senhora não gosta de ouvir isso, mas teremos de mandar muita gente embora! Nossos quadros estão extremamente inflados, principalmente na área produtiva da fábrica.

Contratei Carlos por recomendação de um amigo que eu prezava muito. Esse amigo era Salviano, gerente de um banco onde tínhamos ótimas relações de negócios e amizade, que havia me ajudado muito. Na verdade, eu lhe devia alguns favores muito especiais. Tinha de admitir que Carlos era impiedoso e frio em suas decisões, mas, acima de tudo, era muito competente em sua função. Era isso que me deixava satisfeito, pois, embora não nutrisse muita simpatia por sua pessoa, eu gostava de seu trabalho.

Naquele momento, percebi que compactuava com suas ideias e seus argumentos. Se a empresa estava indo mal, era imperioso que houvesse demissão de funcionários para reduzir o custo e os encargos de pessoal que sempre eram extremamente pesados para a empresa.

Senti que havia uma força estranha que me levava em direção à cadeira onde Carlos se encontrava. Quando cheguei próximo a ele, percebi que era algo imperioso, como um ímã que me atraía a Carlos, e isso me provocava uma euforia. Aquela sensação era estranha para mim, mas naquele momento era algo diferente, que dava certo prazer.

Todavia, não demorou muito para que Lívia retrucasse:

— Não gosto dessa ideia imediatista de cortar pessoal. Temos de fazer uma análise mais profunda do problema. Então, sr. Carlos, verifique com mais cuidado seus números. Quero que cada um traga uma solução plausível, factível e aplicável. Não me venham com soluções drásticas e malucas antes de esgotarmos todas as possibilidades.

Foi muito interessante a impressão que tive em relação a Carlos. Senti que ele estava fazendo grande esforço em se controlar, dado seu estado emocional de raiva ao ser contrariado por Lívia. Eu também estava possuído por um sentimento de ira e, num ímpeto, gritei:

— *Se não deseja que haja demissões, por que permitiu que a situação chegasse a esse ponto?*

Tomei um susto, da mesma forma que os demais membros da reunião, porque percebi que eles tinham escutado minha voz! Mais assustado fiquei ao perceber que não fora eu que havia falado, mas sim Carlos, o diretor financeiro! Ele simplesmente havia manifestado meu pensamento, meu desejo e minha voz.

O que era aquilo? O que estava acontecendo? Lívia, como os demais membros da reunião, olhavam espantados para

Carlos, que parecia também não entender o que havia ocorrido com ele mesmo e, antes que alguém fizesse qualquer comentário, apressou-se em apresentar pedidos de desculpas e justificativas:

— Perdoe-me, dona Lívia, acho que ando estressado demais! Não foi minha intenção criticar sua conduta! Aliás, nem sei como fui capaz de fazer este comentário infeliz. De repente, foi como se uma força estranha tomasse conta de mim e não consegui me conter, mas asseguro-lhe que isso não voltará a se repetir. Perdoe-me, por favor.

Todos os presentes olhavam para Carlos como se ele fosse um extraterrestre e, naquele momento, achei divertido. Não sei como, mas Carlos falou por mim e por essa razão eu estava satisfeito.

— Acho que o senhor está mesmo muito estressado, sr. Carlos. Quem sabe necessita de férias? — respondeu Lívia, contemporizando a situação.

— Pelo amor de Deus, dona Lívia, a última coisa que desejo neste momento é sair de férias. Gostaria muito de poder contribuir com a solução dos problemas desta empresa, uma vez que sempre fui homem de confiança de seu marido. Mais uma vez, peço que perdoe minha conduta intempestiva. Posso afiançar que não era essa minha intenção.

— Está bem, Carlos, não vamos valorizar demais este episódio, desde que não se repita.

— Dou-lhe minha palavra, dona Lívia, que isso não voltará a se repetir!

— Assim espero, sr. Carlos.

Em seguida, observei que minha esposa ficou um pouco pensativa e, dirigindo-se aos diretores, dissolveu a reunião.

— Senhores, vocês têm tarefa de casa para fazer. Tragam-me, em uma semana, sugestões sérias, balizadas e concretas para que possamos tomar medidas saneadoras urgentes. Confio na capacidade e no bom senso de todos; caso contrário, terei de contratar uma consultoria empresarial, e isso não é bom para vocês, tenho certeza.

Quando Lívia mencionou a possibilidade de contratação de uma consultoria, observei o semblante de preocupação de alguns, especialmente de Carlos. Então ela concluiu:

— Estão dispensados, senhores, menos o sr. Gervásio. Eu gostaria de analisar alguns problemas da área comercial.

Quando todos se retiravam, fiquei intrigado quando notei que minha esposa dirigiu-se a Gervásio de maneira mais íntima. Aquilo não me agradou nem um pouco. O que estava acontecendo? Fiquei atento à conversa.

— Caro Gervásio, pedi para que ficasse porque você é um dos poucos de minha inteira confiança. Quero comentar algo que está me passando pela cabeça, mas antes quero ouvir sua opinião.

— Obrigado por sua confiança, dona Lívia.

— Por favor, entre nós não precisa de formalidades.

— Perdoe-me Lívia, é que aqui na empresa faço questão de manter o distanciamento que o respeito hierárquico exige.

— Ora, Gervásio, você é uma pessoa muito querida, por quem tenho muita estima e apreço.

Não gostei daquele tom de cordialidade e intimidade. Uma ideia terrível passou pela minha cabeça: estariam eles tendo um caso? Parecia que meu coração explodiria de tanto ódio e raiva. Canalha! Será que Lívia não sabia que aquele patife era casado? Será que estava se aproveitando de um momento de fragilidade emocional de minha esposa?

Não pude me conter! Aproximei-me de Gervásio tentando desferir violentos socos em seu rosto, mas senti que algo me repelia. Gritei como pude, esbravejei e proferi impropérios, mas tudo foi em vão porque eles continuaram a conversa de forma amena, como se eu absolutamente não existisse.

— Sabe de uma coisa, Gervásio? Irei confidenciar algo muito importante e, portanto, peço seu sigilo absoluto.

— Não se preocupe com meu sigilo, Lívia. Sabe que pode ter plena confiança em minha pessoa.

— Sei disso — retrucou ela em tom de cumplicidade.

Os dois se aproximaram ainda mais, como se as paredes pudessem ouvi-los. Aquilo me deixou desesperado. Que confidências Lívia desejava fazer àquele patife do Gervásio? Depois de várias tentativas de agressão, sentei-me em uma poltrona ao lado deles, sentindo-me completamente impotente.

— É a respeito daquele assunto que comentei contigo há alguns dias. Pensei muito no que conversamos. Cheguei a uma conclusão e tomei uma decisão. Por isso, precisarei de seu apoio incondicional.

— Será um prazer colaborar com você naquele assunto, Lívia. Particularmente, acho que é a coisa mais certa a se fazer.

O que estavam eles tramando? Aquela cumplicidade, aquele tom de liberdade com minha esposa envenenavam meu coração, mas decidi ficar apenas remoendo meu ódio contra Gervásio.

— Temos de ser cautelosos, pelo menos até que possamos comunicar a todos esta decisão — disse Lívia com a fisionomia séria. — Quando eu for tornar público esse comunicado, quero que você esteja ao meu lado.

Gervásio estendeu as mãos e segurou as mãos de Lívia, para, em seguida responder:

— Estarei ao seu lado, pode contar comigo para o que der e vier.

Eu não estava mais suportando aquele martírio! Então imaginei o que estava acontecendo: eles estavam tendo um envolvimento amoroso que deveria ficar em sigilo até que pudessem tornar pública essa decisão. Aquilo era demais: parti para cima de Gervásio, tentando agarrar sua garganta e estrangulá-lo, mas todos os meus esforços foram em vão. Ele parecia completamente imune aos meus ataques de ira. Fitei Lívia com ódio e desprezo e então resolvi sair da sala, porque não desejava ouvir mais nada daqueles traidores.

Resolvi procurar Carlos, porque ao lado dele eu me sentia melhor. Ao chegar a sua sala, percebi-o olhando alguns números na tela do computador e ouvi este comentário do meu diretor financeiro:

— Que droga! Essa idiota se considera muito esperta. Na verdade, está na condição de presidente por acaso. Ela não tem capacidade para isso. Tudo bem, ela quer argumentos mais convincentes. Deixe comigo, pois não nasci ontem, ela não perde por esperar. Quem ri por último ri melhor e ainda darei muitas gargalhadas dessa tonta e de seu amiguinho.

Percebi então que meus pensamentos estavam de acordo com as ideias de Carlos e, de repente, senti que ele era um aliado com quem eu poderia contar. Nossas ideias eram compatíveis e, dessa forma, eu tinha de estimulá-lo em sua tarefa. Então me aproximei, coloquei meu braço sobre seu ombro e disse-lhe:

— *É isso aí, Carlos, sei que você está com a razão. A empresa precisa mesmo demitir pessoal e ainda mais: precisamos desmascarar o Gervásio, que é um aproveitador de mulheres indefesas. É um patife, um espertalhão, temos de acabar com ele.*

Fiquei surpreso ao ver que Carlos me respondia como se estivéssemos em um diálogo normal.

— Claro, por que não pensei nisso antes? Gervásio é um espertalhão mesmo. Aproveitou-se da condição de vulnerabilidade de dona Lívia, que está emocionalmente fragilizada. É mesmo um patife, um canalha!

Estimulado pelas palavras de Carlos, esbravejei!

— *Gervásio é um inimigo que precisamos destruir! Não podemos ter complacência!*

Imediatamente, Carlos respondeu:

— Sim, Gervásio é um inimigo poderoso, e preciso acabar com ele antes que seja tarde!

Só então me dei conta de algo muito estranho: observando atentamente, percebi que Carlos não estava articulando nenhuma palavra. Eram seus pensamentos que eu ouvia.

E o que era mais incrível ainda: sem se dar conta do que acontecia, ele captava meus pensamentos como se estivesse dialogando com ele próprio.

Decidi naquele instante que Carlos seria meu intérprete naquele episódio. Já que tínhamos essa afinidade de pensamentos, seríamos companheiros. Registrei então o pensamento de meu parceiro, que dizia:

— Já está quase na hora de ir embora, estou cansado. O dia hoje foi estafante. O que preciso mesmo é de uma boa bebida e uma companhia feminina para aliviar meu estresse.

Gostei daquela ideia. Há quanto tempo eu não bebia? Estava louco de vontade de fumar e ter uma mulher ao meu lado. Eu me sentia pior que Carlos, pois aquele período em que estivera naquela região de trevas havia acabado com meu ânimo. Mas agora estava de volta e tinha um companheiro para me ajudar. Depois, com meu amigo, veria o que poderíamos fazer contra Gervásio.

Saí do edifício no carro de meu amigo, sentado do lado do passageiro, enquanto Carlos dirigia rumo a uma alameda próxima, fumando um cigarro. Aproximei-me pelo lado de trás, como se o estivesse abraçando, e enquanto ele dava algumas baforadas, eu também procurava aspirar a fumaça, que parecia se esvair à minha frente. Todavia, um forte magnetismo me atraía para meu companheiro e, enquanto ele sugava a fumaça, eu também experimentava a sensação de fumar novamente. Que prazer inigualável! Depois de tanto tempo, eu voltava a sentir tamanho prazer em dar gostosas baforadas.

Carlos ligou o som e colocou um CD que não me agradou. Então eu sugeri:

— *Vamos ouvir algo mais refinado. Por acaso não aí tem nenhum CD do Frank Sinatra?*

Novamente, surpreendi-me quando ele respondeu em voz alta:

— Engraçado, deu-me vontade de ouvir Frank Sinatra. Faz tempo que não ouço.

E colocou as músicas enquanto eu me divertia com aquela situação.

Naquele momento, eu já nem me importava mais com o fato de que ninguém me via. Agora que tinha encontrado um parceiro que ouvia minhas ideias e eu as dele, as coisas se tornariam mais fáceis. "Sim", pensei comigo mesmo, "poderia me aproveitar da situação por estar invisível: eu via as pessoas e elas não me viam." Eu tinha uma enorme vantagem, e isso era algo fantástico! Poderia tirar proveito daquela situação. Não fosse o sentimento de saudade de minha filha e da traição de minha esposa, eu poderia dizer que estava feliz!

Aproveitei para perguntar a meu parceiro:

— *Para onde você está indo?*

Em pensamento, ele respondeu:

"Acho que aquele barzinho da zona sul é uma boa pedida!".

Discordei de meu companheiro, sugerindo em seu ouvido:

— *Que nada, barzinho não está com nada! Por que não vamos a um lugar melhor? Por exemplo: tem aquele café, um local apro-*

priado para esta ocasião! É lá que executivos bem-sucedidos como você costumam ir para se divertir! Lá tem garotas lindíssimas! Vamos para lá, rapaz!

Ainda me surpreendia com a facilidade com que Carlos captava o que eu pensava e meus desejos, pois imediatamente respondeu, coçando a ponta do queixo:

"É verdade, o Café X! Eu até havia me esquecido... Era onde o dr. Arnaldo costumava ir e, de vez em quando, me levava também. Realmente é uma boa pedida! É para lá que eu vou!"

E fomos cantarolando as músicas de Sinatra pelo caminho até chegarmos ao local de destino. Os seguranças, cheios de educação e atenção, nos receberam. Era disso que eu gostava: pessoas atenciosas que reconheciam o valor do cliente.

— Seja bem-vindo, dr. Carlos! — saudou o segurança. — Sentimos muito sua falta nos últimos meses e também do dr. Arnaldo. Certamente, se ele pudesse, estaria aqui hoje com o senhor.

Fiquei surpreso mais uma vez com a resposta de meu novo companheiro:

— Fique tranquilo, meu amigo, pois pode ter certeza de que se o dr. Arnaldo pudesse, estaria aqui comigo! — disse sorrindo em tom jocoso.

Enquanto o segurança olhava com espanto, adentramos o salão que eu tanto conhecia. As meninas lindas de sempre logo cercaram meu amigo, de forma que eu também procurei aproveitar ao máximo aquela situação.

Foi uma noite memorável, pois percebi que realmente eu e Carlos éramos como almas gêmeas. Eu pedia e ele fazia, ele bebia e eu bebia, ele fumava e eu fumava junto. Aquilo estava demais! Subimos ao quarto com duas garotas lindas, mas, para minha decepção, Carlos esparramou-se na cama e adormeceu profundamente.

As garotas ainda tentaram reanimá-lo enquanto eu gritava desesperado:

— *Não faça isso, Carlos, justamente agora que seria o melhor da festa, você desmaia?*

Mas tudo foi em vão. Realmente Carlos havia capotado. As meninas então passaram a assistir a um programa de televisão, enquanto meu companheiro ressonava placidamente. Novamente outra surpresa me aguardava: de repente, observei uma figura enevoada que se desprendia do corpo de Carlos, que era exatamente a reprodução de sua imagem. Surpreso e assustado, observei ainda que aquela figura parecia abobada e entorpecida pelos efeitos etílicos do que bebera. Aproximei-me para observar melhor, mas aquele vulto passou em minha direção sem ter noção de nada. Assim como eu, parecia perdido em um mundo estranho.

Uma nova surpresa

Encontrava-me cada vez mais confuso na situação em que estava. Decididamente estava invisível para todo mundo. Ninguém, absolutamente ninguém, se dava conta de minha presença.

Eu perambulava pelo escritório tal qual alma penada. Apenas uma pessoa ouvia meus pensamentos e travávamos diálogos interessantes. Digo interessante porque, embora Carlos não identificasse minha presença, nos últimos dias era ele minha referência. Fumávamos juntos, bebíamos, ouvíamos música, ríamos juntos, mas absolutamente Carlos não se dava conta de minha presença ao seu lado. Fazíamos tudo juntos, mas a impressão que me dava é que eu continuava sozinho em minha desdita.

Mas ele se tornara um aliado conveniente, pois bastava eu sugerir alguma ideia para que ele, de imediato, captasse meu desejo. Eu realmente estava admirado ao observar que nossos pensamentos tinham a mesma convergência de ideias. Mas uma dúvida me inquietava: por que apenas com Carlos ocorria esse fenômeno? Por que eu já havia tentado abordar outras pessoas e nada havia acontecido? Rememorei quantas vezes havia tentado me aproximar de Lívia para falar em seu ouvido, mas simplesmente não obtivera nenhum resultado. Ela parecia imune às minhas investidas e indiferente aos meus apelos.

Gervásio, então, nem se fale. Eu sentia verdadeiro ódio por ele e, se pudesse, o que mais desejava era mesmo esganá-lo. Mas qual o quê! Em relação a ele, eu nem conseguia me aproximar muito, pois percebia contrariado que havia uma força inexplicável que me repelia. Eu já havia assistido em filmes de ficção que a ciência havia criado campos magnéticos para proteger alguém, como se uma redoma energética envolvesse a pessoa. "Acho que estou vivendo uma situação desses filmes malucos de ficção", pensei comigo mesmo, tentando desabafar minha decepção.

Que situação estranha aquela que eu estava vivendo, se é que se pode chamar isso de viver. Primeiro acordei em um lugar escuro, gosmento, malcheiroso, onde não via ninguém nem ouvia nada, apenas o silêncio sepulcral e assustador e os ecos de meus gritos. Havia também aqueles sonhos pavorosos que me deixavam desesperado. Depois, aquele clarão inexplicável e voltei para a rua onde morava. Achei que havia retornado depois de um sequestro sofrido, até imaginei que estava delirando, porque achei que possivelmente meus sequestradores haviam me ministrado alguma droga, mas depois me dei conta de que estava invisível. Ninguém me via nem me ouvia. Encontrei minha mãe e minha filha e, pela primeira vez, me senti comovido. Quando pensei em minha esposa, de repente me encontrei em frente ao prédio onde eu trabalhava. Mais uma vez, lá percebi que estava completamente invisível. Apenas meu companheiro Carlos que, sem perceber, me dava ouvidos. Tudo isso era muito estranho! — *Muito estranho* — repeti para mim mesmo.

Tudo isso eram questionamentos e mais questionamentos que não acabavam mais. Mas eu não desistia de meus intentos de matar Gervásio e, sempre que podia, tentava me aproximar com as mãos estendidas em direção ao seu pescoço, mas tudo em vão.

Depois de mais uma tentativa frustrada de esganá-lo, retornei à sala do Carlos. Pelo menos lá eu me sentia melhor e com ele obtinha melhores resultados. Aproximei-me de meu companheiro quando o telefone tocou. Carlos atendeu imediatamente.

— Pois não, dona Lívia.

Eu não podia ouvir o que ela dizia, mas tentei acompanhar o diálogo de Carlos.

— Sem dúvida, dona Lívia, estamos mesmo passando por momentos de dificuldades, mas discordo da senhora que isso é passageiro. Temos de tomar atitudes firmes.

Novamente parou alguns segundos para ouvir o que Lívia dizia e, em seguida, responder colérico:

— O quê? Não, perdoe-me, mas não posso concordar com a senhora!

Percebi que Carlos parecia perdido em um turbilhão de pensamentos desconexos. Estava extremamente nervoso e irritado, de forma que, por mais que eu tentasse, não conseguia argumentar nem acalmar meu companheiro. Ele simplesmente parecia ter fechado sua janela mental.

— Mas, afinal, quem foi o grandioso luminar que deu essa ideia tão "brilhante"? — argumentou enfático.

Agora eu também estava preocupado. Alguma coisa grave estava acontecendo para que Carlos ficasse daquela forma.

— Sim, senhora, estou indo agora mesmo!

Dizendo isso, Carlos se levantou como um furacão e eu o segui. Adentrou a sala de Lívia e então a surpresa foi minha: diante de Lívia e Gervásio sentados ao lado da mesa de reunião, lá estava o sr. Edmundo, o antigo contador que eu havia despedido!

Dei um grito medonho, que certamente teria assustado a todos se tivessem me ouvido, mas nem Carlos se deu conta, porque estava extremamente nervoso.

— Sente-se, Carlos, e apenas ouça, porque já conheço sua opinião. Só que já tomei minha decisão e sua opinião agora é o que menos interessa.

Carlos sentou-se fungando. Percebi que estava muito contrariado, mas eu também estava. O que minha esposa estaria tramando? O que mais me admirava naquilo tudo é que me parecia que Gervásio era cúmplice daquela artimanha toda.

"Miserável", pensei comigo mesmo! "Será que não tem alguma forma de pegá-lo de jeito?", fiquei ruminando meus pensamentos de ódio. Mas Lívia despertou-me dos devaneios de raiva, quando disse:

— Este é o sr. Edmundo. Você já o conhece, não? Pois bem, eu gostaria de dizer que ele sempre foi um grande profissional, honesto e competente. Meu sogro sempre o admirou muito e ficou muito triste e aborrecido quando Arnaldo o despediu. Estes dias eu estava pensando que precisávamos de um bom profissional, competente e de confiança para assessorá-lo na área financeira, quando Gervásio sugeriu chamá-lo de volta.

Eu estava indignado diante das palavras de minha esposa. Decididamente, o vigarista do Gervásio havia enfiado na cabeça dela que aquele incompetente era o homem de que ela precisava na área financeira. Aproximei-me de Carlos e disse-lhe com veemência:

— *De jeito nenhum! Você não pode aceitar isso! Jamais!!!*

Percebi que Carlos captou meu pensamento. Com o rosto vermelho levantou a voz, dizendo:

— De jeito nenhum! Não aceitarei esta imposição! Jamais!

Então algo me desconcertou, pois eu esperava que Lívia desse um enfático "cala-boca" em Carlos, mas aconteceu o contrário. Calmamente e com um sorriso em seu lindo rosto que eu tanto havia amado, retrucou:

— Controle-se, Carlos! Eu já disse que sua opinião neste momento não importa. Quando conversamos com o sr. Edmundo, ficamos surpresos ao saber que, ao ser despedido de nossas empresas, ele abriu um escritório de auditoria e consultoria financeira. É tudo o que precisamos. Então estamos contratando a empresa do sr. Edmundo para realizar uma consultoria completa em nossas empresas, que inclui também auditoria em nossos números financeiros e contábeis! E isso será muito bom, porque o sr. Edmundo conhece nossa organização a fundo e tenho certeza absoluta de que, com todo o conhecimento e com a visão que traz de alguém que está olhando sob outro ângulo, diferente de nós, que estamos no dia a dia vivenciando os problemas, certamente este competente profissional irá realizar com sua equipe um belíssimo trabalho e nos mostrar detalhes que não estamos conseguindo ver.

O rosto de meu parceiro ficou lívido, e sua fronte, suarenta. Percebi que algo não estava bem e que ele estava sentindo medo. Baixou seu tom de voz e agora, até com educação, perguntou desconcertado com um sorriso amarelo:

— Puxa! Uma auditoria e uma consultoria? E qual será o escopo dessa auditoria, dona Lívia?

— Peço para que nosso querido Edmundo responda.

Olhei para aquele homem que eu havia despedido e percebi nele um ar de austeridade e nobreza, mas que não me agradava em absoluto. Era um incompetente que estava sendo contratado para bagunçar ainda mais a situação das empresas. Sentia-me impotente diante daquela situação.

— Trabalharemos em duas frentes, sr. Carlos. Primeiramente, na consultoria, iremos identificar os gargalos na área produtiva. Iremos analisar o mercado e identificar o que ocorreu conosco enquanto os concorrentes cresceram em produtos e vendas e nós ficamos estagnados. Vamos, ainda, analisar e nos aprofundar ao máximo na área comercial, recursos humanos, identificar necessidades de treinamentos e, acima de tudo, o que nos surpreende: estamos ficando para trás! Nossa organização ainda não foi certificada por um sistema de gestão de qualidade.

Isso é um absurdo! Qualquer empresa perde competitividade em um mercado cada vez mais exigente, se não se atualizar principalmente na área de gestão de qualidade. Na parte de auditoria, vamos analisar os balanços, as contas de receita e despesas e passar um pente-fino nos números financeiros.

Confesso que fiquei perplexo: era mesmo o incompetente do Edmundo que estava falando tudo aquilo? Na verdade, eu estava surpreso com sua fluência e objetividade do trabalho proposto. Carlos então prosseguiu:

— Por que o senhor irá se deter de forma tão profunda na análise dos números financeiros? Conheço trabalhos de auditoria, e normalmente os procedimentos de análise são por amostragem e não um pente-fino, como mencionou.

Mais uma vez, observei que Carlos parecia ter sido apanhado de surpresa e, no fundo, sentia que havia algo que o preocupava. O que poderia ser? Aproximei-me, dizendo em seu ouvido:

— *Não se preocupe, meu amigo, este aí é um borra-botas. Incompetente, não há o que temer.*

Todavia, notei que meu companheiro estava realmente muito preocupado e alterado, pois minhas palavras caíram no vazio. Mas minha atenção se voltou novamente a Edmundo, que respondia sereno, demonstrando calma e confiança:

— Tem toda a razão, sr. Carlos. Normalmente os trabalhos de auditoria são por amostragem e, quando identificamos alguma inconsistência, aprofundamos nossa análise na área. Na verdade, a pedido de dona Lívia, já efetuamos uma prévia análise dos números da organização e identificamos que existem algumas inconsistências, principalmente na área financeira. É lá que será o foco mais profundo e, por essa razão, o pente-fino que mencionei.

Carlos ficou pensativo, para em seguida questionar:

— Que tipo de inconsistência foi identificada? É por acaso alguma fraude?

— O escopo da auditoria não é identificar fraudes, mas dependendo da profundidade dos trabalhos, se houver algum tipo de desvio, certamente descobriremos.

Eu não estava entendendo o que acontecia com Carlos, que, visivelmente desconcertado, respondeu:

— Que bom! Pode contar comigo, sr. Edmundo. No que depender de minha parte e de minha equipe, o senhor terá todo o apoio e a colaboração de que necessitar.

Gervásio, que até então estivera calado, manifestou-se:

— Ótimo, Carlos, sinceramente fico satisfeito com sua posição. Eu havia dito a dona Lívia que, no momento em que tomasse conhecimento do trabalho do sr. Edmundo, você iria compreender e aceitar, pois, afinal, tudo isso é com o objetivo de sairmos deste buraco em que nos encontramos. Ele também irá se debruçar em minha área, e confesso que será a melhor coisa a fazer, pois certamente irá nos trazer ideias novas, nos mostrar e trazer soluções para os problemas que não percebemos, porque hoje fazemos parte desses problemas. Por isso é bom alguém que venha de fora e com a experiência do sr. Edmundo.

— Certamente — reforçou minha esposa com um sorriso de satisfação —, temos muita esperança que este trabalho do sr. Edmundo nos traga as soluções de que necessitamos para colocar esta empresa no lugar de destaque que ela merece diante do mercado.

Carlos então agradeceu, levantou-se e cumprimentou sr. Edmundo com um abraço, desejando a ele boa sorte. Aquilo me pareceu falso, mas fiquei imaginando que meu companheiro poderia estar escondendo alguma carta nas mangas e que deveria ter alguma estratégia, pois sua aceitação fora muito rápida. Decididamente, Carlos deveria ter algum plano que eu descobriria no momento certo e, quem sabe, eu poderia contribuir para frustrar o trabalho daquele incompetente, que certamente estava pensando apenas nos honorários que iria cobrar. "Espertalhão o sr. Edmundo", pensei, e quem sabe, Gervásio não estaria também levando algum, pois Lívia era muito inexperiente e fácil de ser enganada.

Carlos saiu da sala. Decidi ficar, pois desejava saber o que estariam tramando. Foi Lívia quem se manifestou:

— Esta atitude do Carlos me surpreendeu. Achei que ele criaria mais obstáculos, mas parece-me que aceitou bem.

Gervásio então comentou:

— Ao contrário, acho que Carlos aceitou muito rápido. Isso não é bom. Ele gosta muito de argumentar e sempre com argumentos fortes e veementes. Sinceramente, mais me pareceu uma estratégia de defesa que outra coisa. Acho que ele está tentando ganhar tempo.

— Ganhar tempo para quê? — questionou Lívia.

— Ainda não sei, mas não me agradou. Pode ser impressão minha, mas acho que Carlos deve saber de algum detalhe da área financeira que não deseja que outros bisbilhotem e eventualmente venham a descobrir.

— Ah! Imagine, Gervásio. É apenas impressão sua.

— Pode ser, você tem razão. Pode ser apenas uma impressão boba de minha parte.

"Crápula!", pensei com meus botões. "Ele é o espertalhão e agora está tentando convencer a boba de minha esposa de que Carlos tem algo a esconder." Já descobri a estratégia deste safado, está desviando o foco de si mesmo, tentando incriminar outra pessoa. "Espertinho", pensei, "se depender de mim, irá se dar mal. Não perde por esperar", concluí meu pensamento com ódio.

— O que o senhor acha, sr. Edmundo? — perguntou minha esposa.

— Por enquanto não acho nada, dona Lívia. Imagine, até por ética, jamais emitiria algum conceito ou opinião antes de verificados os números e provas consistentes.

Aquele era o boi-sonso que eu conhecia. Sempre assim, esquivando-se de assumir compromissos ou responsabilidades. "Ah!", continuei com meus botões, "este incompetente apenas tomará dinheiro da empresa e tudo ficará como antes ou ainda pior!"

— Muito obrigada por sua vinda, sr. Edmundo. Quando inicia os trabalhos?

— Na próxima segunda-feira, dona Lívia. Estarei logo cedo com meus assistentes.

— Até lá, então, sr. Edmundo. Tenha um bom dia e um bom fim de semana.

O sr. Edmundo se retirou e, como de costume, Gervásio permaneceu na sala para as conversas que eu já estava farto de ouvir. Mas o que ouvi em seguida me deixou mais aborrecido ainda: era uma surpresa atrás da outra!

— Vai lá hoje à noite? — perguntou Gervásio.

Que era isso? Estavam combinando para se encontrar à noite, após o expediente? Na minha cara? Isso era demais, e o sentimento de ódio parecia me cegar quando ouvi minha esposa respondendo:

— Gostaria muitíssimo de ir, Gervásio, mas hoje não poderei, pois minha sogra não está se sentindo muito bem, então não poderei me ausentar de casa.

— Veja então se poderia ser amanhã à tarde. Seria interessante que você fosse, pois será uma ocasião especial.

— *Crápula! Miserável! Safado!* — gritei, sentindo como se minha cabeça parecesse que iria explodir de tanto ódio! — Aquele miserável estava fazendo de tudo para seduzir minha esposa. Ela deveria estar muito carente e fragilizada emocionalmente, e aquele bandido se aproveitando dela.

— É verdade, amanhã é sábado, então tudo bem. Pode contar que estarei lá no momento certo!

Ao ouvir aquilo tudo, senti que minhas vistas escureceram. Saí cambaleante da sala de Lívia e procurei socorro na sala do Carlos, mas ele não estava. Deitei-me um pouco no sofá de sua sala e procurei me acalmar. Então adormeci.

Os pesadelos, que pareciam ter me dado trégua, vieram novamente para atormentar meu mundo confuso e complicado, que a cada dia parecia mais irreal para meu raciocínio.

Absolutamente, eu não compreendia o que estava acontecendo comigo.

Vivendo a agonia do pesadelo, vi-me novamente envolto em trevas, enquanto vozes ameaçadoras que não eu conseguia identificar me acusavam cruelmente:

— *Assassino!*

— *Miserável!*

— *Pagará por tudo que fez, seu miserável assassino!*

Em desespero, eu tentava correr, mas as pernas não me obedeciam. Não conseguia enxergar nada, mas percebia que meus inimigos se aproximavam perigosamente, pois os gritos aumentavam de intensidade.

Arrastando-me pelo solo gosmento e fétido, tentava a todo custo escapar de meus perseguidores, quando senti a mão gelada de alguém que segurava minha garganta na tentativa de me esganar. Tentei gritar por socorro, mas a voz sufocada morria em minha garganta. Encontrava-me em total desespero de causa quando consegui dar um grito medonho, que assustou até a mim mesmo, e então acordei no sofá da sala do Carlos.

Meu coração batia descompassado e uma dor intensa se irradiava por todo o tórax. Era uma dor insuportável. Levantei-me trôpego e saí para os corredores do escritório, e então percebi que ele estava vazio. Todos haviam ido embora. Por quanto tempo permaneci adormecido? Não imaginava, pois há muito eu havia perdido a noção do tempo.

Eu estava com muita sede e então me lembrei que dona Genésia, a faxineira, ficava sempre depois do horário. Como um autômato, dirigi-me à copa e, quem sabe, conseguiria tomar um copo de água?

Quando cheguei perto da copa, dona Genésia abriu a porta, olhou em minha direção, arregalou os olhos, gritando desesperada:

— Valha-me Deus! É uma assombração! É a alma penada do doutor! Socorro!

Saiu gritando pelos corredores e descendo as escadas dos andares, sem nem ter o cuidado de tomar os elevadores, que era mais rápido.

— Valha-me Deus, é o capeta na aparência do doutor!

Fiquei aturdido! O que dona Genésia tinha visto... um fantasma? Ela dissera "do doutor", mas quem era o doutor? Jamais antes eu havia dedicado qualquer atenção àquela mulher e nunca lhe havia dirigido a palavra.

Voltei ao meu mundo de solidão e invisibilidade. Na verdade, com o episódio do susto de dona Genésia, eu havia esquecido completamente de minha dor e, quando dei por conta, ela havia passado.

Desci à rua caminhando como um cão abandonado, sem destino. A fome e a sede me torturavam. Caminhando pelas calçadas, observei que mais à frente um grupo de jovens bebia em um barzinho com mesas sobre as calçadas e então me aproximei. "Quem sabe eu conseguiria alguma coisa, ou o fenômeno de beber e fumar juntos só acontecia com o Carlos?", questionei-me. Não custava tentar, principalmente porque notei que aqueles jovens, três moças e um rapaz, já estavam alcoolizados, ao alcance de minha influência. Então, aproximei-me deles e fiquei observando-os.

— Olhem aqui, gatinhas, depois desta rodada, vamos para meu apartamento e lá a festa continua, porque lá tem coisa boa, entenderam?

— Daniel — exclamou uma delas —, não me diga que você tem fuminho do bom!

— Lógico, gatinha, por que vocês acham que eu as convidei para sair hoje?

Aproximei-me mais de Daniel enquanto ele tomava um gole de bebida e o abracei. Naquele instante, senti como se meu corpo ficasse justaposto ao dele, e a sensação que tive foi muito agradável: ele bebeu e eu bebi junto! Estimulei em pensamento que ele tomasse mais e então fechei os olhos, tentando aspirar ao máximo e apreciar aquele prazer momentâneo! Foi demais: senti até o sabor da bebida! Em seguida, Daniel acendeu um cigarro. Aproveitei e aspirei a fumaça. "Isso é que é vida!", pensei. Que satisfação eu estava sentindo, enquanto observava a fumaça que se desvanecia no espaço em espirais cinzentas!

"Ser invisível tinha suas vantagens", pensei comigo mesmo, enquanto procurava tirar o máximo proveito daquela situação. Observei maliciosamente uma das moças que estava ao lado de Daniel. Eu jamais tivera escrúpulos e, agora, muito menos. Por que não aproveitar? Estava invisível... Mas fiquei decepcionado: era incapaz de tocar alguém. Minha mão se perdia no vazio.

Foi então que envolvi meu novo parceiro, influenciando-o a realizar meus desejos. Não demorou muito para que o rapaz, diante de todos, abraçasse e beijasse a garota e, entusiasmado, satisfizesse minhas vontades. Fiquei enlouquecido, mas, repentinamente, um tranco violento me projetou quase no meio da rua. Não vi nem identifiquei a causa, apenas ouvi uma voz cavernosa e ameaçadora que me disse:

— *Fique fora dessa, seu palhaço, senão te arrebento! Este aqui já tem dono!*

Assustado, olhei para todos os lados, mas não consegui identificar meu interlocutor, enquanto aquela voz concluía ameaçadora:

— *Não se pode descuidar um momento e já vem um espertinho querendo roubar seu caneco! Fique longe, paspalho, senão...*

Não concluiu, mas meu inimigo invisível tinha uma vantagem sobre mim: ele me via e eu não conseguia vê-lo. Então prudentemente me afastei.

Todavia, pelo menos eu me sentia mais satisfeito. Havia conseguido beber e fumar um pouco. Mas ainda não era suficiente. Segui em frente, quando passei por um restaurante que eu conhecia e resolvi entrar. Ninguém ofereceu nenhum obstáculo à minha presença e então fiquei observando aquele ambiente finíssimo. Garçons educados, pratos finos, clientes requintados, ambiente chique. Era ambiente assim que eu precisava voltar a frequentar.

Não demorou muito e minha atenção foi atraída para um casal de uma mesa do canto. Era um senhor já de meia-idade, enquanto sua companheira chamava atenção por sua beleza e juventude. Parecia-me que eram pai e filha, mas uma estranha vibração se irradiava deles. Senti um forte impulso que me atraía, sensualmente, até onde se encontravam. Aproximei-me para ouvir o diálogo apenas para comprovar o que imaginava estar acontecendo:

— Querida, eu quero fazê-la feliz! — dizia o senhor, cujo aspecto era respeitável, mas percebia-se que dele emanava uma energia pesada que, não tive dúvidas, denunciava suas intenções.

A moça era linda, inteligente e também muito esperta. Parecia alimentar o desejo daquele homem. Confesso que estava gostando daquele ambiente e daquela situação. Quem sabe eu não poderia tirar alguma vantagem?

— Querido, você já me faz tão feliz!

O homem segurava a mão da moça e, com o olhar apaixonado, respondeu:

— Quero cobri-la de joias, quero viajar contigo para conhecer outros países, a Europa, quero realizar todos os seus desejos.

Ela então deu um sorriso encantador e disse:

— Você já me faz tantas coisas. Mas sabe mesmo o que quero para imediato?

— Fale, querida, é só dizer. O dinheiro é para estas coisas. O que você quer?

— Quero um carro novinho, zero-quilômetro.

— Vá a uma agência, escolha o modelo e ligue-me que vou e compro na hora o carro de seus sonhos!

— Ah! Querido, você é tão bonzinho! Você me faz feliz! Esta noite quero dar sua recompensa! Está preparado?

Aquela conversa prometia. Eu fiquei sumamente interessado, pois acho que estava finalmente no lugar certo.

— Estou mais que preparado, querida! Você é que deveria se preocupar, pois hoje estou me sentindo uma fera!

Observei a bebida requintada, de safra privilegiada, e o aroma característico que exalava. Conhecedor do processo que me permitia sorver a bebida por intermédio de um encarnado, me aproximei e o envolvi, insistindo que bebesse. De imediato, para minha satisfação, ele encheu uma taça e sorveu o conteúdo. Ah! Aquele, para mim, era o prazer dos prazeres. Eu estimulava meu parceiro a beber e ele correspondia plenamente. Todavia, fiquei preocupado, pois não desejava que acontecesse a ele o mesmo que ocorrera a Carlos: desmaiar na hora mais interessante. Então procurei ser parcimonioso e, no final, acompanhei-os rumo ao apartamento, que ficava em região nobre de São Paulo.

A noite prometia.

Chegando ao apartamento, notei que meu parceiro parecia preocupado com sua performance. Pediu licença, pois desejava ir à toalete, enquanto sua parceira dizia que já o estava esperando ansiosa.

— Tenho de me garantir — disse para si mesmo —, enquanto ingeria um comprimido estimulante específico.

Depois de alguns minutos, saiu pronto para as intimidades com sua parceira, confiante de que daria conta do recado. Eu estava eufórico, pois vislumbrava a possibilidade de uma experiência inédita para minha condição de homem invisível.

Entretanto, aquela noite me reservaria mais uma surpresa: tudo ia bem quando percebi que meu parceiro começou a passar mal e, para meu desespero, os sintomas que ele sentia eram os mesmos que os meus e vice-versa. Percebi que seu coração pulsava acelerado, exatamente como o meu; e uma dor aguda tomou conta de meu peito, e o grito que dei foi repetido pelo meu parceiro, que caiu da cama gritando e se contorcendo com a mão no peito!

— Um médico — dizia desesperado —, um médico. Acho que estou tendo um enfarto!

A moça desesperada ligou para a emergência e, depois de algum tempo, quando a ambulância chegou, meu novo parceiro já tinha ido a óbito. Enfarto fulminante foi o diagnóstico médico.

Eu havia me recuperado daquela dor terrível; o peito ainda doía, mas era suportável. Confesso que já estava farto de tantos problemas. Deu-me vontade de ir para casa, estava um pouco longe, mas uma caminhada pelas ruas de São Paulo me faria bem. Precisava arejar a mente, tentar raciocinar, pensar em alguma coisa.

Os acontecimentos vividos nos últimos tempos eram para deixar qualquer um maluco. Acho que eu estava mesmo bem louco da cabeça. Nada tinha lógica, nada se encaixava, tudo era muito confuso em minha vida. As surpresas se sucediam uma atrás da outra, e eu parecia mais um espectador invisível que assistia a tudo sem poder interferir em nada. A não ser em algumas coisas, como controlar o Carlos e os parceiros que havia encontrado, como aquele jovem de quem uma voz se disse dono. Na última experiência estava indo tudo muito bem, mas no fim fora um desastre completo.

O homem invisível

Já era mais de meia-noite e eu estava abatido, cansado. Caminhava a esmo pelas ruas, quando percebi que me encontrava exatamente diante do prédio onde Carlos morava e então não tive dúvidas: entrei. Já havia me acostumado a entrar sem ser incomodado por ninguém, aliás, essa era a única vantagem que a invisibilidade me proporcionava, então eu tinha de aproveitar.

Quando cheguei à porta do apartamento de meu parceiro, senti uma forte atração, como se fosse sugado por uma poderosa força àquele ambiente e, quando me dei conta, já estava na sala do apartamento. Como isso havia acontecido? Já nem me importava mais depois de tantos acontecimentos malucos e inexplicáveis que ocorriam comigo.

Carlos se divertia com duas moças, bebendo, fumando e dando muitas risadas; estava completamente embriagado. Na verdade, eu já estava cheio de tudo aquilo, de forma que fui para seu quarto e deitei em sua cama, tentando dormir um pouco.

Todavia, dormir era um tormento porque eu temia os pesadelos de sempre. Mas, vencido pelo cansaço, nem me dei conta de que já havia adormecido. Dormi um sono profundo e reparador, até o momento em que senti que mãos pegajosas me agarravam, apertando minha garganta.

Abri os olhos e então vi pela primeira vez a fisionomia de meus agressores: eram verdadeiros monstros com os olhos esbugalhados, cabelos compridos e eriçados, barbas longas em desalinho e voz gutural e assustadora.

— *Pensa que escapará, seu miserável?*

Eu tentava gritar, mas minha voz morria na garganta. Percebia que não teria forças para lutar, pois aquelas mãos poderosas mais pareciam duas tenazes que apertavam minha garganta sem piedade.

— *Não o mate ainda!* — ouvi uma voz dizendo.

— *Não, eu quero matá-lo agora!*

— *Você não pode matá-lo! Tenho outros planos!* — dizia a voz.

— *Ele será nosso escravo! Hahahaha, o sinhozinho será nosso escravo!*

— *Não!* — dizia meu algoz. — *Eu quero matá-lo!*

— *Você é um idiota, como vai matar alguém que está morto?* — respondeu aquela figura apavorante.

Foram as últimas palavras que ouvi e então desmaiei. Acordei no dia seguinte e percebi que havia dormido na cama de Carlos, que estava estirado no sofá. Levantei-me cismado com aquele pesadelo horroroso. Minha garganta doía muito, e confesso que estava extremamente preocupado e assustado com a fisionomia de meu agressor. Sua expressão de ódio era simplesmente horripilante. O que mais poderia me acontecer? Eu não conseguia fazer nada, beber por mim mesmo, me alimentar, fumar e agora nem dormir mais eu podia, pois tinha aqueles pesadelos tenebrosos.

Decididamente, aquilo não era vida! Eu não era homem que entregava os pontos, mas realmente tudo aquilo estava me deixando cansado e desorientado.

Fiquei sentado diante de Carlos, que parecia desmaiado, roncando mais que uma serraria inteira. Decididamente, para ele a noitada deveria ter sido muito boa, mas para mim fora horrorosa. Recordei a impressão desagradável daquele homem morrendo, como se eu estivesse morrendo com ele. Aquela sensação fora muito real, seu coração batendo acelerado, a dor da artéria se rompendo fora muito angustiante para mim. Depois, a repetição do pesadelo que me atormentava, que cada vez parecia mais real e perigoso. Sinceramente, eu estava profundamente abalado em minha estrutura emocional. Sentia-me como um farrapo humano, sem forças, sem alegria, sem motivação, qual uma folha seca levada ao sabor do vendaval de acontecimentos malucos e inexplicáveis. "Até quando viveria naquela situação?", era a pergunta que eu começava a fazer para mim mesmo.

Olhei para meu companheiro, que dormia profundamente, e senti inveja dele. Carlos era inteligente, mas no fundo eu sabia que era um espertalhão. Olhando-o naquela folga, perguntei-me: ele não teria de se levantar para trabalhar? Só então me dei conta de que era sábado. Comecei a perceber que a pior coisa do mundo é a ociosidade. Eu não tinha nada para fazer, tinha todo o tempo do mundo à minha disposição, mas aquilo era uma tortura: o tempo não passava. O que tudo isso me adiantava? Estava sem motivação nenhuma, nenhum objetivo, simplesmente um desocupado. Um desocupado invisível.

Mas as lembranças da última hora perseguiam meus pensamentos, tomando conta de minha mente. A angústia e o desespero não me davam tréguas. Já não mais conseguia avaliar qual era a pior situação que eu vivia: se aquele momento ou quando me encontrava no meio das trevas.

Aquietei-me em um canto do apartamento e por lá fiquei esperando que Carlos acordasse. Quem sabe eu poderia sugerir a ele alguma coisa que pudesse quebrar aquele momento angustiante que estava experimentando.

De repente, o telefone tocou insistentemente. Finalmente Carlos acordou e, resmungando e de mau humor, levantou-se para atender:

— Que droga — reclamou ele ao telefone —, me acordando a esta hora?

Não ouvi o que o interlocutor falava nem imaginava quem fosse, mas Carlos parecia que o conhecia muito bem.

— É verdade — dizia Carlos —, saí ontem mais cedo, pois precisava dar uma espairecida na cabeça. Não fiquei satisfeito com a contratação dos serviços de auditoria.

A pessoa do outro lado da linha comentou alguma coisa, e Carlos respondeu:

— Concordo contigo, o Edmundo tem cara de boi-sonso, mas ele conhece profundamente a empresa, trabalhou muitos anos lá!

Fiquei atento, pois estavam falando de um assunto que me interessava. Mais uma vez, Carlos ouviu atentamente e replicou:

— Lógico, existe a possibilidade de eles conseguirem pegar alguma coisa, mas tudo foi muito bem-feito, e normalmente os trabalhos de auditoria que conheço não costumam ir fundo no assunto, a não ser que já estejam desconfiados de alguma coisa.

— ......

— Olha, não quero assustá-lo nem preocupá-lo em demasia, também fiquei preocupado e então resolvi fazer o jogo deles fingindo que aceitei tranquilamente, mas na verdade estarei atento a cada passo dessa auditoria.

— ......

— Não quero chegar a esse ponto, mas, se for preciso, teremos de lançar mão desse recurso. Incriminar uma pessoa inocente acho que vai além de meus limites, mas se preciso for para livrar nossa pele, que assim seja.

— ......

— Não, não iremos sofrer por antecipação. Tudo está indo muito bem até agora e tudo foi muito bem costurado de ambos os lados. O auditor terá de ser muito bom para descobrir alguma coisa. Na verdade, eles poderão até desconfiar, mas não há como provar.

— ......

— Lógico que concordo, nosso inimigo comum é Gervásio. É um intrometido, e temos de destruí-lo antes que ele nos destrua.

— ......

— Lógico, antes ele do que nós! Mas cautela e caldo de galinha não fazem mal a ninguém. Tomemos cuidado.

— ......

— Está bem, vamos nos encontrar para almoçar na churrascaria de sempre. O quê? Ela também está preocupada? Com razão... Isso, leve-a também. A vantagem de um restaurante caro é que se torna discreto e não corremos o risco de sermos perturbados por ninguém.

Ouvindo aquela conversa de meu diretor financeiro, percebi que ele havia se aproveitado de minha ausência e dado algum desfalque na empresa, e isso me aborreceu. Mas eu não estava em condições de fazer nada, e as últimas palavras me deixaram satisfeitos, pois apesar de ser um espertalhão que estava desviando recursos da empresa, Carlos era meu único aliado, o único que atendia aos meus apelos mentais. Tinha de ignorar isso, pelo menos por enquanto, pois antes precisávamos destruir e liquidar impiedosamente nosso inimigo comum: Gervásio. Mais tarde, eu me entenderia com Carlos e seus cúmplices, fossem quem fossem.

Desligou o telefone e dirigiu-se ao banho cantarolando enquanto meus pensamentos fervilhavam a mil por hora. Sentia-me um zero à esquerda, sem poder fazer nada, então resolvi que seria bom acompanhar Carlos à churrascaria. Além da possibilidade de saborear uma boa bebida e fumar, teria também a oportunidade de conhecer seus cúmplices e, quem sabe, tomar conhecimento dos detalhes do desfalque que haviam promovido na empresa.

Logo que o carro entrou em movimento, sugeri ao meu parceiro que colocasse um CD de *jazz*, e ele imediatamente obedeceu. Carlos podia ser um crápula, um espertalhão, mas tinha bom gosto para música e obedecia às minhas vontades. Naquele momento ele me era conveniente, então eu deveria me aproveitar o que pudesse de seus favores.

Rodou com o carro pela região dos Jardins, dirigindo-se a uma churrascaria bastante conhecida. Achei a ideia ótima, principalmente quando adentramos o refinado ambiente em que os garçons pareciam bailar com maestria empunhando o espeto de carne assada como se fosse a batuta de um exímio maestro.

O gerente da casa se aproximou solícito:

— Sozinho hoje, doutor?

— Não, quero uma mesa para três lugares. Aguardarei alguns amigos.

O cheiro da carne assada penetrou minhas narinas e quase me levou à loucura. Senti um desejo incontrolável de comer carne e, quando vi o garçom cortando um pedaço de picanha suculenta, não consegui conter meu ímpeto: aproximei-me o quanto pude do espeto de carne fumegante e aspirei aquele aroma à exaustão sem, contudo, me contentar.

De repente, dei-me conta de que estava fazendo um papel ridículo: ainda bem que estava invisível, pois já imaginou se alguém pudesse ter observado aquela cena? Dr. Arnaldo, poderoso homem de negócios, rico, frequentador dos ambientes mais requintados da Pauliceia Desvairada, portando-se tal qual um cão faminto quando lhe é atirado um pedaço de carne? Confesso que fiquei envergonhado, mas em seguida me recompus, afinal de contas, essa era uma das vantagens de ser um homem invisível.

Observei Carlos já acomodado em uma das mesas do fundo do restaurante e para lá me encaminhei. O cheiro da carne e a fome que sentia eram algo terrível. Se pudesse, certamente comeria um boi "com chifres e tudo", como costumam dizer por aí quando a fome é muito grande.

Meu parceiro saboreava uma bebida, de forma que procurei me aproveitar ao máximo enquanto aguardava, mas a fome me torturava. Sugeri, e Carlos obedeceu imediatamente chamando um dos garçons já nosso conhecido, que naquele instante passava com um espeto de picanha.

— Pois não, doutor?

— Por favor, corte-me várias fatias dessa picanha suculenta.

— Não está do jeito que gosta, doutor, o senhor gosta de mais bem passada e esta está malpassada!

Então sussurrei no ouvido de meu parceiro:

— *É exatamente essa, do jeito que está, que eu gostaria de comer!*

Não foi surpresa quando Carlos repetiu exatamente minhas palavras ao garçom, que fatiou em belas tiras aquela picanha suculenta escorrendo sangue.

O garçom comentou:

— Era exatamente desse jeito que dr. Arnaldo gostava.

Carlos sorriu ao comentário, respondendo:

— Deixa para lá, dr. Arnaldo já era!

Enquanto o garçom se afastava meio sem graça pela resposta, não esperei mais. Debrucei-me sobre Carlos e, utilizando suas mãos, "comi" com sofreguidão, mas aquilo não me satisfazia. Meu corpo ficava justaposto ao dele, como se estivesse vestindo uma camisa e, embora o alimento não fosse para meu estômago, eu podia até sentir o sabor da carne em minhas papilas gustativas.

— *Pede uma bebida, mas que seja das boas!*

Carlos não se fez de rogado e pediu o cardápio para escolher a bebida. Sem hesitar, escolheu o que havia de melhor, submetendo-se à minha influência. Estávamos saboreando a bebida quando chegaram os amigos daquele que eu manobrava com tanta facilidade.

Quase caí de costas (se isso fosse possível) quando olhei para eles: eram as pessoas em quem eu mais confiava na empresa! Estavam lá, bem à minha frente, sr. Resende, diretor de contabilidade e custos, e Alice, minha secretária!

— Já vi que não esperou por nós! — comentou Resende.

— Na verdade, nem estava sentindo muita fome, mas de repente passou um garçom com uma picanha suculenta e quase não pude me conter diante de um impulso arrebatador: deu-me vontade de comer um boi com chifres e tudo!

— Comendo uma picanha suculenta como o nosso chefe gostava! — comentou Resende com um sorriso irônico.

— Ora, vá para o inferno — respondeu de forma deselegante —, assim como espero que ele também lá esteja.

— Não fale assim do chefinho — defendeu-me Alice.

— Você era uma falsa — retrucou Carlos —, aproveitou-se daquele tonto o quanto pôde.

Ela sorriu com malícia, aquele sorriso que eu conhecia muito bem, ou pelo menos achava que conhecia, diante do que estava ouvindo.

— Ele me proporcionou bons momentos de prazer, bem como boas coisas materiais!

— Espertalhona, inclusive o apartamento onde mora!

— Quer mesmo saber? Dr. Arnaldo era um homem infeliz e fui sua confidente! Acho que eu era como uma terapia para ele esquecer suas infantilidades!

— Confidente na cama, que bela terapia!

— Ora, cale sua boca, Carlos, porque de todos nós você foi o mais sujo!

— Olha como fala comigo, sua vadia! — descambou meu companheiro, enquanto em estado de estupefação eu ouvia aquela conversa.

— Calma, gente — ponderou Resende —, temos de nos manter unidos. Estou preocupado com o andamento das coisas. Confesso que estou assustado.

Alice estava linda. Aproximei-me e a envolvi em um abraço, sentindo seu perfume, que me deixava louco! Ela estremeceu ao meu contato, enquanto dizia:

— Credo em cruz! Senti um arrepio percorrer meu corpo, como se o dr. Arnaldo estivesse aqui e estivesse me abraçando!

Carlos olhou com cara de gozação, exclamando com zombaria:

— Olha só, Resende, e nem começou a beber ainda! Imagina quando tomar alguma coisa!

— Estou falando sério — replicou sem graça —, mas nenhum de seus interlocutores lhe deram atenção.

O assunto agora era outro. O garçom já começara o serviço de atendimento e, sem perder tempo, me debrucei sobre Carlos para aproveitar ao máximo aquele almoço. Estimulava meu parceiro a comer e a beber. A bebida era ótima e eu estava deliciado, aproveitando ao máximo a oportunidade.

— Sabe que estou notando algo estranho em você, Carlos? — comentou Resende.

— O que é? Lá vem você com alguma baboseira. O que é? Fale logo!

— Você está gesticulando exatamente como dr. Arnaldo e pegando a taça e bebendo como ele! Até parece que estou vendo nosso chefe na minha frente em vez de você!

— Algo está mesmo estranho, senti até um arrepio gelado percorrer meu corpo! Olha — mostrou o braço —, meus pelos ficaram até arrepiados!

— Sinto a presença do dr. Arnaldo entre nós — reclamou Alice.

— Mas será possível? — falou irritado. — Estamos aqui para discutir assunto de tremenda importância e vocês ficam vendo fantasmas onde não existe? Calem a boca e, por favor, não comentem mais nada.

— Tem razão, Carlos — desculpou-se Resende. — Viemos aqui para discutir assuntos de extrema importância para nós e ficamos vendo fantasmas.

Então Carlos sorriu, parecendo recuperar o bom humor:

— Claro, claro, dr. Arnaldo pode mesmo estar entre nós, só que ele está invisível!

Aquilo me deu um arrepio! Carlos poderia ter falado em tom de pilhéria, mas acertara em cheio! Eu realmente estava entre eles, só que não conseguiam me ver, pois eu era um homem invisível.

A conversa do grupo transcorreu em tom ameno: bebiam e se empanturravam de carne. Eu procurava tirar o máximo proveito, com a intenção de saciar meu tremendo apetite. Confesso que tudo aquilo era muito frustrante, pois, por mais que Carlos comesse e bebesse estimulado por minha vontade, eu não me sentia satisfeito.

— Fiquemos bem na nossa, sem alarde — orientava Carlos, que me parecia ser o mentor de tudo aquilo. — Vamos esperar que o sr. Edmundo e equipe deem início à auditoria e vamos procurar acompanhar de perto, com a desculpa de colaboração, para verificarmos se estão chegando perto da operação. Se percebermos que estão chegando muito perto, de forma que ofereça perigo, então tomamos outras providências.

— Você está me assustando, Carlos — retrucou Resende. — Que providências são essas?

— É isso mesmo — reforçou Alice —, o que pretende fazer?

Então Carlos deu um sorriso malicioso. Fez pose de quem faria uma revelação bombástica e ficou observando na expressão de ansiedade de seus companheiros o impacto:

— Tenho uma carta nas mangas...

— Uma carta nas mangas? A que se refere?

Mais uma vez, meu diretor financeiro fez um intervalo de tempo calculado para provocar maior curiosidade e impacto.

— Vocês não perceberam que nossa digníssima diretora-presidente ultimamente tem andado em conversas sigilosas com nosso diretor comercial?

— Sim — retrucou Resende —, mas é natural. — A empresa está em crise e o diretor comercial é um homem de sua confiança.

— Isso mesmo, de tanta confiança, que já estão misturando assuntos comerciais com assuntos particulares e sentimentais.

— Nossa! — exclamou Alice com ares de espanto. — Eu até desconfiava de alguma coisa, mas jamais iria supor que eles estivessem tendo algo mais...

Ela não concluiu a frase, mas deixou nas entrelinhas o significado do "algo mais".

— Você tem certeza disso ou são apenas suposições? — questionou Resende.

— Eu estava desconfiado e, por essa razão, fiquei mais atento às conversas dos dois. Fiquei sabendo que têm saído juntos. Não sei para onde costumam ir, mas posso assegurar que todas as quartas-feiras saem à noite. Ouvi que ambos combinavam para se encontrar em algum lugar e, no início, iam em carros separados, mas ultimamente fiquei sabendo que Gervásio tem ido até a mansão de dona Lívia para apanhá-la.

Minha mente ferveu de ódio. Aquilo que eu desconfiava agora tinha a confirmação de Carlos: Lívia estava me traindo com o paspalho do Gervásio. Parecia que minha cabeça ia explodir de tanta revolta e ódio. Minha vontade era, se pudesse, matar aqueles traidores. Sem conseguir controlar minha fúria, aproximei-me de Carlos e disse aos seus ouvidos:

— *Você tem de achar um jeito de mandar matar Gervásio e inventar um crime passional, mesmo que para isso tenha de envolver Lívia!*

Observei que Carlos havia captado meu pensamento, mas ele nada disse aos demais. Aquilo me frustrou um pouco, entretanto, a conversa continuou:

— Ah! O espertalhão do Gervásio está tirando vantagem da fragilidade de dona Lívia, que deve estar muito carente — comentou Resende com um sorriso sarcástico.

— E olha que ela não é de se jogar fora, não! Até eu teria prazer nessa tarefa — redarguiu Carlos com ironia.

— Como vocês são nojentos e asquerosos! — argumentou Alice.

— Ora, cale essa boca, pois esse é assunto que apenas os homens sabem avaliar adequadamente! — concluiu Carlos com um sorriso debochado.

— Mas vamos ao que interessa — cobrou Resende —, o que nos interessa saber que o diretor comercial de nossa empresa está tendo um caso com a diretora-presidente? O que ganhamos com isso?

Carlos tomou um gole de bebida, saboreou mais um pedaço de carne e respondeu:

— Você é um homem inteligente, Resende, mas às vezes acho que você tem um parafuso meio bambo na cabeça. Não percebeu que esta informação representa uma grande vantagem a nosso favor? Prestem bem atenção — disse, voltando-se aos dois —, se for necessário, chamamos nossa digníssima presidente e a ameaçamos com um escândalo sem precedentes. Esqueceram que Gervásio é casado? Que estão tendo um caso extraconjugal? Se estourar um escândalo, ela poderá ser impedida pelo Conselho da diretoria, do qual eu faço parte. Teria ela interesse que esse escândalo viesse à tona? Seria algo terrível para a família, e dona Ofélia, sua sogra, certamente a colocaria para fora da própria casa.

Fez uma pausa esperando que suas palavras surtissem o efeito desejado, para em seguida prosseguir:

— Mas não é só isso. Se nada disso adiantar, teremos de usar medidas extremas. Daremos um fim a Gervásio de forma que pareça que foi suicídio. Será algo tão bem elaborado que todos pensarão que, após o escândalo, ele preferiu a própria morte a enfrentar a vergonha pública. Iremos assistir a tudo isso de camarote e jogar ainda mais lenha na fogueira, se preciso for.

Fez outra pausa e concluiu:

— E ainda vamos dar muita risada do paspalho do Gervásio e da incompetente metida a sabida de nossa presidente.

Carlos gargalhou de forma assustadora e então percebi que era eu que gargalhava junto com meu companheiro. Ele parecia tão louco quanto eu naquele pesadelo terrível e interminável. Mas o ódio que explodia em meu peito era o mesmo que percebia em Carlos. Éramos companheiros daquele propósito sinistro. Iríamos dar um fim àquela traição nojenta de minha esposa, e Carlos seria meu instrumento para que isso se materializasse.

Todavia, as surpresas daquele dia ainda não haviam terminado, pois, quando já haviam pedido a conta para sair, chegou Salviano, o gerente do banco, com o qual eu sempre tivera muita amizade e consideração.

— Ora, ora, olha só quem está chegando! Seja bem-vindo, Salviano! — saudou Carlos.

O gerente do banco pareceu surpreso ao ver o grupo.

— Ora, ora, digo eu — respondeu com bom humor. — O que estão fazendo aqui em pleno sábado? Estão tramando algum golpe contra a empresa? — disse em tom de pilhéria.

— Exatamente o que estamos fazendo neste momento. Só que o golpe nós já demos e agora estamos traçando estratégias de como camuflar os eventuais rastros que ficaram! — respondeu Carlos com um sorriso zombeteiro.

— Se precisarem de um gerente de banco que dê cobertura, contem comigo.

— Você acha que já não contamos? — retrucou Carlos.

— Maravilha, vocês podem contar mesmo. Saibam que estou à disposição! Agora me desculpem, mas minha esposa está me esperando. Vocês já almoçaram, mas eu ainda não. Até logo, senhores — despediu-se com um sorriso de cordialidade.

Assim que o gerente se afastou, Resende questionou preocupado:

— Você está louco? Você disse em tom de brincadeira, mas confessou a ele todos os nossos planos!

Carlos parecia dono da situação, e tudo aquilo parecia diverti-lo, pois sorriu e respondeu com desdém:

— Ora, fique quieto, cale sua boca e confie em mim, porque da missa você não sabe nem o Pai-Nosso!

"Aquilo tudo era muito preocupante", pensei comigo mesmo. Carlos me surpreendia! O que ele queria dizer com aquilo?

Planos sinistros

Os dias que se seguiram foram de tormentos insuportáveis. Eu sentia raiva de Carlos, mas era conveniente suportá-lo porque era ele quem materializaria meus propósitos de vingança.

Ele se achava muito esperto, mas não fazia ideia do que estava acontecendo. Imaginava que era ele quem tinha as ideias e o controle da situação, mas na verdade ele simplesmente correspondia aos meus desejos de vingança que encontrava ressonância em seus pensamentos de ódio e raiva contra Lívia e Gervásio. Ele me estava sendo muito útil e, no fim, minha vingança seria plena, pois atingiria minha esposa, Gervásio, meu desafeto, e ele mesmo, porque eu encontraria um jeito para que toda a trama de Carlos fosse descoberta, e ele, incriminado.

Minha vingança teria de ser plena e absoluta, e então nada mais me importaria. Sentia-me completamente alienado: meu objetivo único seria apenas a vingança.

Acompanhei Carlos de perto, insuflando-lhe ideias que ele captava com fidelidade surpreendente. Era como se estivéssemos em uma mesma sintonia mental, e meu companheiro funcionasse como uma caixa de ressonância onde meu pensamento se propagava em uma frequência comum entre nós dois.

Principalmente quando se encontrava em casa após o trabalho, Carlos se desligava do mundo, apanhava um livro para ler, mas não conseguia. Ficava mergulhado em um turbilhão de pensamentos e, como era fácil, eu conseguia identificá-los. Naquela noite, questionei-o em pensamento, na tentativa de fazê-lo revelar algum detalhe importante da operação do desfalque que viesse a facilitar minha vingança.

"Você não pode menosprezar Gervásio, pois tem apenas cara, mas de bobo não tem nada", questionei-o em pensamento.

Observei que Carlos sorriu demonstrando segurança e em pensamento respondeu, como se estivesse dialogando consigo mesmo:

— Gervásio pode ser muito esperto, mas ele não sabe a armadilha que preparei para ele. Se eventualmente a fraude for descoberta, ele levará uma tremenda lambada que nem saberá de onde veio, porque também estará envolvido até o pescoço.

— *Você é muito inteligente* — sussurrei em seu ouvido. — *Gervásio não tem chance contra você. Mas, afinal, que armadilha tão engenhosa foi essa?*

Novamente Carlos sorriu demonstrando satisfação para, em seguida, entrar em elucubrações mentais sobre o que havia preparado para o desafeto.

— Eu sou mesmo muito malandro, mas também inteligente. Por essa Gervásio jamais esperaria. Como se acha muito esperto, Alice colheu sua assinatura em alguns papéis do banco que ele assinou em confiança, juntamente com outros papéis. O tonto assinou uma procuração que dava plenos poderes para o banco providenciar abertura de contas no exterior. Salviano também é um grande estrategista, pois nos deu a dica de que seria conveniente que fosse providenciada a abertura de uma conta em um paraíso fiscal em nome de Gervásio. A importância a ser depositada não é lá essas coisas, mas servirá perfeitamente para incriminá-lo como cúmplice no processo.

Fiquei sobressaltado e surpreso ao mesmo tempo: então aquela brincadeira entre Salviano e Carlos no restaurante fora premeditada? Justo Salviano, em quem eu depositava tanta confiança, também havia me traído? Só então me lembrei que contratei Carlos por indicação de Salviano. Acho que tudo aquilo fora premeditado há muito tempo, enquanto eu ocupava ainda a presidência da empresa.

Enquanto me refazia da surpresa, Carlos respondia aos meus pensamentos:

— Ah! Dr. Arnaldo também se achava o máximo, o suprassumo da inteligência, e caiu na própria armadilha.

Senti um calafrio percorrer minha espinha. O que Carlos estava dizendo em pensamento? Então me veio à memória algo terrível que eu havia feito e que desejava esquecer, mas que naquele instante veio à tona: lembrei-me de que, na luta pelo poder, a batalha contra meu irmão foi intensa. Ocupei a presidência da empresa e o afastei de todas as funções. Para que ele não interferisse nem influísse nos negócios da empresa, forjei papéis e, com a ajuda de Salviano, simulamos um desfalque e depositamos o dinheiro na conta de Felipe no exterior. Em seguida, contratei uma auditoria externa e falei de minha desconfiança, e o resto foi fácil. Após o parecer de uma auditoria independente confirmando o desfalque e a descoberta do dinheiro depositado na conta de meu irmão, apresentei o relatório ao Conselho, que votou unanimemente pelo afastamento de Felipe. Os membros do Conselho ficaram sensibilizados quando manifestei o desejo de que tudo aquilo fosse mantido em sigilo e que o caso não deveria sair daquela sala. Felipe vivia um momento muito triste com a morte de sua amada, e eu não desejava que meu irmão sofresse nenhum processo criminal. Para mim, bastava seu impedimento. Foi o que aconteceu.

Agora a situação se repetia: o espertalhão era Carlos, em cumplicidade com Salviano e com a ajuda de minha secretária e de Resende, e a vítima da tramoia era Gervásio. Apenas um detalhe: Felipe não merecia o que eu havia feito a ele e, motivo de meu único e grande arrependimento de minha vida. Gervásio, ao contrário, merecia sofrer as consequências da armadilha que estavam preparando contra ele.

Minha ira se voltou contra Carlos. Ele fumava quando me aproximei e o agarrei pelo pescoço com raiva, desejando esganá-lo. Naquele momento, percebi que ele ficou sem ar, engasgou-se e, com dificuldades para respirar, levantou-se desesperado.

Percebi que, quando eu tentava me aproximar de Gervásio, não conseguia, mas com Carlos era diferente. Por quê? Não continuei em delongas com meus questionamentos, pois percebi que, se quisesse, poderia mesmo atingir meu parceiro, então contive meu ímpeto e o deixei respirar.

Ofegante, aproximou-se da janela para tomar um pouco de ar, exclamando em voz alta:

— Meu Deus! O que foi que aconteceu comigo? De repente fiquei sufocado e com falta de ar. Será que foi o cigarro? O médico já disse que devo parar de fumar, mas não consigo. Ultimamente tenho mesmo abusado do cigarro, porque sinto uma vontade incontrolável que não sentia antes. Por que será? Eu não era assim.

Já mais calmo, aproximei-me novamente e disse em seu ouvido:

— *Não foi o cigarro, é que você é um verme asqueroso!*

Carlos parecia surpreso com tudo aquilo e novamente exclamou em voz alta:

— Que coisa estranha, parece-me que ouço uma voz em minha cabeça dizendo que sou um verme asqueroso!

Resolvi então dar uma mãozinha ao meu parceiro:

— *Não se preocupe, meu caro, você deve mesmo estar ouvindo vozes porque tem abusado de alguns medicamentos, e isso dá alucinação.*

Isso pareceu acalmá-lo ao registrar minhas palavras em sua mente, respondendo em pensamento:

— É verdade, tenho abusado um pouco de calmantes sem consulta médica. O resultado é isso mesmo. Preciso me acalmar, mas como, com tanta pressão na empresa?

Abriu a geladeira, pegou uma bebida e se serviu. Aproveitei para beber com ele e relaxar. Depois, ainda insatisfeito, influenciei-o para continuar a beber sem parar.

Chegou um momento em que Carlos parecia relaxado pela ação etílica, adormecendo no sofá. Dirigi-me à cama e tentei dormir, mas foi muito difícil. Eu dormia e acordava tendo a visão de meu irmão naquele dia fatídico que eu desejava esquecer e que durante algum tempo até havia conseguido. Hoje tudo havia voltado à minha memória e agora me torturava pelo peso do remorso, porque, afinal, fora eu o responsável pela morte de meu irmão.

— *Droga* — exclamei aborrecido em pensamento —, *já havia me esquecido de tudo aquilo, já havia conseguido apagar de minha mente aquele infeliz episódio de minha vida. Por que o imbecil do Carlos foi rememorar um fato que me trouxe novamente tudo à memória? Por que afinal de contas eu fora tão covarde a ponto de contribuir para a morte de meu próprio irmão, depois de infligir a ele tantas humilhações? Droga!* — exclamei novamente como tentando de alguma forma me justificar.

Quando acordei no dia seguinte, estava em frangalhos, tal qual um zumbi dos filmes de televisão. Carlos cantarolava no banheiro enquanto fazia sua higiene pessoal. Depois do café, dirigiu-se à empresa. Lá chegando, chamou em sua sala minha secretária e, quando Alice se sentou, fechou a porta e disse:

— Fiquei intrigado no outro dia quando o Resende disse que eu estava agindo como o dr. Arnaldo e você comentou que sentiu a presença dele entre nós. Por que você disse aquilo?

Alice sorriu ao identificar a expressão preocupada em Carlos.

— Realmente, naquele dia tive uma sensação muito estranha. Parecia-me mesmo que ele estava lá conosco, mas você nos deu um tremendo esculacho. Por que está perguntando isso agora?

Com a fisionomia séria, Carlos respondeu:

— É que ontem me aconteceu um fato muito estranho. Estava pensando numa série de coisas e recordando um negócio que o dr. Arnaldo havia feito, quando resolvi fumar. De repente, senti como se duas mãos apertassem minha garganta a ponto de me engasgar com o cigarro; tive a impressão de que era o dr. Arnaldo que estava lá tentando me esganar.

— Mas você chegou a ver alguma coisa ou foi só impressão?

— Não, não cheguei a ver nada, mas sabe quando você tem aquele *insight*, isto é, um estalo? Quase uma certeza de que algo está acontecendo? Mas depois senti como se ele estivesse de bem comigo, tomei umas bebidas e tudo me pareceu melhor. Todavia, aquela sensação me deixou muito assustado, porque tenho pensado muito no dr. Arnaldo nos últimos tempos.

— Sabe o que acho, Carlos? Você não anda tomando alguns calmantes sem receita médica?

— Estou tomando, sim, mas o médico é quem receitou quando passei pela consulta. Ele disse que eu estava muito estressado e me receitou o remédio.

— Ah! Mas isso já faz muito tempo! Você teria de voltar a uma reavaliação médica; em vez disso, passou a tomar os remédios sem controle do seu médico. Isso é muito sério!

— Isso é bobagem, porque tomei os remédios e me senti bem melhor! Então não preciso voltar a consultas médicas. Quando sinto que não estou legal, tomo o medicamento e tudo fica bem novamente. Não tem segredo!

— Esse é seu problema — advertiu Alice —, porque você se acostumou com o remédio e adquiriu dependência! Isso é muito grave, agora está tendo visões, sensações e como disse: *insight*. Até para ficar louco você precisa dizer palavras difíceis e chiques. *Insight* — repetiu —, diga logo "estou ficando louco" e pronto! — completou com um sorriso zombeteiro.

— Pare de me gozar, estou falando sério e, sinceramente, estou preocupado. Não tenho dormido direito também.

De repente, tocou o telefone e Carlos atendeu.

— Sim, senhora! — foi sua resposta um tanto quanto irônica. — Estarei em sua sala na hora combinada para a reunião.

Colocou o telefone no gancho, dizendo com ironia e escárnio:

— A *"chefa"*, a *"presidenta"*, está convocando uma reunião de diretoria para as dez horas em sua sala.

Então minha ex-secretária saiu da sala com um sorriso de cumplicidade estampada no rosto.

— Depois você me fala o que foi discutido na reunião.

— Pode deixar. Repasso nos mínimos detalhes.

Às dez horas, pontualmente, estavam todos reunidos na sala de Lívia, que, em tom solene, começou a reunião:

— Senhores, eu gostaria de agradecer a presença de todos. Como já havíamos conversado em reunião anterior, contratamos os serviços de consultoria e auditoria de sr. Edmundo. Ele e sua equipe de profissionais deverão começar os trabalhos imediatamente e, por essa razão, solicito a todos o máximo espírito de colaboração. Alguma dúvida ou pergunta?

Carlos se manifestou:

— Dona Lívia, a senhora disse que a equipe de sr. Edmundo iniciará os trabalhos imediatamente. Quer dizer, ainda hoje?

— Por que a preocupação sr. Carlos? Sim, quando eu disse que começaria imediatamente, quis dizer hoje! Alguma dificuldade de sua parte?

As palavras de Lívia foram duras, mas Carlos se defendeu:

— Absolutamente, por mim podem começar quando bem entenderem. É que à tarde estarei ausente da empresa. Tenho consulta médica já agendada anteriormente.

Naquele momento, o atrevido do Gervásio se manifestou. Tive a impressão de que queria impressionar minha esposa. Fiquei possesso e com muita raiva diante de minha absoluta impotência.

— *Desgraçado* — gritei alucinado em seu ouvido —, *paspalho, você se acha muito esperto, mas não perde por esperar! Palhaço, idiota, imbecil* — insultei para valer, mas tudo em vão porque meu desafeto parecia nada ouvir e, com aquela voz calma e irritante, se dirigiu ao Carlos:

— Não tem problema, Carlos, pode se ausentar à vontade porque solicito ao sr. Edmundo que comece por minha área.

Mas o sonso do Edmundo retrucou:

— Sr. Gervásio, agradeço sua gentileza, mas preparei meu cronograma de trabalho e está previsto começar pela área financeira. Mas não se preocupem porque são vários consultores e auditores, todos competentes e devidamente treinados. Iniciaremos os trabalhos em várias frentes ao mesmo tempo, porque, de acordo com as recomendações de dona Lívia, esta consultoria deverá ser concluída no máximo em trinta dias, e pretendo cumprir o cronograma.

Carlos parecia ter recuperado o controle de si mesmo, de forma que respondeu com exagerada educação, cuja ironia fina não escapou de minha percepção porque eu ouvia seu pensamento:

— Agradeço a deferência, sr. Edmundo, e sinto-me privilegiado por me honrar com sua prestigiosa pessoa no desenvolvimento do trabalho de consultoria com sua marca pessoal em minha área. Realmente, sinto-me honrado!

As pessoas ficaram desconcertadas diante das palavras de Carlos. Lívia olhou para ele tentando penetrar seus pensamentos, porque percebeu uma ponta de ironia, mas não podia dizer nada. Mas foi o sonso do Edmundo que retrucou:

— Não há necessidade de sentir nenhuma honra ou privilégio, sr. Carlos. Simplesmente desenvolverei meu trabalho de acordo com os princípios de auditoria e é por essa razão que preciso corrigir sua fala: na área financeira não será consultoria, mas um trabalho profundo e sério de auditoria.

— Ora, ora, sr. Edmundo, não há necessidade de se justificar, consultoria ou auditoria dá no mesmo. Não estou absolutamente nem um pouco preocupado! Aliás, volto a insistir, conte comigo para o que der e vier, irei colaborar inteiramente para que seu trabalho seja desenvolvido com lisura, de acordo com os princípios de auditoria geralmente aceitos — concluiu dizendo um chavão específico naquelas ocasiões.

Em pensamento, Carlos dizia: "Estou até torcendo para que este paspalho ache logo alguma coisa, porque quero ver a cara de nossa 'presidenta' quando souber que seu querido Gervásio está envolvido até o pescoço com a armadilha que preparamos".

Então Lívia decidiu encerrar a reunião.

— Já que estamos todos de acordo e ninguém mais quer fazer nenhum questionamento, mãos à obra. Senhores, a partir de agora começam os trabalhos do sr. Edmundo e equipe.

Saíram cada qual para sua sala, enquanto o sonso do Edmundo acompanhou Carlos.

— Mas já está vindo ao meu encalço, sr. Edmundo? Não me dará nenhuma folga?

Edmundo pareceu meio desconcertado diante das palavras de Carlos, parecendo ficar aparvalhado e sem reação.

— Mas o senhor não disse que iria colaborar com nossos trabalhos? — gaguejou.

— Falei sim, mas dá licença, desgruda. Preciso ir ao banheiro, ou será que também vai querer me acompanhar? — respondeu com um sorriso de ironia de quem parecia estar até se divertindo de forma maquiavélica.

Realmente, Carlos era impiedoso, mordaz e maquiavélico ao mesmo tempo e, quando queria, sabia como humilhar uma pessoa.

— Será que posso aguardar em sua sala, então? — perguntou Edmundo de forma tímida.

Carlos sorriu intimamente satisfeito. Aquele Edmundo era mesmo um tonto, um paspalho, um incompetente.

— Lógico que pode esperar, sr. Edmundo, mas por favor, não vá mexer em nada sem minha presença. Não abra minhas gavetas porque, senão o senhor verá um homem muito bravo.

— Não, não, sr. Carlos, absolutamente. Se o senhor preferir, aguardo na antessala.

— Acho que assim será melhor, sr. Edmundo. Sabe como é, afinal temos de ter respeito um pelo outro, não é verdade? Quero estar presente e acompanhar todo o seu trabalho. Lógico, para colaborar naquilo que for necessário.

Confesso que a malandragem de Carlos me surpreendia. Até sorri de suas palhaçadas, mas verifiquei como ele era sagaz e perigoso. Era do tipo que conseguia dar nó em pingo de água, como se diz popularmente. Todavia, eu tinha uma vantagem enorme sobre ele: conhecia seus planos, sua estratégia, era mais inteligente que ele e... era invisível.

Olhei para a figura do sr. Edmundo sentado na antessala, comportadinho tal qual uma criança repreendida, e até senti um pouco de pena do velhinho. Aquilo me entristeceu um pouco, de forma que afastei logo os pensamentos e, enquanto Carlos fazia hora no banheiro, fui até a sala de Lívia, pois havia observado que todos tinham saído menos o energúmeno do Gervásio, que lá ficara para fazer intrigas e se fazer de importante para minha esposa.

Entrei na sala e os dois falavam com cumplicidade:

— Estou achando muito estranho o comportamento do Carlos — dizia minha esposa.

— Tenha calma, Lívia — respondeu ele com intimidade, segurando sua mão — não tiremos nenhuma conclusão precipitada. Se houver alguma coisa, o sr. Edmundo certamente descobrirá. Confio muito em seu trabalho.

Ao ver aquele crápula segurando a mão de Lívia, meu impulso foi voar em seu pescoço, mas, novamente, como se algo me repelisse, não consegui meu intento. Só me restava destilar meu ódio intenso contra ele através de meu pensamento, e é o que eu fazia naquele momento. "Se ódio matasse", pensei com meus botões, "Gervásio estaria com as canelas esticadas em um caixão."

Apesar de todo o meu ódio e contrariedade, resolvi continuar ouvindo o que diziam:

— Não deixe de ir à reunião de amanhã à noite. Sua presença é de suma importância.

— Ah, Gervásio, foi Deus que o colocou em meu caminho! Se não fosse por você, certamente eu já estaria louca. Você tem sido meu apoio nestes dias tão difíceis.

Aquilo era demais para mim. Até Deus envolviam em sua infidelidade. Se bem que para mim não fazia nenhuma diferença, uma vez que nunca acreditei mesmo em Deus. Irritado, resolvi sair da sala, não sem antes ouvir uma frase que me deixou intrigado. Gervásio disse:

— Temos de estar atentos e em constante vigilância. Fui informado de que estamos sofrendo intenso assédio orquestrado por inimigos invisíveis e que dr. Arnaldo encontra-se extremamente revoltado, com muito ódio no coração. Para dizer a verdade, disseram que está completamente cego, totalmente tomado por um sentimento de profundo rancor.

Aquelas palavras me apanharam desprevenido e me surpreenderam. O que Gervásio sabia a meu respeito e sobre o que acontecera comigo? Será que a trama de meu sequestro obedecia a algum plano sinistro orquestrado por Gervásio, do qual Lívia tinha pleno conhecimento?

Aquilo me deixou intrigado, mas fiquei ainda mais perplexo com a resposta de minha esposa:

— Você tem razão, Gervásio, pois às vezes sinto a presença de Arnaldo perambulando por aqui e até tenho percepção de seu ódio intenso. Tenho orado muito por ele. Meu Deus, o que fazer?

— Iremos confiar em Deus e continuar vibrando muito, porque tanto nós quanto ele estamos precisando de oração — respondeu Gervásio.

Aquilo tudo era uma ironia. Imagine meu inimigo, meu desafeto, meu adversário falando em Deus e fazendo oração por mim. Como se eu precisasse, ou até mesmo, se eu acreditasse em todas aquelas bobagens.

Inconformado com aquela palhaçada, retirei-me da sala e me dirigi à sala do meu parceiro. Carlos poderia ser um grandessíssimo pilantra, mas era o único com quem eu me sentia melhor.

Quando adentrei a sala da diretoria financeira, encontrei Carlos e o sr. Edmundo sentados à mesa ao lado, onde eram feitas pequenas reuniões da área financeira e contábil. O contador parecia ter recuperado sua postura profissional solicitando documentos com firmeza, que até me surpreendeu.

— Sr. Carlos, enquanto meus assistentes começam os exames dos controles internos, eu gostaria que o senhor pudesse, por favor, me franquear todos os contratos financeiros assinados nos dois últimos anos.

— Que tipo de contratos financeiros, sr. Edmundo? — desconversou Carlos com perspicácia.

— Quando eu disse todos, eu quis dizer *todos*, sr. Carlos.

Lógico que Carlos havia entendido, mas observei que meu parceiro apenas estava dificultando um pouco o trabalho do auditor.

— Desculpe, mas o senhor tem de ser mais específico. Temos contratos de capital de giro, de financiamentos a CP[1] e a LP[2], empréstimos do exterior, financiamento de bens duráveis, máquinas, equipamentos e também de *leasing*[3]. Quais exatamente o senhor quer examinar? Seja objetivo!

— Sr. Carlos — respondeu sr. Edmundo, demonstrando segurança e tom firme na voz —, eu quero analisar todos os contratos possíveis e imagináveis que a empresa firmou com

---

1. Curto prazo.
2. Longo prazo.
3. Termo em inglês muito utilizado na linguagem bancária para designar a operação em que alguém aluga um bem e, no fim do contrato, pode exercer o direito de aquisição, pagando apenas o valor residual do referido bem.

bancos e financeiras, sejam eles quais forem. Quero passar um pente-fino nas cláusulas contratuais, analisar detidamente condições e taxas de juros contratados. O senhor sabe do que estou falando, não sabe, sr. Carlos?

Carlos fez silêncio por alguns segundos de forma calculada. Percebi que, no fundo, no fundo, estava se divertindo com tudo aquilo.

— Está bem, o senhor terá em suas mãos amanhã todos os contratos que a empresa assinou no período mencionado.

— Como amanhã? O senhor é uma pessoa organizada, sr. Carlos, e acho que tem um arquivo com todos esses documentos de acesso muito fácil.

— Tenho mesmo, mas irei entregá-los apenas amanhã porque daqui a pouco vou sair para a consulta médica que já mencionei.

O sr. Edmundo suspirou fundo e respondeu contrariado:

— Tudo bem, sr. Carlos. O senhor disse na reunião da diretoria que iria colaborar, mas não é o que está acontecendo.

O diretor financeiro olhou para o auditor, um homem de idade avançada, e com um sorriso debochado respondeu em tom irônico:

— O senhor se surpreenderá com o nível de minha colaboração, sr. Edmundo. Escreva o que estou dizendo: o senhor irá se surpreender — e muito!

— Está bem, amanhã estarei aqui pontualmente às oito horas da manhã aguardando-o.

Mais uma vez, Carlos sorriu em tom de deboche:

— Isso mesmo, às oito horas da manhã pontualmente. Aguarde-me. Enquanto isso, acompanhe o trabalho de seus assistentes e vá recordar um pouco de seu antigo trabalho. Apanhe um extrato de um banco qualquer e faça a conciliação bancária. Veja se os saldos batem.

Então Carlos se levantou abrindo a porta da sala, quase colocando o auditor para fora, dando aquela conversa por encerrada.

— Até amanhã, sr. Edmundo. Passe bem! Esteja aqui amanhã pontualmente às oito horas, hein? Não se esqueça.

Sr. Edmundo saiu desolado. Afinal, o primeiro dia de trabalho parecia não ter sido exatamente como ele havia imaginado. Conformado, desceu para o andar da contabilidade onde o assistente já estava trabalhando.

— Já por aqui, sr. Edmundo? O sr. Carlos não permitiu que o senhor verificasse os contratos?

— Ainda não, Diego, ainda não. Mas de amanhã não passa. Se for necessário, terei de recorrer a outros recursos, mas por enquanto não há necessidade. Apenas temos de dar tempo ao tempo.

O lado obscuro da alma

No dia seguinte, pontualmente às oito da manhã, quando Carlos chegou, já encontrou o sr. Edmundo à sua espera na porta.

— Sr. Edmundo, não acredito. Será que o senhor dormiu aqui? — comentou o diretor financeiro em tom de pilhéria.

— Não senhor — respondeu seco e ríspido o auditor. — Não dormi, mas cheguei pelo menos com quinze minutos de antecedência.

— Como requer a um bom auditor, não é mesmo, sr. Edmundo? — sorriu Carlos desdenhosamente

Sr. Edmundo parecia não estar para conversa de bons amigos. Cenho franzido, em tom de seriedade, redarguiu:

— Muito bem, sr. Carlos. Deixemos de conversa, pois o tempo urge. Desejo imediatamente que o senhor me passe os contratos solicitados.

Carlos parecia desejar brincar e contrariar um pouco mais o velho auditor.

— Ora, calma, sr. Edmundo, porque o mundo não se acabará. O senhor está muito tenso e irritado, e isso não é bom para o seu coração. Façamos o seguinte: acabei de chegar e desejo, antes de qualquer coisa, tomar um cafezinho e ler as últimas notícias do jornal. Por que não me acompanha e toma também um chá? É um santo remédio para os nervos.

Sr. Edmundo percebeu que com aquele malandro era melhor relaxar. Não adiantava se irritar, pois no momento certo, ele teria de passar os documentos exigidos. Então concordou, embora com o semblante contrariado.

— Está bem, sr. Carlos. Acompanho o senhor. O senhor lê seu jornal e, em seguida, passamos aos contratos. Estamos de acordo?

— Ah! Agora sim estamos falando a mesma linguagem. Sr. Edmundo, contarei um segredo: o senhor tem bem mais idade que eu, mas vou tomar a liberdade de lhe dar um conselho: nunca force demais a barra com ninguém, porque pela colaboração o senhor alcança os melhores resultados e ainda mais rápido.

Sr. Edmundo deu um sorriso tímido. Acho que deve ter pensado: "ora bolas, com este malandro é melhor fazer de conta que aceitarei seus argumentos, mas na hora certa dou o golpe. Contra fatos não há argumentos", foi o que imaginei que ele havia pensado, porque embora não tenha conseguido ler seus pensamentos, seu sorriso também não era de nenhum bobo.

Depois de mais de quarenta minutos, após dobrar o jornal e colocá-lo sobre a estante, finalmente Carlos sorriu ao verificar que o auditor o esperava pacientemente.

— Agora sim, vamos aos contratos, sr. Edmundo.

Em seguida, pegou o telefone e discou o ramal do gerente financeiro.

— Alberto, por favor, traga-me todas as pastas de todos os contratos de financiamento.

O velho auditor se surpreendeu.

— Por que não me disse que os contratos estavam com o gerente financeiro?

— O senhor não me perguntou — respondeu Carlos com um sorriso maroto.

— Tudo bem, tudo bem — resolveu contemporizar o auditor.

Em cinco minutos chegou Alberto com uma pilha de pastas onde estavam todos os contratos. Sr. Edmundo agradeceu a presteza do gerente.

— Obrigado, sr. Alberto. Agora posso começar o exame mais minucioso dos contratos, valores, taxas, prazos e confrontá-los depois com os registros contábeis. Sr. Carlos, não há necessidade de sua presença, pelo menos neste momento inicial. Vou até a sala de reuniões, onde farei as análises necessárias.

— Opa, opa, mais devagar com o andor, sr. Edmundo. O senhor não pode simplesmente pegar todos os contratos e sair de minha sala.

— Por que não? — perguntou perplexo o auditor. — Não foi o que combinamos?

— Ora, sr. Edmundo, o senhor se esquece que também fui, no início de minha carreira, auditor de uma grande empresa multinacional de auditoria?

— Sim, sei perfeitamente. E o que tem esse assunto a ver com este trabalho?

— Ah, um dos princípios de quem é auditado é que, quando se entrega algum documento a terceiros, é conveniente ficar com um comprovante, um protocolo de tudo o que foi entregue. Se amanhã alguém alegar que desapareceu algum documento, como provarei que não o entreguei ao senhor?

O sr. Edmundo parecia bastante contrariado, mas naquele aspecto ele não deixava de ter razão.

— Tudo bem, Carlos, providencie o protocolo porque preciso iniciar os trabalhos sem mais demora.

— Alberto — orientou Carlos —, peça para a secretária tirar cópia de todos os contratos, página por página e, depois, quero que tragam ao sr. Edmundo para que ele rubrique as cópias.

— Não há necessidade, sr. Carlos — retrucou o gerente. Poderemos fazer apenas um protocolo listando os contratos e pronto.

Foi então que Carlos se irritou com seu gerente, reagindo de forma grosseira.

— Ora, cale a boca, Alberto, e faça exatamente o que mandei.

— Ok, tudo bem, não está mais aqui quem falou.

O sr. Edmundo olhou penalizado para o gerente pela forma como fora tratado.

— Não se preocupem, senhores — ponderou o auditor. — Aguardarei na sala de reuniões para não tomar seu precioso tempo, sr. Carlos.

Em seguida, dirigindo-se ao gerente, pediu:

— Sr. Alberto, quando estiver pronto, por favor, leve-me os contratos à sala de reuniões. Estarei lá aguardando pacientemente.

Levantou-se e saiu da sala sendo seguido pelo gerente financeiro. Carlos ficou sorridente. Aproximei-me, procurando ouvir seus pensamentos.

"Esse idiota, quem pensa que é?", dizia meu parceiro em pensamento. "Ele descobrirá tudo, isso ele irá. Se a capacidade dele não detectar o desvio financeiro, eu mesmo providenciarei para que ele descubra, mas para isso terá de trabalhar muito, isso sim!"

— *Quero que você apresse tudo isso* — eu disse em seu ouvido. — *Nossa vingança contra o Gervásio não pode demorar muito! Precisamos colocar lenha nessa fogueira!*

Carlos imediatamente respondeu em pensamento:

"Ah, a vingança contra Gervásio será o máximo. Não vejo a hora de saborear a cara que fará nossa 'presidenta' quando descobrir que seu homem de confiança tem uma conta em um paraíso fiscal abastecida com dinheiro desviado da companhia! Ah, isso será uma delícia!".

— *Sim* — concordei —, *também quero ver a cara dela, mas não pode demorar muito. Aqueles dois estão de conluio, marcando encontro à noite após o expediente.*

Eu ficava impressionado como Carlos registrava minhas palavras e respondia como se fossem seus próprios pensamentos.

— É verdade, eles estão como dois pombinhos. Sei que existe até fofoca por aqui dizendo que os dois estão saindo à noite. Mas exatamente por isso que minha vingança será ainda mais saborosa: se ela quiser preservar seu amado de um escândalo sem precedentes, terá de comer em minha mão, inclusive o idiota do auditor que ela arrumou para me desmascarar — sim, me desmascarar — porque ela tem certeza de que sou eu quem está desviando dinheiro da companhia. Ah, sr. Edmundo também não perde por esperar, tenho muito mais munição que eles imaginam.

— *Mas o que você pretende fazer com o sr. Edmundo?*

"Hahahaha", riu ele em pensamento, "ele não perde por esperar. Irei deixá-lo em sérias dificuldades", riu com sua própria ironia.

Insisti para que ele fosse mais objetivo:

— *Você é muito inteligente, mas o que sr. Edmundo tem que ver com esta história?*

— O que ele tem a ver com esta história? Tudo! Não percebe? — respondeu como se estivesse respondendo a ele mesmo, ao captar meu questionamento. "Veja bem", dizia em pensamento, "o sr. Edmundo terá em mãos a comprovação do desvio financeiro, mas não poderá fazer nada; a própria 'presidenta' pedirá a ele que sepulte o episódio porque, caso contrário, terá também de denunciar seu amado diretor comercial. Não é o máximo? O grande auditor terá de enfrentar a derrota e sair da empresa humilhado e de cabeça baixa. Depois de tudo isso, terá também de despedir Gervásio! Ele não terá como argumentar, pois perderá totalmente a credibilidade, e tudo ficará por isso mesmo, e eu já terei feito minhas malas."

Fiquei observando Carlos, perdido em devaneios. Parecia que estava em outro mundo, a fitar o vazio. Como dizíamos antigamente, estava no mundo da lua.

Confesso que fiquei preocupado. Meu objetivo era mesmo destruir Gervásio, acabar com ele, mas e as consequências de tudo aquilo? A empresa sobreviveria a essa catástrofe?

Carlos então sorriu e respondeu em voz alta, como se estivesse me respondendo:

— Isso não me importa. Se para destruir Gervásio eu tiver de destruir também esta empresa, que assim seja. Nada irá me deter, nada!

Resolvi então me afastar um pouco de Carlos. Não desejava que ele ouvisse mais meus pensamentos. Deveria ter cuidado com aquele homem, pois era muito perigoso. Deveria aproveitar seu plano e manobrá-lo conforme meus desejos enquanto me fosse útil. Depois, eu o esganaria ou o levaria à loucura. Sabia que podia fazê-lo, como fiz naquela noite. Aí sim seria o *grand finale*: Carlos destruiria Gervásio e eu acabaria com Carlos. Perfeito!

Todavia, antes de sair, registrei ainda um último pensamento de Carlos:

"Ah, mas se eventualmente ainda algo der errado, guardo a última cartada. Essa carta está guardada a sete chaves e só a utilizarei em caso extremo. Acho que não será necessário, mas se for..."

Não concluiu seu pensamento, deixando-me intrigado. Eu me considerava inteligente e esperto, mas Carlos me surpreendia. Que carta era aquela que ele dizia guardar a sete chaves?

Resolvi não perder mais tempo. Dirigi-me à sala de reuniões onde o sr. Edmundo se encontrava e tive uma surpresa: Alberto já estava entregando a ele um contrato.

— Sr. Edmundo, desculpe pela forma estúpida que o sr. Carlos trata as pessoas. Acho o senhor uma pessoa de bem e por essa razão resolvi colaborar. Pedi à secretária que tirasse duas cópias de cada folha e separei uma para o senhor, que estou antecipando. Irei proceder da mesma maneira com todos os contratos, de forma que, quando o sr. Carlos chamá-lo para enrolar ainda um pouco mais com a história do protocolo, o senhor já terá adiantado seu trabalho.

O auditor sorriu satisfeito. Enfim alguém que parecia ser de confiança.

— Obrigado, meu rapaz — agradeceu —, você está prestando um serviço valioso e tenho certeza de que, no fim dos trabalhos, quando estiver apresentando o resultado à diretoria, não esquecerei este seu gesto de profissionalismo e respeito. Terá minha gratidão e meu reconhecimento.

— Não se preocupe, sr. Edmundo, tenho ouvido falar muito a seu respeito. O senhor é uma pessoa que merece a melhor consideração.

Assim aconteceu. Acompanhei o auditor observando o relatório e a planilha onde fazia suas anotações. Não demorou e a secretária trouxe cópia de novos contratos, de forma que, no fim do dia, quando Carlos o chamou para fazer o protocolo, seu trabalho já estava bem adiantado.

Em tom de ironia, brincou com o auditor:

— Desculpe-me a demora, sr. Edmundo, mas sabe como é, estes funcionários são relapsos. Ordenei que fosse dada a maior prioridade para este assunto, mas apenas agora foi que trouxeram os contratos copiados.

— Talvez seja porque o senhor tenha se esquecido do próprio conselho que me deu — respondeu o auditor.

— Como assim? Não entendi esta sua ironia!

Agora quem sorriu foi sr. Edmundo.

— Não existe ironia alguma, sr. Carlos, apenas a constatação do que o senhor fez. O senhor não havia me dito que a palavra mágica se chama "colaboração"? Ora, o senhor chamou seu gerente e não pediu a ele colaboração? Então tem toda razão, quando pedimos colaboração, as coisas saem mais rápidas. A recíproca também é verdadeira.

— Ora, ora, não vai querer agora me dar lição de moral! — retrucou irritado.

— Não, sr. Carlos, quem sou eu para querer lhe dar lição de moral? Absolutamente! Foi uma observação a respeito de algo que o senhor mesmo me disse. Cheguei à conclusão de que o senhor estava certíssimo.

— Tudo bem, deixemos de conversa fiada. Os contratos que pediu estão todos aqui, mas acho melhor deixar para amanhã cedo, porque demandará tempo para o senhor rubricar tantas cópias.

— Não tem problema, sr. Carlos, ficarei até meia-noite, se preciso, mas quero estes contratos ainda hoje. Entretanto, considero que o senhor esteja superestimando o tempo, porque ainda não são quatro horas da tarde. Então o tempo será mais que suficiente.

— Então o senhor se vire, porque não ficarei nenhum minuto mais que o necessário.

— Não se preocupe. Começarei agora mesmo a rubricar as cópias.

E, com uma agilidade impressionante, começou a vistar uma por uma as cópias dos contratos, de forma que, quando faltavam apenas quinze minutos para as seis horas da tarde, tudo já estava devidamente rubricado conforme exigência do diretor financeiro.

— Pronto, sr. Carlos, agora o senhor poderá até sair um pouco mais cedo, se desejar. E — fez pequena pausa aproveitando o intervalo calculado para dar mais força às suas palavras — muito agradecido por sua colaboração — completou com um sorriso enquanto deixava a sala do diretor financeiro.

Carlos não perdeu o ar de empáfia, respondendo sarcástico:

— Não há de que, sr. Edmundo. O senhor é sempre bem-vindo!

Em seguida, o auditor dirigiu-se à sala da presidente da empresa, que o aguardava.

— Sente-se, por favor, sr. Edmundo. E como foi com Carlos?

— Estou de posse de todos os contratos, dona Lívia, mas confesso que não foi fácil. Sr. Carlos é uma pessoa muito inteligente, mas dissimulado. Às vezes, acho que está escondendo alguma coisa, mas surpreende-me a segurança que manifesta diante da auditoria. Tenho a impressão, às vezes, mas isso é apenas impressão, de que o Carlos está nos desafiando. Está muito seguro de si.

— Eu pessoalmente acho que Carlos deve estar escondendo alguma coisa por baixo do tapete, mas Gervásio acha que estou me precipitando.

— Dona Lívia, em auditoria não costumamos emitir nenhuma opinião antes de concluídos os trabalhos e analisados os eventos subsequentes, se porventura houver. Às vezes nos enganamos em nossos julgamentos e, por essa razão, é melhor esperar pacientemente que sejam concluídas todas as verificações para, então, emitirmos um relatório minucioso do que eventualmente foi encontrado. Até lá, aguardaremos com serenidade.

— Está bem, sr. Edmundo. Acho que tanto Gervásio quanto o senhor têm razão. Em quanto tempo acha que poderá concluir os exames da parte financeira?

— Especificamente quanto aos contratos bancários e movimentações financeiras, no máximo em quinze dias, terei tudo devidamente examinado e analisado com todo o cuidado que o caso requer.

— Ótimo, sr. Edmundo, conto com sua presteza.

— Pode contar sempre, dona Lívia.

Nos dias que se seguiram, acompanhei Carlos no dia a dia. Ele estava absolutamente descontraído e, à noite, as farras estavam compensando. Também estava me divertindo muito, inclusive participando de suas intimidades com garotas lindas que sempre levava ao seu apartamento.

Meu parceiro tinha bom gosto, e eu procurava tirar o máximo proveito enquanto podia. Eu havia me esquecido um pouco de Gervásio e da situação em que estava vivendo. Até que estava bom, ser invisível tem suas compensações.

No escritório eu fazia algumas brincadeiras. De vez em quando, ia à copa para assustar a faxineira. Eu tinha a impressão de que ela me via, porque, quando eu entrava na copa, ela resmungava e falava alto:

— Credo em cruz! Acho que tem alguma alma penada por aqui! Senti um "arripio" e um frio no "espinhaço"!

E se benzia fazendo o sinal da cruz enquanto saía esbaforida da cozinha. Eu me divertia com seu medo.

Descobri que em algumas salas onde havia rivalidade, eu também era capaz de ouvir os pensamentos de algumas pessoas. Um dia, eu estava ao lado de um funcionário da contabilidade e percebi que ele me fornecia algum tipo de energia, porque consegui derrubar de sua mesa o porta-objeto cheio de lápis, canetas e clipes. Quando o objeto caiu ao chão, fez enorme estardalhaço e todos ficaram assustados.

— Ave, Maria! — comentou uma funcionária. — Até parece que aqui tem fantasmas!

O rapaz também estava assustado.

— Fui outro dia a um centro espírita e me disseram que tenho mediunidade de efeitos físicos. Será que é isso?

— Credo, Eugênio, você frequenta essas sessões de Espiritismo? Está vendo no que dá? Você verá, daqui em diante não terá mais sossego! Nem dormir à noite você vai!

Percebi que o rapaz abaixou a cabeça e ficou pensativo. Estava com medo, e isso me deu chance de me aproximar mais. Realmente havia nele alguma coisa diferente, que me deixava mais forte.

Aproximei-me da moça que havia criticado o rapaz e soprei seus cabelos. Ela deu um grito estridente de pavor ao perceber que seus cabelos fizeram um movimento típico de quando é soprado pelo vento. Só que as janelas estavam fechadas e não havia nenhuma corrente de ar na sala.

— Deus me livre! — gritou a moça. — Senti que sopraram meus cabelos!

Ela saiu correndo da sala e foi ao banheiro chorando assustada. Eu me divertia com aquelas brincadeiras. Apesar de todos os problemas, no fim até estava ficando engraçado.

Outra coisa muito engraçada aconteceu naquela tarde que me divertiu muito. Quando os funcionários estavam indo embora, observei Eugênio no corredor se dirigindo aos elevadores; ao seu lado estava minha linda secretária. Observei que o rapaz olhava discretamente para ela, admirando suas formas sensuais, alimentando desejos ocultos. Não resisti. Aproximei-me dele e senti, novamente, aquela estranha energia. Não tive dúvidas: acariciei a moça.

Ela imediatamente se voltou e olhou feio para o rapaz.

— O que é isso, descarado?

O pobre do Eugênio engasgou e ficou vermelho. Na verdade, ele estava perplexo porque eu havia simplesmente materializado seus pensamentos libidinosos.

Aquele dia havia sido muito divertido e, quando retornei à casa de Carlos, fiquei pensando a respeito de tudo aquilo. Será que eu estaria vivendo em um mundo paralelo? Já tinha ouvido alguma coisa a respeito em filmes de ficção científica. Era outra possível explicação maluca para tudo aquilo. Sim, era algo plausível.

Fiquei pensando e me questionando: se eu estava em um mundo paralelo, como, diabos, teria ido parar nessa dimensão paralela? Só se eu tivesse sido sequestrado por alguma nave alienígena, algum tipo de disco voador. Sim, por que não? As coisas comigo estavam tão malucas que apenas algo muito louco deveria ter acontecido. E essa teoria do sequestro por alienígenas era uma tese até bem provável e plausível. Eu já lera alguns livros de relatos de pessoas que foram abduzidas, misteriosamente sequestradas por seres de outros planetas e levadas a mundos paralelos. Talvez fosse meu caso!

A verdade é que tudo aquilo ocasionava um emaranhado de perguntas sem respostas que povoavam minha mente. Cheguei à conclusão de que, o fato de ter encontrado Carlos e me aproximado dele havia sido uma coisa boa, porque acabei me esquecendo temporariamente desses problemas. Caso contrário, acho que já teria ido à loucura.

Fiquei pensando mais um pouco e, de repente, uma questão veio novamente à minha mente: seria possível que eu já estivesse louco e tudo aquilo que estava acontecendo era mesmo produto de minhas alucinações?

Certamente, se eu ainda não estava louco, em pouco tempo estaria. Tudo aquilo era torturante, de forma que procurei desviar meus pensamentos para outras coisas, porque senão acabaria me entregando ao desespero.

Uma coisa era certa e desta não tinha dúvidas: meu ódio por Gervásio. Isso era muito real! E o que eu mais desejava, e aquele desejo me alimentava e me dava forças, eram os sentimentos de ódio, raiva, rancor e minha determinação em destruí-lo. Depois, cuidaria de Carlos, no momento oportuno! Esse objetivo é que me mantinha lúcido, pois estava determinado a ir até o fim.

Alguns dias se passaram, e naquela manhã quando chegamos à empresa, Carlos foi informado pela secretária da presidente que haveria uma reunião em sua sala pontualmente às nove horas da manhã.

Carlos sorriu mais uma vez, sussurrando baixinho como se estivesse falando com alguém invisível, que no caso era eu:

— Acho que temos novidades.

Nosso nível de relacionamento estava tão estreito que respondi como se realmente estivéssemos conversando.

— *É isso aí, companheiro. Vá prevenido porque acho que o bicho vai pegar. Prepare-se, pois o boi-sonso do Edmundo deve ter descoberto suas tramoias.*

Sua resposta foi imediata e lacônica:

— Melhor assim. Também tenho uma surpresinha para eles.

Leu o jornal calmamente e, faltando cinco minutos para o horário estabelecido, apanhou uma pasta com alguns documentos, levantou-se dirigindo à sala da presidente. Eu o acompanhei.

Quando adentrou a sala da presidente, estavam todos sentados à mesa de reunião, aguardando a chegada do financeiro. Observei Lívia sentada à cabeceira da mesa e o intrometido do Gervásio ao seu lado. Senti que não suportaria por muito mais tempo aquela situação. Diante de minha esposa e de meu inimigo, eu perdia totalmente o controle. Aquele ódio estava me fazendo mal. Aquilo não poderia mais continuar.

Uma luz na escuridão

Estranhei porque estavam presentes apenas Lívia, Gervásio, Edmundo e Carlos, que acabara de adentrar a sala. Cheguei à conclusão de que aquela reunião devia-se a um assunto muito restrito.

A reunião teve início com a presidente fazendo um pequeno preâmbulo, mas percebi que ela foi direto ao assunto, sem muitos rodeios:

— Senhores, quando contratamos os serviços de auditoria e consultoria do escritório do sr. Edmundo, confesso que alimentava algumas expectativas em relação aos seus trabalhos e resultados com referência a algumas áreas da empresa. Todavia, ficamos surpresos porque havia uma grande desconfiança, diante de alguns indícios, de que estaria ocorrendo desvios financeiros. Não podíamos tirar conclusões precipitadas e sem provas e, nesse aspecto, o trabalho do sr. Edmundo foi brilhante, porque com a experiência que ele tem e o conhecimento de nossa organização, foi direto ao ponto, conseguindo identificar que realmente ocorreram desvios. Com as evidências nas mãos e com uma autorização de meu próprio punho, sr. Edmundo conseguiu diretamente com a central de operações do banco rastrear os valores desviados, de uma forma aparentemente legal, porque foram abertas contas em nome da empresa em paraísos fiscais no exterior. Pasmem, senhores, eu não tinha conhecimento disso. E quando tomamos conhecimento de quem estava autorizado a movimentar os recursos para lá enviados, encontramos os responsáveis por esse desvio.

Fez uma breve pausa, para em seguida concluir:

— Não desejo comentar mais nada. Eu gostaria que o sr. Edmundo concluísse este assunto.

O ambiente estava tenso, mas Carlos parecia tranquilo, como se estivesse em um encontro informal, bebendo com os amigos. Sr. Edmundo assumiu ares de gravidade para relatar:

— Senhores diretores e senhora presidente, serei breve e objetivo, porque não temos tempo a perder. Apuramos os desvios de quantias significativas, temos os documentos em mãos, temos os nomes dos responsáveis por essas fraudes. Apuramos que as contas abertas no exterior, em nome da empresa, foram apenas fachada, porque não havia e nunca houve conhecimento nem consentimento da senhora presidente. Foi uma trama muito bem urdida, possivelmente com a colaboração de alguém do banco, que também está sofrendo investigação diante da gravidade do assunto. As pessoas autorizadas a movimentar a referida conta são sr. Carlos, diretor financeiro, e sr. Resende, diretor de contabilidade e custos. A senhora presidente preferiu fazer esta reunião restrita para que o diretor financeiro da empresa não fosse exposto desnecessariamente. Todavia, queremos ouvir de viva-voz, sua defesa, sua alegação, sr. Carlos, porque este assunto é de polícia. Tem alguma coisa a dizer em sua defesa? Pode nos esclarecer o que efetivamente ocorreu? Qual foi a finalidade e para onde foi desviado o dinheiro, uma vez que a conta no exterior está praticamente zerada?

Todos os olhares se voltaram para Carlos, que permanecia absolutamente tranquilo. Olhou demoradamente para Lívia, depois para Gervásio e finalmente para sr. Edmundo.

— Meus cumprimentos, sr. Edmundo — disse com sua habitual ironia. — Realmente seu trabalho foi rápido e surpreendente. Quer dizer que o senhor tem todos os documentos comprobatórios em mãos?

Os presentes pareciam desconcertados diante de tanta segurança transmitida pelo diretor financeiro. O auditor respondeu:

— Sim, senhor, tenho todos os documentos em mãos.

— Ah, muito bom! Muito bom mesmo — enfatizou. — Ouvi o senhor dizendo em chamar a polícia? Ou ouvi mal?

— Não, o senhor ouviu bem. Este é um caso grave de fraude, desvio de dinheiro é crime de apropriação indébita!

Gervásio, até então calado, tentou intervir.

— Carlos, não desejamos criar problemas, mas você tem de colaborar conosco!

Então Carlos demonstrou que não estava para brincadeira.

— Ora, cale-se, Gervásio, porque minha conversa aqui é de homem para homem. Este assunto diz respeito a mim e quero tratá-lo com o sr. Edmundo!

Desnecessário dizer que todos foram apanhados de surpresa diante da reação de Carlos, que, em seguida, olhando nos olhos do sr. Edmundo, retrucou com a voz alterada, mas firme:

— Faça isso, sr. Edmundo! Faça isso, chame a polícia! Eu pago para ver!

A situação estava difícil e tanto Gervásio quanto Edmundo pareciam estupefatos. Haviam jogado na cara de Carlos que ele fora apanhado em flagrante e ele os desafiava. Alguma coisa estava errada. Foi então que Lívia resolveu intervir.

— Carlos, não altere sua voz! Aqui todos ouvimos muito bem e temos uma grave acusação contra você. Isso é real e temos documentos. Todavia, não é nosso interesse envolver polícia nem ação judicial, a não ser que não haja alternativa. Por essa razão o chamamos aqui. Queremos ouvir o que tem a dizer. Se tem algo a dizer, então que diga, mas não há necessidade de ser mal-educado com ninguém.

Diante das palavras da presidente, Carlos sorriu. Olhei para ele e até fiquei admirado: realmente era um farsante de alto nível, um artista que, além de inteligente, sabia muito bem representar seu papel.

— Ah, como é bom falar com pessoas de nível! Fico feliz que tenha sido complacente com este humilde servidor, senhora presidente — complementou sorrindo com fina ironia —, porque acho que chamar polícia, envolver em processos judiciais seria típico de briga de lavadeiras, e, convenhamos, senhores, somos todos de nível elevado! Não há necessidade disso!

Fez um breve hiato a fim de criar um clima de mais expectativa e nervosismo para em seguida dizer, olhando diretamente para Lívia:

— Senhora presidente, tenho, sim, revelações importantes a fazer. Também tenho documentos comprobatórios, mas essas revelações só as farei em sua presença e do senhor auditor. Não desejo a presença de sr. Gervásio nesta sala.

A estupefação foi geral. O que teria Carlos a revelar de tão grave que exigia a saída de Gervásio?

Lívia reagiu.

— Absolutamente! Sr. Gervásio é um diretor de minha inteira confiança, e seja o que for que o senhor deseja revelar, quero-o aqui.

Naquele momento eu estava realizado com a atitude de Carlos. Aproximei-me por suas costas e ficamos quase que justapostos um ao outro. O ódio que Carlos sentia era igual ao meu. Estávamos na mesma sintonia de pensamento.

Carlos fez um ar de mistério encarando meu desafeto. O ódio me dava forças e me mantinha como que magnetizado ao corpo de Carlos. Sentia naquele momento que éramos um só em pensamento. Estávamos unidos em ódio, raiva, rancor e no mesmo ideal de destruição. E era Gervásio que queríamos destruir.

— Senhora presidente, deveria ter mais cuidado com os homens de confiança que elege — disse Carlos maliciosamente.

— Volto a insistir: se Gervásio não sair, saio eu. Chamem a

polícia se quiserem, mas estejam preparados, porque isso irá custar caro à companhia.

Diante daquela situação, observei que Gervásio parecia extremamente preocupado. Percebi que havia acusado o golpe, pois sua habitual tranquilidade parecia abalada. Intimamente regozijei-me ao ver meu desafeto sendo atingido.

— Senhora presidente, não me importo em sair. Quero deixar a sala para que Carlos fique à vontade e diga o que tem a dizer em sua presença e de sr. Edmundo.

Disse isso e se levantou. Lívia suspirou, mas entendeu que naquela situação era melhor assim.

— Por favor, faça isso, Gervásio. Vamos ouvir o que Carlos tem a dizer; depois lhe reportamos.

O diretor comercial deixou a sala visivelmente desconcertado. Assim que a porta se fechou, Lívia inquiriu com veemência:

— Vamos, Carlos, diga logo o que tem a dizer, e é bom que seja algo relevante e que justifique esta sua atitude.

— Ah, senhora presidente, asseguro que vocês não ficarão decepcionados com o que tenho a lhes mostrar.

Dizendo isso, abriu sua pasta e passou um conjunto de cópias de documentos para Lívia e outro para o sr. Edmundo.

— Verifiquem, senhores — disse em tom enfático —, que além das contas detectadas no exterior, existe outra que o senhor não conseguiu identificar, não foi, sr. Edmundo?

Observei que Lívia empalidecia enquanto examinava os documentos. Sr. Edmundo parecia não crer no que seus olhos viam, enquanto Carlos se divertia diante da reação de incredulidade estampada na fisionomia de ambos.

— Está vendo, sr. Edmundo? Como o senhor conseguiu encontrar minhas contas e não encontrou a do sr. Gervásio? Está vendo como esta auditoria estava sendo efetuada de forma pré-direcionada?

Seus interlocutores estavam completamente aturdidos e, diante daquele fato insólito, pareciam ter perdido a condição de reação. Carlos prosseguiu:

— Vou deixá-los para que examinem tudo à vontade, senhores, e tirem suas próprias conclusões. Os documentos falam por si. O que vocês têm em mãos são simples cópias, pois os originais estão comigo, devidamente guardados em local seguro. Se quiserem resolver tudo isso em alto nível, tudo bem. Todavia, se desejam confusão, terei enorme prazer em contribuir. Adianto que será uma confusão federal, porque além desses documentos, tenho outros que comprometem a empresa — e muito!

Levantou-se com a segurança de quem tem a situação sob controle e tripudiou:

— Mas acho que vocês são muito bonzinhos e vão pensar muito no que fazer, não é mesmo, senhora presidente? Acima de tudo, vocês têm bom senso. Aliás, confio muito no bom senso de vocês. Até logo, senhores — arrematou, não sem antes completar:

— Estou indo embora. Acho que preciso de alguns dias para descansar, acho que mereço, não é mesmo? Quando desejarem conversar sobre o assunto, me chamem, estarei à disposição e à espera! Tenham um bom-dia, senhores!

Assim que deixou a sala da presidente, Carlos dirigiu-se à sala do diretor comercial, que ficou surpreso com a visita do diretor financeiro.

— Você em minha sala, Carlos? Raramente você vem me fazer uma visita! Já terminou a reunião com a presidente e sr. Edmundo?

— Não se preocupe, Gervásio, não precisa se levantar. Você me conhece, sabe que sou muito objetivo. Comigo é assim, vou direto ao assunto sem meias palavras.

— Mas, então, a que devo a honra de sua visita?

— Não é honra nenhuma, Gervásio! Vim apenas dizer-lhe que estou indo para casa. Deixei alguns documentos interessantes na mão da "presidenta". Certamente ela irá chamá-lo para explicar, ou melhor, pedir explicações. Tenha um bom-dia!

Disse isso e se retirou. Fiquei na sala de Gervásio para saborear a cara de pateta que ele fazia. Senti que ele estava extremamente nervoso. Sentou-se diante do computador, mas não conseguia trabalhar. Aproximei-me dele e dessa vez, diferentemente das outras, não senti que estava sendo repelido. Observei que seu coração pulsava acelerado e sua respiração estava opressiva. Tentei segurar sua garganta, mas ainda não foi dessa vez que consegui meu intento. Mas, em suma, estava satisfeito: pela primeira vez vi Gervásio despido de sua falsa aura de santidade. No fundo, era um homem comum, como outros tantos.

Resolvi retornar à sala de Lívia. Eu estava muito curioso e desejava ouvir o que diziam.

— Meu Deus! Meu Deus! — repetia Lívia com a fisionomia transtornada. — Não posso acreditar que Gervásio tenha feito isso com a empresa. Comigo principalmente! Isso foi uma traição que não posso compreender!

Confesso que me encontrava extremamente satisfeito com tudo aquilo. Eu estava vendo Lívia finalmente acordar para a realidade e Gervásio sendo desmascarado! É verdade que tudo forjado pelo espertalhão do Carlos, mas finalmente as coisas estavam correndo como eu desejava.

— Calma, dona Lívia, tenha calma! Não podemos julgar nem condenar Gervásio! Ele deve ter uma boa explicação para isso! Vamos conversar com ele, vamos ouvi-lo!

Lívia parecia transtornada e, com os olhos cheios de lágrimas, respondeu:

— Sr. Edmundo, contra fatos não há argumentos! Estes documentos não deixam margem a dúvida nenhuma! O que poderá nos dizer Gervásio em sua defesa? O quê? Que alguém, um fantasma abriu uma conta no exterior em seu nome sem seu conhecimento? E a assinatura dele nesta carta? Que explicação poderá nos dar? Sinceramente, reconheço que estou perdida! Não sei mais em quem confiar!

— Dona Lívia, deixe estes documentos comigo. Por favor, não tome nenhuma atitude antes que eu tenha efetuado todas as verificações a respeito desta conta. Não nos precipitemos.

— Não tenho vontade de ver ninguém! Sr. Edmundo, vou para casa e, por gentileza, diga a Gervásio que, por favor, não me ligue! Não desejo, pelo menos por enquanto, falar com ele. Quero meditar muito sobre tudo que está acontecendo e, confesso, estou surpresa e confusa! Esperava tudo, menos isso.

Lívia levantou-se, pegou sua bolsa e saiu esbaforida, dando ordens para a secretária:

— Estou indo para casa, não estou bem e desejo repousar. Anote meus recados e, por favor, não me liguem em hipótese alguma. Nem em caso de morte. Amanhã estarei de volta!

A explosão de uma bomba não teria causado maior devastação naquele ambiente que os documentos de Carlos. Sr. Edmundo saiu da sala da presidência aturdido e dirigiu-se à sala onde costumeiramente fazia seus relatórios. Ainda parecia recusar-se a acreditar no que seus olhos viam. Ficou durante alguns minutos examinando os documentos sem saber que atitude tomar. Não demorou, chegou Gervásio:

— Então, sr. Edmundo, o que aconteceu, afinal de contas? Informaram-me que a presidente foi embora de forma intempestiva. Estranhei o fato, porque normalmente ela passaria na minha sala ou me avisaria por telefone o motivo.

— Sente-se, sr. Gervásio! Não estou autorizado pela presidente, mas mesmo assim vou dizer-lhe o que houve.

Observei bem e percebi que Gervásio parecia muito nervoso. Ele não sabia o que havia ocorrido, mas o ambiente estava pesado e a incerteza do que ocorrera o deixava muito inseguro.

Após sentar-se, sr. Edmundo estendeu a ele os documentos, dizendo:

— Examine com seus próprios olhos e depois me diga algo a respeito, porque até agora não acredito que isso tenha ocorrido e a presidente também não. Estamos surpresos e perplexos com tudo isso, sr. Gervásio.

Aquele momento era impagável. Estava frente a frente com Gervásio degustando aquele instante único. À medida que olhava os documentos, ele foi ficando pálido; sua fronte, suarenta, e suas mãos tremiam de nervosismo exacerbado.

— Meu Deus! — exclamou. — O que é isto?

— O que é isto queremos nós saber sr. Gervásio! O que tem a dizer em sua defesa?

— Absolutamente nada, sr. Edmundo! Não faço a mínima ideia do que seja isto, como isto aconteceu! Desconheço completamente!

— Eu também me recuso a acreditar, sr. Gervásio, mas como disse a presidente, contra fatos não há argumentos! Provas são provas e elas estão aí depondo contra o senhor!

— Meu Deus! Meu Deus! — repetiu Gervásio desesperado. — Nem eu estou acreditando no que estou vendo!

Edmundo observava a reação de Gervásio, entre um misto de incredulidade e dúvida.

— Pois é, Gervásio, pegamos um grande desfalque praticado por Carlos, mas as contas estão zeradas, enquanto a sua, ainda retém no saldo a prova do crime. Realmente é uma situação muito complicada, porque os documentos solicitando a abertura da conta no exterior estão com sua assinatura.

— Como foi que descobriram esta minha conta?

— Não descobrimos porque não era nosso foco. Quem nos trouxe estes documentos foi o diretor financeiro.

— Carlos, aquele miserável! — explodiu Gervásio, envolto em sentimentos de raiva.

Senti naquele instante que Gervásio me parecia vulnerável. Aproximei-me e tentei segurar sua garganta. Não deu outra! Dessa vez eu havia conseguido! Não sei explicar o que havia ocorrido, apenas percebia que, à medida que meu desafeto perdia o controle emocional, ficava completamente à minha mercê. Então aproveitei aquele momento, apertando sua garganta com toda a força do meu ódio!

— *Tome, maldito!* — gritei com ódio em meu coração! — *Quero que sinta em sua garganta as garras de minhas mãos sedentas de vingança!*

Foi tiro e queda! Sentindo o doce sabor da vingança, meu ódio parecia explodir em meu peito! Observei que Gervásio levou as mãos à garganta, tentando se libertar daquele abraço mortal, então apertei com mais força ainda!

— *Miserável, maldito, traidor, desejo que sofra as consequências de ter se aproveitado em minha ausência! Lívia é só minha, por que você achou que poderia tê-la? Maldito, traidor!*

Observei que Gervásio levantou-se cambaleante, enquanto o paspalho do Edmundo abria a porta, gritando por socorro. Minhas mãos estavam firmes no pescoço e minhas intenções seriam jamais afrouxar. Queria vê-lo morto, se possível fosse.

Percebi que meu ódio estava me deixando cego. A verdade é que comecei também a sentir uma tontura e, de repente, não vi mais nada. Apaguei completamente. Quando acordei, estava novamente envolto na mais completa escuridão!

O que havia acontecido? Quanto tempo havia se passado? Como em um passe de mágica, havia eu retornado para aquela região de trevas, sentindo novamente o terreno fedorento e viscoso! Gritei mais uma vez enlouquecido, ouvindo apenas o eco de minha própria voz!

Gritei desesperado, explodindo em ódio enquanto forte dor no peito me sufocava a respiração! Resolvi controlar minha ira porque percebi que quanto mais raiva eu sentia, mais meu peito doía!

— *Que droga!* — gritei. — *Nem mesmo ódio posso sentir mais? Por quê? Por que estou aqui de novo? O que aconteceu? Será que estou ficando louco? Alguém poderia me dizer? Será que enlouqueci de vez?*

Mais uma vez, acomodei-me porque apenas ouvia o eco de minha própria voz! Lá estava eu de novo como que exilado em uma ilha escura, pantanosa e deserta!

Não, tudo aquilo era muito injusto comigo, como podia ter acontecido aquilo? Justamente no momento em que havia conseguido meu intento? "Por quê? Por quê?", era a indagação que martelava meu pensamento sem cessar, sem tréguas.

Comecei a destilar meus pensamentos de ódio, recordando a figura de Gervásio! Ah, só de lembrar sua reação e sua fisionomia patética olhando incrédulo para os documentos me trazia um sentimento de compensação! Ah, aquilo era bom! Então concentrei todos os meus pensamentos, rememorando a sensação que senti ao agarrar seu pescoço e vê-lo cambaleante, foi impagável!

Eu não tinha a mínima ideia do que havia acontecido, mas recordar aquele momento era minha única satisfação, apesar das trevas, do cheiro nauseabundo, do mal-estar no contato com aquele solo pantanoso e viscoso! O ódio que sentia contra Gervásio era o que me sustentava e me dava perspectivas de continuar lutando, não sei contra o que, mas me permitia ter esperança de sair novamente daquele lugar!

Se existe algo terrível cuja dimensão não conseguimos avaliar é quando perdemos a noção do tempo! Eu não tinha ideia se era dia ou noite, manhã ou tarde. Parecia-me que o tempo havia parado, tinha a impressão de que me encontrava naquele lugar havia séculos! A fome, a sede e o frio voltaram a incomodar-me, levando-me ao desespero. Todavia, não ter ideia de tempo nem de espaço era torturante demais para minhas condições psicológicas! Cheguei finalmente à conclusão de que havia enlouquecido!

Até quando tudo aquilo iria durar? Procurei concentrar novamente meus pensamentos em Gervásio e endereçar a ele sentimentos de rancor, raiva e ódio! Era a única coisa que eu podia fazer, de forma comedida, para evitar as dores no peito!

De repente, veio à minha mente a lembrança de minha filha! Era como se estivesse num instante de sanidade ouvido sua voz cristalina, chamando: — Papai! Papai!

"Cleo, minha Cleo", pensei com meus botões, "Como está minha filha? Será que sente minha falta?"

Fiz um grande esforço para situar em minha tela mental aquele lindo rostinho infantil sorrindo! Tentei recordar seu último sorriso, mas não conseguia! Tentei e confesso que chorei porque me encontrava em um estado tal de loucura que tinha dificuldade de recordar a fisionomia de minha querida filha!

— *Por quê?* — indaguei novamente para mim mesmo. — *Por que fui separado das criaturas que mais amo na vida e agora sequer consigo recordar o rosto de minha adorada filha? Por quê?* — gritei mais uma vez desesperado!

Aquele momento foi de pura emoção, uma emoção que julguei jamais voltar a sentir e, no doce enlevo das lembranças de minha filha, joguei-me ao chão sem me preocupar com o lodo malcheiroso! Sentia-me um ser desprezível, miserável, indigno de minha filha, e solucei!

As lágrimas desciam pelo meu rosto molhando minhas barbas em desalinho, e chorei sacudido por soluços que pareciam aliviar minha alma!

— *Minha filha querida! Se existe mesmo um Deus, permita que minha filha possa aliviar o sofrimento deste pai desprezível que sou eu!* — implorei. — *Se existe mesmo um Deus em que Lívia acredita, que faça alguma coisa por este ser miserável que fui e que ainda sou!*

Eu, que nunca, jamais havia acreditado em nada, de repente, me encontrei de joelhos e em lágrimas implorando por uma misericórdia divina de um Deus que sempre neguei em meu coração!

Por quanto tempo permaneci ajoelhado naquela rogativa, naquela súplica? Não tenho ideia, mas a verdade é que as lágrimas e as súplicas estavam me fazendo bem. Senti-me exausto, cansado, e minha voz, quase desaparecendo, quando algo inusitado aconteceu: uma luz, um clarão rasgou as trevas que me envolviam de forma tal que me cegou pela intensa luminosidade. Em uma fração de segundo, senti como se uma força muito poderosa me estivesse sugando em uma velocidade vertiginosa, conduzindo-me para algum lugar desconhecido.

De repente, vi-me em um salão envolto em suave luz, onde se acotovelavam pessoas doentes em filas, enquanto outros estavam acomodados em macas. Era muito burburinho, mas nem tive tempo de tentar imaginar onde estava, porque recebi uma descarga magnética como se houvesse levado um choque, semelhante a pequena descarga elétrica. Meu corpo estremeceu, mas no instante seguinte me senti melhor!

— *Onde estou?* — perguntei atordoado!

— Boa noite, meu irmão, você está em uma casa de caridade. Seja bem-vindo!

Achei estranho tudo aquilo! Eu havia conversado, mas senti que não era eu que havia falado, mas a expressão era minha! Que coisa maluca! O que estava acontecendo? E o que era mais intrigante: alguém estava falando comigo!

Os esclarecimentos

Algo estranho estava acontecendo que me era de difícil entendimento. Aliás, nos últimos tempos, nada fechava com nada, tudo era confuso e esquisito naquele mundo muito particular em que eu vivia. Mas era algo inédito: alguém finalmente estava me dirigindo a palavra! Alguém estava me vendo e falando comigo! Há quanto tempo isso não acontecia? Será que finalmente havia chegado o momento em que eu teria todos os esclarecimentos do que estava acontecendo?

— *Que isso tudo representa? O que está acontecendo? Será que estou mesmo louco? Onde estou?*

Observei que meu interlocutor estava sentado em um banco bem à minha frente. Percebi ser uma pessoa que transmitia algo bom, que eu não conseguia compreender. Estava me sentindo bem, mas alguma coisa estava errada. Insisti irritado:

— *O que está acontecendo? O que vocês estão fazendo comigo? Estão tentando me deixar louco é? Quero preveni-los, vocês não sabem quem sou eu; portanto, me respeitem! Sou muito poderoso, tenho dinheiro, mando e desmando!*

Fiquei surpreso mais uma vez porque a pessoa à minha frente não se abalou diante de minha arrogância e respondeu com calma:

— Calma, meu irmão, serene seu coração porque você pode ter sido muito poderoso, mas aqui, diante de Deus, somos todos necessitados. Aqui, neste lugar, você é simplesmente digno de nosso amor e de nosso carinho!

Alguma coisa não estava fechando naquela conversa! Tudo era muito estranho! Primeiro, aquela luz que quase me cegou, depois, aquela sensação de vertigem, de voar em alta velocidade sem ter noção para onde estava sendo levado, como se estivesse sendo sugado por potente aparelho. Depois, aquele choque estranho como uma pequena descarga elétrica, em seguida, estava falando por uma voz que não era minha e, por último, uma pessoa conversava comigo me chamando de "meu irmão", dizendo que me amava? Deveria ser mais um golpe! Ninguém faz nada para ninguém que não seja por interesse. Ah! Foi então que matei a charada! Meus sequestradores ministraram-me medicamentos alucinógenos, e tudo o que ocorrera comigo fora alucinação! Sim, alucinação! Agora estavam me tratando bem, talvez tentando negociar minha libertação! Era no resgate que estavam interessados! Sim, só poderia ser! Então esbravejei:

— Ah, parem com esta conversa mole! Que é isso? Sejamos práticos e objetivos, porque sempre gostei de praticidade! Temos de ser pragmáticos! Quanto vocês querem por minha liberdade? Vamos, digam, não se acanhem! Tenho muito dinheiro!

— Perdoe-nos, irmão, porque você não tem consciência nem ideia do que está dizendo! Aqui ninguém está interessado em seu dinheiro, apenas queremos que você possa tirar de seu coração sentimentos de ódio e mágoas, procurando o amor no Evangelho de Jesus!

— Hahahaha! — dei uma risada sarcástica. — *Vocês me fazem rir! Que espécie de sequestradores são vocês? Não querem dinheiro? Apenas que eu procure o Evangelho de Jesus? Ah, façam-me o favor! Não entendi mesmo qual a jogada de vocês! Depois, essa conversa idiota de tirar do coração sentimentos de ódio; o que vocês sabem sobre ódio?* — respondi ríspido, recordando Gervásio e sentindo que meu ódio estava à flor da pele.

Meu interlocutor parecia ser a pessoa mais paciente do mundo, porque, apesar de minha resposta sarcástica, continuava impassível, falando com calma de algo que para mim era de difícil entendimento.

— Meu irmão, o Evangelho de Jesus é o melhor remédio para todos os males, particularmente os da alma. O Divino Mestre nos ensinou a perdoar nossos desafetos e inimigos, não apenas sete vezes, mas setenta vezes sete. Temos de perdoar se quisermos ser felizes, meu irmão!

Aquela conversa suave de uma pessoa que eu não conhecia e que me chamava de meu irmão estava me deixando irritado.

— *Deixe-me lhe dizer uma coisa, "meu irmão"* — respondi com rispidez. — *Primeiro: não me chame de meu irmão porque não sou seu irmão! Segundo: quem é você para me dar lição de moral e falar de ódio e perdão? Você já odiou alguma vez como eu odeio? Você não sabe o que é ódio, porque, caso contrário, não estaria me falando essas bobagens! Mas você ainda não me disse quanto quer para me libertar! Vamos, abra o jogo, coloque as cartas na mesa, já disse que tenho muito dinheiro, sou um empresário muito rico. Não sei por que estou dizendo isso, vocês sabem quem sou eu, do contrário não teriam me sequestrado.*

— Você está enganado, meu amigo!

— *Ah, pelo menos já começamos a nos entender, você não me chamou de meu irmão! Mas também não sou seu amigo, e quem lhe deu a liberdade de me chamar de meu amigo? Não o conheço! Só as pessoas muito íntimas de meu relacionamento me chamam de amigo! Não sou seu amigo e fim de conversa!*

Observei que meu interlocutor ficou calado por alguns instantes. Aquilo foi um bom sinal, acho que estava impondo respeito àquele sujeito! Que intimidade, me chamando de "meu irmão" e, depois, de "meu amigo"! Mas alguma coisa estranha estava acontecendo, porque notei que o rapaz começou a ficar com a fisionomia levemente iluminada por uma luz azul-clara. Será que era ainda efeito das drogas que me haviam ministrado?

— Perdoe-nos, companheiro, permita que o chame de companheiro pelo menos?

Aquele rapaz estava me surpreendendo. O tom suave de suas palavras estavam provocando em mim um efeito estranho, de forma que eu não conseguia sentir rancor. Senti-me desarmado diante de sua forma humilde de se expressar. Mas não podia amolecer, poderia ser mais uma artimanha, uma armadilha. Eu estava pisando um campo estranho e minado, então todo cuidado era pouco.

— *Tudo bem, pode me chamar de amigo, eu autorizo. Não gosto desse termo "companheiro".*

— Obrigado, amigo, você tem razão quando disse que não passamos por tudo o que você passou e o ódio que sente. Você pode ter razão, mas o sentimento de ódio é algo que lhe faz mal, não leva a lugar algum!

— *Ora, ora, a conversa estava até indo bem, mas novamente vem você falar de ódio! Vou lhe dizer uma coisa: sabe o que tem me mantido vivo? É o sentimento de ódio, de vingança contra aquele homem que me fez mal e agora está tentando seduzir minha mulher! Passei por muitas dificuldades, fiquei prisioneiro nas trevas, chafurdando na lama asquerosa e fedorenta, quase morri de frio e fome sem ninguém para falar comigo! O que me manteve vivo foi meu sentimento de ódio, que me deu forças para chegar até aqui! Entendeu? É o ódio que me mantém vivo!*

O que era mais estranho é que observei que eu falava, mas era outra pessoa que falava por mim! A sensação que eu tinha é que estava debruçado em uma janela, e minha garganta parecia se fundir à garganta de outra pessoa que dava a impressão de estar na mesma posição naquela janela. Toda vez que eu falava em ódio sentia que o rancor e a ira explodiam em meu coração. Minha vontade era gritar, mas havia uma força estranha que me impedia. Após enorme esforço, as últimas palavras foram pronunciadas aos gritos.

— *Que ódio que eu sinto! Que ódio que eu sinto* — exclamei! Tinha vontade de proferir palavrões, mas aquela força bloqueava meus pensamentos. — *Que diacho, que droga* — desabafei. — *Quero gritar e não consigo, quero xingar, mas não tenho forças, o que está acontecendo?*

Apesar de estar envolto em sentimentos de rancor e ódio, não pude deixar de observar que aquela luminosidade em torno da figura do rapaz havia se ampliado. De seu tórax a luz se expandia em minha direção, mas eu não conseguia me conter.

— Procure se controlar, meu amigo, por favor! Esta é uma casa de oração e caridade. Respeite o ambiente em que você está sendo acolhido!

Senti aquela luz me envolver e, aos poucos, fui me aquietando. Todavia, nova surpresa me aguardava, quando observei que adentrou aquele ambiente ninguém menos que Gervásio! Perplexo, indaguei aos meus botões o que meu inimigo estava fazendo naquele local? Era mais uma armadilha que haviam me preparado? Não consegui me controlar! Minha vontade era agarrar sua garganta novamente e matá-lo naquele instante! Queria gritar, mas não conseguia: o que me impedia de gritar? Diante de meu esforço, percebi que conseguia apenas emitir grunhidos confusos:

— *É meu inimigo, quero matá-lo. Deixem-me, por favor, porque quero matar meu inimigo! É ele quem destruiu tudo e que ainda dá uma de bonzinho! Não se deixem enganar, é um crápula!*

Contorci-me todo, fazendo um esforço inútil para escapar de uma prisão invisível. Alguma coisa que não me era dado ver tolhia meus braços e meu corpo, como se fossem poderosas algemas invisíveis! Quando dei por mim, Gervásio já não se encontrava mais no ambiente. Teria sido outra alucinação? Eu estava extenuado e quase sem forças para falar, quando meu interlocutor voltou a conversar.

— Está vendo, meu amigo? Toda vez que você se envolve em sentimentos de ódio, apenas sofre! Vamos, faça um esforço, desejamos ajudá-lo em nome de Jesus! Liberte-se dessa cadeia terrível, dessas algemas dolorosas do ódio!

Confesso que aquelas palavras produziam em mim algo diferente, mas como poderia me libertar? O sentimento de ódio era muito mais forte! Sentia-me completamente exaurido em minhas energias, mas o ódio não saía de meu coração!

— *Como posso perdoar, se não consigo? Como posso tirar o sentimento de ódio de meu coração, se meu desejo é destruir meu inimigo? Como posso lutar contra um sentimento que é muito mais forte que eu? Odeio, e esse sentimento é o único motivo de eu ainda viver!*

— Ah, meu amigo, reconhecemos como é difícil lutar contra o sentimento do ódio. Principalmente porque você está vivendo o lado escuro das sombras, e nas sombras o ódio é muito forte! Permita que a luz se faça presente em seu coração, porque a luz espanta as trevas!

— *Não me fale em trevas, porque perdi a noção do tempo em que vivi nas trevas! Nem consigo entender como ainda estou vivo!*

Notei então que algo estranho estava ocorrendo ao meu redor, pois meu interlocutor havia pedido em prece que todos vibrassem a meu favor! O que era aquilo? Tentei gritar, mas meu grito morreu na garganta! Ouvi apenas a voz pausada de meu interlocutor, que dizia:

— Serene seu coração, meu amigo, para que você possa ser auxiliado por irmãos de luz e se conscientizar de seu real estado, porque você não tem consciência do que lhe ocorreu.

Dizendo essas palavras, proferiu uma curta oração e pediu:

— Pedimos aos amigos espirituais que possam envolver este nosso irmão em fluidos salutares e que ele possa ter a consciência da real situação em que se encontra.

Então, diante de minha mente, como se fosse uma projeção mental, vi como em uma tela de cinema algo extremamente surpreendente: vi exatamente a cena daquela manhã antes de sair de casa, quando estava discutindo com minha esposa. Eu estava irritado porque Lívia havia pedido que naquele fim de semana fôssemos viajar para nossa casa de praia a fim de aproveitar o feriado prolongado. Vi em minha frente toda a cena, em que respondi destemperado:

— Você acha que tenho tempo para ficar viajando para casa de praia? O feriado é na quinta-feira, mas sexta-feira não é! Tenho compromissos inadiáveis!

Lívia, com a voz compassiva, tentava me acalmar:

— Meu amor, por favor, não fique assim tão estressado! É exatamente por isso que eu gostaria de poder desfrutar um fim de semana juntos: nós e nossa filha! Sentimos muito sua falta e, além do mais, você está em um estado de estresse muito perigoso!

— Quem foi que lhe disse isso? — gritei destemperado.

— Ora, amor, entre nós não pode haver segredo! Foi dr. Cláudio. Ele me pediu para que o convencesse a pegar uns dias de férias porque você está com sérios problemas de estresse e pressão alta, que poderão acarretar graves consequências ou até mesmo lhe provocar um ataque cardíaco ou um derrame!

— Ora, ora, dr. Cláudio não perde por esperar. Ele vai se haver comigo, ah, se vai! Havia recomendado a ele que não comentasse nada com ninguém! É um linguarudo mesmo! Está vendo como desmontei sua farsa? Você está me pedindo para viajar, não é porque desejava ficar comigo, mas porque o médico pediu! Não deseja ficar comigo o fim de semana, mas por recomendação médica!

Se havia uma coisa que eu detestava era ver Lívia chorar, e a impressão que eu tinha é que toda vez que ela desejava impor sua vontade, era apenas derramar algumas lágrimas e eu me deixava levar! Mas eu havia aprendido, lágrimas não me convenceriam mais! Eu estava farto de choro e lágrimas!

— Pare de chorar! Pensa que vai me convencer com suas lágrimas de crocodilo? Pode chorar à vontade porque não estou nem aí!

Atraída pelo tom elevado de minha voz, observei que minha filha adentrou a sala e, ao ver a mãe chorando, assustada diante de meu destempero, também desatou a chorar. Lívia correu e a pegou no colo, enquanto as duas soluçavam abraçadas. Aquilo só serviu para me irritar mais.

— Não aguento mais! — explodi — vou embora para o trabalho porque, se contra uma estava difícil de lutar, agora, contra duas, confesso que é impossível!

Apanhei minha maleta e bati com força a porta da sala, não sem antes ouvir as últimas palavras de Lívia, que, em prantos, me disse:

— Um dia você se arrependerá de tudo isso que está fazendo comigo e com nossa filha! Então, talvez seja um tanto quanto tarde, Arnaldo! Mas quero apenas lhe dizer que apesar de toda essa sua ignorância e brutalidade, nós o amamos muito!

Ouvir aquelas palavras para mim foi ainda pior! Sentia-me um monstro, um marido e um pai desnaturado. Percebi que estava vencido, e ter a sensação de mais uma derrota diante de uma situação em que eu reconhecia minha impotência era inconcebível! Lívia sempre me vencia pelas lágrimas e me fazia sentir culpado. E o que era pior: eu tinha consciência de que era culpado, mas não queria admitir. Saí transtornado com o carro pelas ruas! Não sabia o que estava mais acelerado, se o motor de meu carro ou meu coração e meus pensamentos a mil por hora!

Irritado, fui distribuindo fechadas pelo trânsito caótico de São Paulo e me estressando com os motoristas lentos que encontrava pela frente. Meus pensamentos estavam desconexos, pensava na empresa, nos problemas, mas o rosto de Lívia em lágrimas juntamente com minha filha vinha a todo instante em rápidos *flashes* em minha mente. Desatento, passei por um farol vermelho em um cruzamento perigoso e quase provoquei uma batida de graves proporções; e ouvi o sonoro palavrão proferido pelo outro motorista. Acionei o vidro da janela do carro e, mesmo sem razão, aos gritos, falei muitos palavrões ao outro motorista! Fiquei ainda mais irritado ao verificar que um agente de trânsito estava anotando minha placa! Eu tinha sido multado!

Se havia algo que me tirava do sério era ser multado por um reles fiscal de trânsito! Estacionei o carro em local proibido e fui tirar satisfações com o agente, enquanto os demais motoristas acionavam suas buzinas estridentes! Nervoso e descompensado, mandei todos plantarem batatas enquanto ofendia o oficial do trânsito:

— Seu incompetente! Sabe por que você é um fiscalzinho? Porque é um incompetente que não conseguiu ser policial e agora é um agente de trânsito frustrado e descarrega sua incompetência multando os outros!

A calma do agente de trânsito me irritou ainda mais!

— Sabe com quem está falando? — dei minha carteirada, tentando intimidar o agente.

Ele simplesmente me ignorou e deu de ombros, respondendo pausadamente:

— Senhor, não me importa quem quer que seja! O senhor é simplesmente um infrator das leis do trânsito! Lavrei uma multa porque o senhor foi imprudente e atravessou o sinal vermelho! Estou lavrando outra multa porque o senhor estacionou seu carro em local proibido! E tem mais: recomendo que o senhor retorne ao seu veículo e vá antes que eu chame uma viatura e seu carro seja guinchado e recolhido.

Dizendo isso, entregou-me as multas! Fiquei transtornado porque havia me chamado de "infrator" e "imprudente". Então rasguei as multas na cara dele, fazendo-as em mil pedacinhos, e joguei para o alto! Eu estava possesso e incapaz de controlar minha ira, e teria agredido o agente se os demais motoristas não começassem a gritar e a buzinar!

— Tire seu carro do caminho, seu palhaço! — ouvi alguém gritar.

— Isso mesmo, está se achando, hein, seu idiota? Vá para casa dormir, é o que está precisando!

O barulho das buzinas era intenso, e resolvi retornar ao carro, não sem antes devolver as agressões fazendo um sinal característico e muito feio com o dedo médio!

Entrei no carro batendo a porta com violência, como se o carro tivesse alguma culpa no cartório! Senti que aquele era meu dia de fúria! Era bom que na empresa ninguém me contrariasse naquele dia porque eu estava propenso a fazer alguma bobagem! Minhas mãos tremiam de nervoso quando cheguei perto do prédio onde ficava o escritório da companhia.

Descia a rampa do estacionamento quando vi que havia alguém atrapalhando minha trajetória! Já me preparava para descarregar sobre o infeliz meu acesso de fúria, quando senti a vista escurecer e tudo girar ao meu redor! Senti uma forte dor no peito, que se irradiava pelas costas e por meu braço esquerdo. A dor era insuportável! Eu tinha a impressão de que uma lâmina afiada atravessava meu peito e meu coração. Tentei gritar, mas não consegui, pois senti que meu peito estava extremamente sufocado, como se uma tonelada de peso houvesse se alojado sobre mim, comprimindo-me de tal forma que provocava intensa falta de ar! Não conseguia respirar e, antes de perder os sentidos, senti um gosto de sangue na boca.

Perdi completamente a consciência, acordando naquele ambiente tétrico de trevas e lama por todos os lados!

SEGUNDA PARTE

Superando desafios

Desde minha infância, eu sentia que meus problemas respiratórios representavam um sério obstáculo para todas as minhas pretensões na vida. As crises asmáticas, principalmente no período de frio e de seca, faziam com que eu fosse presença constante nos ambulatórios médicos. Isso me dava uma sensação terrível, fazendo com que eu vivesse sempre com medo, angustiado pela expectativa de quando ocorreria outra crise respiratória.

A pavorosa sensação da falta de ar e a respiração sibilante, como se meu peito estivesse sendo comprimido por algo asfixiante, eram tormentos que me acompanhavam todos os dias.

Eu já era figurinha carimbada e sobejamente conhecida nos meios médicos e ambulatoriais da região central de São

Paulo, e não podia esquecer os comentários das enfermeiras quando me viam a cada visita hospitalar:

— Coitadinho! Nova crise asmática!

— Como pode ser uma coisa dessas? Tem um irmão tão saudável e ele tão doente!

— Outra crise, dona Ofélia? Judiação! Que pena! Como sofre este coitadinho!

O sofrimento da doença impiedosa era terrível, mas eu suportava. O que eu não conseguia suportar eram aqueles comentários, que me deixavam enfurecido! Ainda estava na casa dos cinco anos de idade, mas já me sentia extremamente irritado com aqueles comentários despertando em mim um desejo de provar que, apesar de minha doença e das limitações que ela impunha, eu poderia ser alguém que haveria de triunfar e vencer na vida pela inteligência e astúcia!

Felipe, meu irmão, era dois anos mais velho e, ao contrário, vendia saúde! Nas crises mais graves em que eu ficava prostrado no leito, ouvia minha mãe choramingar:

— Coitado do Dinho (inicialmente me chamavam de Arnaldinho, ficando posteriormente apenas Dinho), sempre doente! Por que será?

Meu pai respondia:

— O médico diz que a bronquite asmática tem fundo alérgico e pode ser provocada pelo pó ou algum outro fungo que desencadeia o processo da inflamação dos brônquios. Teria de descobrir o agente causador, porque a medicina ainda não tem uma solução definitiva.

— Coitadinho! — dizia minha mãe. — Olha que diferença: enquanto o Dinho está na cama, o Felipe está jogando bola com seus amiguinhos.

Eu ouvia aquelas palavras que marcaram minha infância e ficaram guardadas no fundo e no silêncio de minha alma. Enquanto minha rotina era perambular pelos ambulatórios médicos, vivendo sob efeito de medicamentos e sofrendo as limitações de uma doença implacável, meu irmão era feliz, gozava de saúde e tinha plena vitalidade, que permitia todos os folguedos que a mim eram negados em minha infeliz infância.

Mas o que mais me deixava irritado era ouvir a palavra "coitadinho". Eu não suportava! Lembro-me de uma ocasião em que algumas amigas que costumeiramente visitavam mamãe se encontravam na sala tomando chá e fazendo as fofocas do dia a dia. Eu estava acamado em virtude de mais uma das rotineiras crises asmáticas, no quarto ao lado, enquanto no quintal dava para ouvir os gritos de Felipe e de alguns amigos que jogavam bola. Eu ouvia o barulho da garotada se divertindo e, ao mesmo tempo, prestava atenção nas conversas de mamãe e suas amigas, quando uma delas comentou:

— Que pena, dona Ofélia, imagino como você deve ficar triste ao ver que um de seus filhos é tão saudável, enquanto o outro está sempre acamado! Coitadinho!

Outra amiga também deu sua contribuição de solidariedade:

— Concordo com Marieta, porque é difícil para uma mãe ver um filho sempre adoentado! Coitadinho do Dinho!

Eu me encontrava doente, era verdade, mas uma coisa me irritava profundamente: percebi que coitadinho rimava com Dinho, meu apelido. A todo instante ser olhado e chamado de coitadinho era algo que eu não suportaria por muito tempo! Mas a conversa continuava.

— Tem razão, Florinda, o filho de uma vizinha de minha mãe também vive à custa de remédios e inalações constantes. O pobrezinho sofre muito! Coitadinho!

— Coitadinho! — repetiu outra.

— Coitadinho! — concordou dona Marieta.

— Coitadinho! — emendou Florinda.

E finalmente minha mãe, diante de tanta solidariedade, também deu seu veredito:

— Tenho muita pena do Dinho! Coitadinho!

Aquilo foi demais. Levantei-me cambaleante e, quando cheguei à sala, provoquei espanto nas amigas fofoqueiras de mamãe:

— Nossa! — exclamaram ao mesmo tempo. — Ele está em pé, mas está muito mal, está pálido!

— Coitadinho! — repetiram todas.

Então, tomado por um acesso de raiva, soltei o verbo com o pouco que ainda restava de ar em meus pulmões:

— Suas fofoqueiras! — gritei. — Eu não sou nenhum coitadinho! E você, mamãe, nunca mais diga essa palavra que jamais quero ouvir novamente! Não sou coitadinho coisa nenhuma! — repeti com veemência.

E voltei para o quarto chorando convulsivamente, sentindo muita raiva, enquanto as amigas de mamãe ficaram surpresas e sem graça. Despediram-se, saindo rapidamente, todas com um sorriso amarelo. Então mamãe veio ao quarto para conversar comigo.

— Oh, meu filho, por favor, não chore. Você ainda é uma criança, mas hoje me ensinou uma grandiosa lição de vida. Você não é um coitadinho! Nunca mais vou dizer isso novamente. Perdoe-me, por favor!

Observei que mamãe também estava chorando. Percebi que o momento era favorável a mim e resolvi aproveitar. Sim, deveria aproveitar e fazer daquele meu problema um fator que, de alguma forma, pudesse me favorecer. Poderia ter alguns privilégios!

Aquele dia foi um divisor de águas em minha vida! Tomei a decisão de que na vida seria um vencedor, apesar de minha doença! Decidi que venceria a qualquer custo e que as limitações impostas pela bronquite asmática não iriam impedir que eu me tornasse um homem bem-sucedido na vida e feliz, custasse o que custasse! Não mediria esforços, meios nem recursos para atingir meus objetivos!

Eu era apenas uma criança, mas já sabia o que queria da vida!

Descobri desde cedo que era doente, mas, acima de tudo, inteligente! Eu era dois anos mais novo que Felipe, mas era extremamente observador e percebia coisas de que ele não se dava conta. Felipe parecia ser um garoto feliz com a vida, não parecia preocupado com nada, mas eu sabia controlar tudo em casa, com artimanhas ardilosas e minha doença. Eu é que me fazia de coitadinho e conseguia sempre o que queria!

O tempo passou, eu estava com nove anos. Crescemos, e a doença me acompanhou, mas eu tinha um companheiro dedicado que estava sempre ao meu lado: era Felipe.

No fundo, no fundo mesmo, eu sentia inveja e ao mesmo tempo admiração por meu irmão. Ele não se importava em me ajudar. Quantas vezes deixava de brincar com os amigos para ficar comigo no quarto fazendo tarefa da escola!

Apesar de minha inteligência, tinha algumas dificuldades em álgebra e eu admirava a facilidade com que Felipe dominava aquela matéria. Ele sempre me ensinava pacientemente.

Um dia, um médico amigo aconselhou meu pai, dizendo que ainda não era tarde para que eu praticasse natação.

— A natação, sr. César, é um esporte completo e permitirá que seu filho, na prática, possa expandir a capacidade respiratória dos pulmões. Não irá resolver o problema, que é crônico, mas aliviará muito as crises asmáticas de seu filho.

Eu detestava natação, nem queria ouvir falar naquilo. Tinha medo de água. Mas era recomendação médica e papai insistiu. Chorei, esperneei, fiz manha, mas estava difícil, até que Felipe veio em meu socorro.

— Dinho, não tenha medo, eu também entro na natação e ajudo você, tudo bem?

Aquilo me animou um pouco. Mas na época de frio, detestava água.

— Não gosto de água fria — reclamei. — Na época de frio então fica muito ruim!

— Lá no clube, a piscina é coberta e com água aquecida! — esclareceu meu pai.

— Oba! — gritou meu irmão. — Papai, independentemente de o Dinho querer ou não praticar natação, eu desejo e quero me tornar um grande esportista!

As palavras de Felipe pronunciadas com tanto entusiasmo me contagiaram. Mas mesmo assim, ainda fiz manha.

— Está bem, aceito fazer natação, desde que Felipe esteja sempre comigo! Também tem uma condição: não quero que me chamem mais de Dinho, porque rima com coitadinho, e isso não quero ouvir nunca mais! E depois, papai, também como recompensa, quero passar as férias na Disneylândia!

Papai então sorriu satisfeito!

— Lógico, meu filho, como recompensa, você e seu irmão vão passar as próximas férias na Disneylândia! Mamãe e eu aproveitaremos e também vamos.

Aí foi minha vez de gritar entusiasmado:

— Oba! Oba! Quero conhecer o Mickey, o Pateta e o Pato Donald!

Depois de um ano de prática da natação, eu já sentia os efeitos benéficos que o esporte produzia em minha saúde: ficava menos ofegante e com a respiração mais livre; as crises haviam rareado significativamente. Até exibia um peitoral musculoso. Mas os efeitos em Felipe eram visíveis e fantásticos: havia se transformado em um verdadeiro atleta, apesar da pouca idade.

Minha mãe não escondia o orgulho de Felipe, porque, além de mais velho, estava se tornando muito bonito, atlético e, acima de tudo, desprendido e simples.

No íntimo, eu não gostava daquilo e desejava competir com meu irmão, mas contra ele não tinha chances. Na escola, as meninas o rodeavam com gentilezas, mas ele não estava nem aí. Os professores o adoravam porque, além de tudo, era aplicado nos estudos e no time de futebol do colégio, no qual era meia-direita, e o pessoal elogiava sua inteligência e sua forma elegante de jogar bola. Para finalizar: Felipe era um rapaz completo, educado, inteligente, esportista e também um cavalheiro.

Eu sabia que viveria sempre sob a sombra de meu irmão. Mas eu estava superando minhas dificuldades físicas e contava com minha astúcia e minha inteligência. Via coisas, observava detalhes, sabia ser meticuloso naquilo que me interessava e isso me colocava à frente de meu irmão, que era descuidado com os detalhes. Era exatamente nessa questão que eu haveria de fazer a diferença e vencer a grande batalha de minha vida!

Eu era mais jovem, mas em termos de amadurecimento e estratégias, estava à frente de Felipe.

Então estabeleci um objetivo em minha vida: tinha de vencer a qualquer custo meu grande inimigo e meu terrível adversário: meu irmão! Tinha de triunfar em todos os sentidos!

Eu já estava com dezesseis anos de idade, e meu irmão, com dezoito. A atividade esportiva me fez bem, pois embora não tivesse o porte atlético de meu irmão, estava com um físico invejável. E o que era melhor ainda: as crises asmáticas, tão frequentes em minha infância, agora praticamente haviam desaparecido. Eu ainda tinha algumas dificuldades respiratórias principalmente no inverno, quando o ar se tornava muito seco e a poluição deixava o ar praticamente irrespirável.

Meu irmão havia prestado vestibular em uma das mais renomadas faculdades de economia de São Paulo e já cursava o segundo ano. Eu estava me preparando para os vestibulares e desejava seguir os passos de meu irmão. Queria me formar na mesma faculdade, fazer o mesmo curso que ele para melhor conhecer o campo em que iríamos disputar o comando das empresas de papai.

O que eu sentia e observava no dia a dia é que tanto papai quanto mamãe não conseguiam ocultar a preferência por Felipe. Eu, como bom jogador, ficava na minha. Observava tudo e ficava em silêncio percebendo as fraquezas de meus adversários, sim porque naquela luta teria de lutar também contra papai e mamãe. Haveria de chegar o dia em que eu estaria preparado para dar o troco.

Posso assegurar que, se eu tinha uma virtude, era a determinação. Jamais perdi o foco de meus objetivos e tal qual uma obsessão, não media esforços para alcançar aquilo a que eu me propunha. Estudei com afinco e me apliquei com dedicação extrema, de forma que consegui passar com uma das melhores notas no vestibular.

Notei que papai começou a ficar preocupado com minha obstinação nos estudos. Um dia me chamou para uma conversa.

— Filho, tenho observado que você tem se dedicado com esmero aos estudos. Por um lado, isso me deixa satisfeito e feliz, porque tenho certeza de que, na condição de um aluno aplicado, conseguirá notas excelentes. Por outro lado, você se dedica tanto aos estudos que tem se isolado na vida. Não tem amigos e não costuma sair nos fins de semana. Está perdendo a melhor parte de sua vida, que é sua juventude.

— Ora, papai, não tenho absolutamente nenhuma vontade de sair por aí, na madrugada e fazer amigos fúteis nessas noitadas. Meu interesse é estudar e ser um profissional altamente preparado para um dia administrar suas empresas.

— Louvo sua atitude e seu sonho, meu filho, mas tem de viver a vida! A vida é para ser compartilhada com os familiares, fazer amigos, se divertir e também estudar e, no momento certo, trabalhar. Veja, por exemplo, seu irmão: não abre mão dos estudos, mas isso não o impede de levar uma vida mais suave. Cultiva boas amizades e também se diverte de forma sadia, como todo jovem na idade de vocês devem se divertir.

Quando papai mencionou o exemplo de meu irmão, não consegui me conter.

— Ora, papai, por que Felipe tem de ser modelo para tudo? É o queridinho da família — isso eu já sei faz tempo —, é popular nas rodas de amigos, é paquerado pelas meninas mais lindas da sociedade. Não quero ser comparado a ele. Sou feliz do meu jeito e, quando chegar o momento certo, saberei como fazer. Tenho apenas dezoito anos de idade, mas já tenho meus objetivos definidos em minha vida e sei como chegar lá, não se preocupe.

Ao ouvir minhas palavras, papai ficou em silêncio meditando. Em seguida, comentou:

— É bom saber que já tem seu plano de vida. Isso é um talento precoce, filho, porque em sua idade, a maioria dos jovens pensa apenas em aproveitar a vida. Mas eu gostaria de compartilhar de seus sonhos, de conhecer melhor seus objetivos de vida e, quem sabe, ver de que forma poderia ajudar e contribuir para materializar esse seu ideal.

Foi minha vez de ficar em silêncio. Jamais diria a meu pai que meu objetivo de vida era superar meu irmão em tudo o que fosse possível, inclusive na direção das empresas. Diante de meu silêncio, papai insistiu:

— Fale, meu filho, abra seu coração, fale-me mais de você, de seus sonhos e aspirações.

Diante da insistência, não tive alternativa.

— Papai, me perdoe, mas meu objetivo de vida não desejo compartilhar com ninguém. Pelo menos por enquanto. Acho que ainda não devo falar. Fica apenas aqui em minha caixa encefálica — indiquei com o indicador minha cabeça.

Observei que papai ficou surpreso e, ao mesmo, tempo triste com minha resposta um tanto quanto dura. Seus olhos ficaram marejados de lágrimas. Era isso que me desagradava em papai e mamãe: eram extremamente sensíveis e dramáticos.

— É isso que me preocupa em você, filho. Você se fechou em seu mundo particular e não compartilha nada com ninguém. Isso não é normal e me preocupa em demasia. Respeitarei sua vontade, mas não pense que desisti de você. Estarei sempre por perto e quero que saiba que sempre poderá contar comigo para o que der e vier. Jamais se esqueça disso.

No íntimo, senti um pouco de pena de papai. Ele não tinha ideia do que trazia dentro de meu coração, o que eu sentia e aonde queria chegar. Até achei legal que ele se interessasse por mim, mas acordou um pouco tarde. Sempre fui tratado como um coitadinho e um dependente de tudo. Por que agora, somente agora, vinha conversar comigo de peito aberto?

Papai se levantou, abraçou-me e beijou meu rosto. Não esbocei nenhuma reação e não retribui o beijo, nem o abraço. Virou as costas enquanto fiquei estático, mas talvez ainda tentando uma última cartada para aquela conversa, voltou-se para mim e perguntou:

— Eu gostaria muito que você e seu irmão começassem a tomar conhecimento das atividades nas empresas. Sei que você ainda é muito jovem, mas já combinei com Felipe e, a partir da semana que vem, ele vai comigo para o escritório cumprir uma jornada de aprendizado. Gostaria de ir também?

Foi então que manifestei minha contrariedade e também meu interesse:

— Está vendo, papai? Você já conversou com Felipe e combinou de levá-lo à empresa, enquanto comigo, apenas agora o senhor vem dizer. Lógico que eu gostaria de também participar desse treinamento. Por que o senhor acha que tenho me dedicado tanto aos estudos?

Fiquei receoso que, depois de minha reação, papai descobrisse meus objetivos, mas ele não estava preocupado com isso. Apenas observei que finalmente deu um sorriso demonstrando satisfação. Voltou e me abraçou novamente. Dessa vez, retribuí o abraço.

— Ah, meu filho, você não imagina como fico feliz e satisfeito com suas palavras! Prepare-se que já até mandei preparar uma sala específica onde vocês poderão se acomodar.

Realmente, aquela sugestão de papai me deixou satisfeito. As coisas estavam caminhando exatamente conforme meus planos. Eu estava me preparando nos estudos e já começaria a tomar conhecimento dos mecanismos de funcionamento administrativos, financeiros e operacionais da empresa; queria me especializar nas áreas administrativa, financeira, comercial e operacional.

O sucesso a qualquer custo

A oportunidade de aliar o conhecimento teórico que obtinha na faculdade com a prática do dia a dia na empresa era uma experiência fantástica. Confesso que fiquei exultante.

Na condição de estagiários, acompanhávamos inicialmente os profissionais de escalões mais baixos. Eu fazia muitas perguntas, enquanto Felipe anotava tudo em um caderno específico.

Papai orientou os gerentes que deveríamos iniciar pela contabilidade. Deveríamos ter noção de receitas, despesas, contas de resultado e custos, que, segundo ele, era a base de tudo. Felipe era um estagiário também aplicado e, apesar de nossas diferenças, eu tinha de reconhecer que ele seria um adversário respeitável. Da mesma forma que eu, ele também entendeu muito rápido o mecanismo de débito e crédito, o que era um déficit ou um superávit, a conciliar uma conta e fechar um balancete mensal, apurando os resultados e o que representava lucro ou prejuízo.

Em pouco mais de um mês, sr. Edmundo, que era o contador, disse a meu pai que estávamos afiados. Papai então perguntou qual seria nossa próxima área de interesse. De imediato, afirmei que gostaria de me aplicar na área financeira, enquanto Felipe escolheu a área comercial.

— Por que vocês optaram por áreas diferentes? — perguntou papai.

— Porque considero que na área financeira posso aplicar melhor meus conhecimentos de exatas — respondi. — Gosto muito das ciências exatas.

— E você, Felipe, por que resolveu partir para a área comercial?

A resposta de meu irmão foi interessante e revelava exatamente nossas diferenças:

— Porque acho que vendas permite desenvolver o relacionamento humano, papai. Vendas é, antes de tudo, uma arte e me motiva muito. Acho que serei um bom profissional de vendas porque sou motivado e permite que possa desenvolver um relacionamento interpessoal muito amplo. Uma empresa não é simplesmente a formação de capital, imóveis e móveis e utensílios: o capital mais importante dentro de uma empresa é o ser humano! Gosto muito de me relacionar com gente, e vendas permite aliar uma profissão e uma satisfação que certamente irá realizar meus sonhos e ideais de vida.

Observei que papai sorriu satisfeito e completou:

— Tem toda a razão, meu filho. Por trás das empresas tem o ser humano, tem gente! Tudo o que pudermos fazer na vida se o objetivo não for o ser humano, não faz sentido!

Essa era a grande diferença entre meu irmão, papai e mim. Meu pensamento era diametralmente oposto. Eu não estava nem um pouco preocupado com as pessoas. A empresa não tinha de ser paternalista, pagava seus funcionários para que se dedicassem e fizessem o melhor, cada um em sua função. "Não estava correto meu pensamento?", perguntava a mim mesmo.

Com o passar dos meses, fui dominando os conceitos básicos da área financeira. Sabia como analisar um balanço, aprendi os segredos das conciliações bancárias e a composição dos custos de cada produto. Na verdade, desde o início, não senti simpatia pelo contador da empresa, sr. Edmundo. Achava-o velho e ultrapassado. Eu cuidaria daquele assunto no momento oportuno. O que mais chamava minha atenção e interesse naquele momento era computação e os sistemas operacionais utilizados na empresa, de forma que estendi meu estágio naquela área, questionando à exaustão o gerente de informática.

Observava que meu irmão parecia feliz na área comercial. Visitava clientes com os vendedores e, quando voltava, elaborava um relatório minucioso ao diretor comercial. Mais parecia um vendedor que dependia das comissões de suas vendas para sobreviver que o filho do dono da empresa. Eu não conseguia entender sua felicidade, mas Felipe parecia muito feliz com aquele trabalho doido que ele fazia.

À medida que nosso trabalho evoluía, papai passou a nos delegar mais autoridade e entrar mais tarde no trabalho. Entretanto, de uma coisa tanto eu como Felipe não abríamos mão: disputávamos para ver quem é que chegava primeiro na empresa — normalmente antes que muitos funcionários. Quando Felipe chegava, os funcionários o recebiam com um sorriso, então ele os cumprimentava um por um, desde a faxineira, os porteiros, a moça da recepção, a senhora do café. Conhecia-os e os chamava pelo nome. Se houvesse cachorros, ele os cumprimentaria também.

Aquilo me irritava! Por que Felipe perdia tempo com aquelas pessoas? Qual era seu objetivo? Até parecia um candidato a algum cargo eletivo na política. Eu não entendia os motivos de tanta atenção, tanto carinho e tanta bondade por pessoas tão reles.

Um dia, só de capricho, fiquei prestando atenção. Chegamos à empresa e, de imediato, ele se dirigiu ao porteiro e o cumprimentou:

— Bom dia, sr. José, o senhor está bem?

— Estou bem, graças a Deus, sr. Felipe.

— E o seu filho já está melhor?

— Graças a Deus, sr. Felipe, graças a Deus está melhor. Já saiu do hospital ontem.

"Graças a Deus!" — por que as pessoas tinham aquela mania de tudo ficarem dizendo e repetindo insistentemente "graças a Deus", de forma mecânica e displicente? Na minha concepção, Deus não existia. A ciência explicava tudo, e a figura de Deus fora criada apenas porque o ser humano gosta de prestar reverência a algo que desconhece para justificar sua própria ignorância. Em minha opinião, as crenças não tinham nenhum fundamento científico, serviam apenas para alimentar a ignorância popular em benefício das igrejas e de outros interesses.

Continuei prestando atenção na conversa de meu irmão, pois, afinal de contas, para se vencer um inimigo você tem de conhecê-lo profundamente, saber dos seus pontos fracos e fortes e definir a melhor estratégia de combate.

— Bom dia, dona Marieta, como vai? E sua filha como está indo na escola de balé?

Achei aquilo demasiado para meu gosto. Felipe havia se superado! Não só conhecia a senhora do cafezinho pelo nome como também sabia que sua filha estava na escola de balé. Notei que a mulher sentiu orgulho ao falar da filha:

— Ah, sr. Felipe, ela está dançando maravilhosamente! Tenho tanto orgulho de minha filha! No fim do ano haverá uma apresentação, eu sei que o senhor é muito ocupado, mas se puder assistir à apresentação de minha filha, ficarei tão feliz!

"Bem feito!", pensei com meus botões. Ficou dando tanta atenção que agora tinha obrigação de assistir a uma apresentação de balé da filha de uma reles empregada! "Bem feito", repeti em pensamento. Quero ver agora como vai se sair. Mas Felipe novamente me surpreendeu:

— Avise-me com antecedência de alguns dias, dona Marieta. Será um grande prazer assistir à dança de sua filha! Conte comigo!

— Obrigada, sr. Felipe, o senhor é uma pessoa muito bondosa! Que Deus o abençoe e que continue sendo sempre essa pessoa maravilhosa e simples!

Assim era meu irmão. Até chegar à sua sala, era uma maratona sem fim de muita conversa mole e de muitos cumprimentos. Ele perguntava de todo mundo, parecia-me que ficava decorando os nomes dos funcionários para chamá-los. E eles sorriam satisfeitos, só pelo fato de serem chamados pelo nome por um dos filhos do dono da empresa.

Felipe subiu para sua sala e continuei no andar de baixo. Fingi que estava lendo uma revista, mas fiquei atento às conversas e aos comentários dos funcionários, que falavam baixinho, mas não impediam que eu ouvisse:

— Nossa, Julieta, eu adoro o sr. Felipe. Ele é um moço tão bom! — comentava dona Marieta.

— Pois é, dona Marieta — respondeu Julieta —, sr. Felipe é uma pessoa abençoada por Deus! Toda noite oro por ele pedindo para que um dia seja o presidente desta empresa!

— Louvado seja Deus! O dia em que isso acontecer tenho certeza de que todos nós nos daremos bem, porque ele tem um coração de ouro.

Nisso chegou a faxineira, que também entrou na conversa. Aquela palestra era de alto nível: a faxineira, a copeira e a recepcionista.

— Vocês estão falando do sr. Felipe, não estão? Pois eu também quero falar. Adoro esse moço! Nunca vi um rapaz tão bonito, educado e bondoso. Nem parece que é rico. Não faz diferença e não despreza ninguém. Diferente desse aí, ó

— disse se referindo discretamente a mim —, que não dá nem um bom-dia a ninguém. Só tem orgulho e vaidade!

— Temos de orar por ele também, dona Genésia — respondeu dona Marieta.

Intimamente, eu estava rindo! Quem eram elas para orar por mim? Achavam que eu um dia precisaria de oração de umas pobres coitadas que não tinham onde cair mortas?

Levantei-me e olhei feio para elas, e a conversa imediatamente cessou. Cada uma foi para a insignificância e a indigência de seu canto. Estavam todos muito mal-acostumados com meu pai, que era sentimental, e agora com meu irmão, que era exatamente igual a ele: um coração mole.

"Mas eles não perdem por esperar", pensava comigo mesmo. "O dia em que eu assumir esta empresa, esses funcionários verão com quantos paus se faz uma canoa. Comigo não terão moleza, não; terão de justificar cada centavo de salário, e comigo não haverá tapinha nas costas, nem bom-dia, nem as pieguices de meu irmão, não. Será linha-dura! Os que forem competentes serão privilegiados por mim e terão de se empenhar, mas os molengas e os incompetentes irão cantar em outra freguesia. Eles não perdem por esperar, pois, mais cedo ou mais tarde, a presidência do grupo cairá em minhas mãos e então todos verão como é que se frita o bolinho em gordura quente."

Uma das coisas de que eu mais gostava quando chegava ao trabalho era ler os jornais. A empresa era assinante dos dois mais importantes jornais do estado, e eu era leitor assíduo principalmente dos cadernos de política e negócios. Sempre entendi que o executivo que deseja ser bem-sucedido deve ter alguns requisitos básicos: ter uma boa formação acadêmica, ser arrojado em sua área de atuação, ter um bom jogo de cintura, raciocínio rápido, ter visão avançada de problema e alternativas de solução, manter-se atualizado em sua área e, finalmente, ser bem informado. Lógico que também contam fidelidade, boa aparência e disposição para encarar os desafios com habilidade e determinação. Em minha opinião, o trabalho vinha em primeiro lugar, depois, a família. Eu justificava esse meu pensamento: para mim, a pessoa sem trabalho perdia a moral e a honra.

Então, diante dessa minha filosofia de vida, o importante na vida era ter sucesso na vida profissional e empresarial. Sucesso era o que contava! O profissional ou empresário bem-sucedido seria sempre olhado com deferência e respeito! Era isso que valia a pena na vida!

Em meu coração não havia espaço para piedade nem complacência. Na natureza é assim: os fracos perecem, permanecendo apenas os fortes, que reivindicam seu posto conquistado com duras e violentas batalhas. A vitória é o justo troféu ao vencedor, não é mais do que merecido?

A verdade é que, após minhas leituras, eu gostava de analisar os números da empresa e ficava divagando sobre como iria administrar tudo quando fosse o presidente das organizações. Em meus devaneios, via até o letreiro que mandaria colocar na porta de minha sala: SALA DO PRESIDENTE — NÃO ENTRE SEM SER ANUNCIADO.

Ah, eu seria um grande presidente e faria das empresas de meu pai a número um no mundo dos negócios, ah, isso iria sim. Nem que para tanto fosse necessário afastar meu pai e meu irmão dos negócios.

Transcorridos mais de seis meses de trabalho, uma tarde papai nos chamou em sua sala. Estavam lá o diretor financeiro e o diretor comercial da empresa. Observei que papai estava com um sorriso de felicidade nos lábios, bem como os diretores. "São 'Maria vai com as outras'", pensei. "Se papai ri, eles também sorriem, e se papai fechar a cara, eles fecharão a boca e rapidamente esconderão as 'canjicas'".

Felipe e eu nos sentamos ao lado de papai, que não conseguia esconder sua satisfação.

— Meus filhos, hoje eu gostaria de partilhar com vocês uma satisfação pessoal. Já estive analisando a evolução do trabalho e do aprendizado de vocês nestes seis meses com meus diretores e é com satisfação que desejo dizer que vocês estão de parabéns! Felipe — disse meu pai dirigindo-se ao meu irmão —, você tem tido ótimas referências, não apenas de meu diretor comercial, mas também dos clientes, que não têm poupado elogios ao seu trabalho. Você tem visitado com os vendedores nossos melhores clientes e também clientes de pequeno porte, e seu trabalho agregou muito valor à imagem de nossa empresa, porque, além da visita, você tem manifestado interesse pelo negócio do cliente e em conhecer o que ele produz, de que forma nossas matérias-primas contribuem para a melhoria da linha de produção do cliente. Além disso, você tem até arriscado algumas sugestões de melhoria. Os clientes têm gostado muito e isso tem refletido em nossas vendas. Temos recebido cartas elogiosas a respeito desse trabalho diferenciado que você tem imprimido, e nossa equipe de vendas está mais estimulada do que nunca. Nosso diretor comercial credita tudo isso ao seu trabalho. Parabéns, filho!

Papai falava com tanto orgulho de Felipe que aquilo me incomodava. Quando achei que ele já havia acabado com aquele discurso em que desfiava seda e elogios a Felipe, papai tomou fôlego e continuou:

— E não é apenas isso, Felipe. Uma pesquisa do setor de qualidade da empresa identificou entre os funcionários você como a pessoa mais querida de nossa organização empresarial. Esse é um fato inédito, porque de outras vezes, nessa pesquisa que é realizada de seis em seis meses, sempre houve renhida disputa em que vários funcionários dividiam esse título, mas agora houve uma unanimidade: você. Não preciso dizer que estou muito orgulhoso de tudo isso. Parabéns mais uma vez.

Eu ouvia em silêncio e me remoía por dentro. Mas não deveria, porque Felipe sempre fora o privilegiado e o preferido de papai e mamãe. "O que estava eu estranhando agora?", remoí meus pensamentos com meus botões. Agora era minha vez. O que papai me diria? Havia esgotado todo o repertório de elogios a Felipe, o que havia restado para mim?

— Pois é, Arnaldo, você também está de parabéns!

"Pelo menos 'parabéns' eu já ganhei", pensei, "já não está tão mal". Papai continuou:

— Nosso diretor comercial também elogiou muito seu desempenho na área financeira, meu filho. Disse que você é um aprendiz muito inteligente, obstinado e dedicado. Aprendeu rapidamente todos os conceitos de contabilidade, custos e finanças. Todavia, tem um problema sério a ser resolvido: você é muito duro com as pessoas.

Eu sabia, eu sabia! Para meu irmão, elogios e louros, para mim, as bordoadas! Tudo bem, eu estava acostumado. Olhei fixamente para meu pai pela primeira vez. Se das vezes anteriores eu sempre baixava o olhar quando ele me dava uma reprimenda, dessa vez foi diferente: sustentei seu olhar, enquanto ele prosseguia:

— Você tem sérios problemas de relacionamento. Nosso contador, sr. Edmundo, tem sido desrespeitado por você, filho. Por que você faz isso?

Respirei fundo e procurei responder com calma, fazendo enorme esforço para não explodir:

— Papai, não consigo tolerar o sr. Edmundo. É um contador da era antiga, não se atualizou, parou no tempo. Em suma, é um incompetente e eu não consigo ter paciência com profissionais incompetentes.

— Você precisa exercitar sua paciência, meu filho. Não é assim que tratamos nossos colaboradores de tantos anos. Temos de ter consideração com aqueles que dedicaram a vida à empresa com muita lealdade. Você é um excelente profissional e extremamente inteligente, aprendeu com rapidez impressionante conceitos avançados de administração e finanças, como revela o relatório que o diretor comercial elaborou a respeito de seu estágio. Todavia, para ser um bom administrador, que certamente você será um dia, terá primeiro de aprender lições básicas de relacionamento e respeito humano, como seu irmão.

Você não percebe como ele é admirado por todos? As novas técnicas de liderança implicam estimular os liderados com exemplos de respeito, conseguindo deles lealdade, comprometimento e colaboração. O mais importante é quando você consegue fazer com que seus colaboradores sintam prazer e alegria ao verificar que são respeitados e valorizados pelo que fazem, que são parte integrante do grupo e do sucesso alcançado. Essa é a verdadeira chave para alcançar a liderança perfeita. O líder deve ser respeitado, mas deve, antes de tudo, respeitar. Tem de aprender a ouvir a opinião de seus comandados, estimulá-los a tomar iniciativas e, o mais importante, a colocá-las em prática. Esse líder terá longa vida e será muito querido e respeitado por todos, até por seus adversários. Esta lição você precisa aprender meu filho!

  Senti que papai estava me dando uma verdadeira lição de moral diante de dois diretores da empresa e de meu irmão. Com Felipe não tinha problema, já estava acostumado, mas jamais perdoaria papai por estar fazendo aquilo na frente de duas pessoas estranhas à nossa família. Senti muita raiva e percebi que naquele dia se instalava em meu peito um sentimento de rancor, e a certeza de que um dia eu haveria de ir à desforra. Ah, isso iria mesmo. Abaixei a cabeça e chorei de raiva.

  Quando papai percebeu que eu estava chorando, achou que era por ter sido tocado por suas palavras. Então pediu licença aos diretores para que saíssem da sala. Em seguida, me abraçou.

  — Meu filho, tenho de confessar que até me sinto feliz ao ver que você tem capacidade para chorar. Até então achava você um tanto quanto insensível em relação aos sentimentos, mas vejo que me enganei. Que bom que me enganei. Venha cá, dê-me um abraço.

Papai me abraçou, e Felipe, também comovido com minhas lágrimas, igualzinho papai, também me abraçou.

— Mano, não se chateie com o que papai disse. Tudo isso é para nosso bem, porque esta empresa um dia estará em nossas mãos. E a experiência de papai vale muito. Tenho certeza de que você será um grande administrador e, juntos, faremos deste grupo empresarial líder de mercado. Mas temos de ter a humildade de aprender as grandes lições que felizmente papai tem a nos dar. Um dia ele terá orgulho de nós, meu querido mano.

Dizendo isso deu-me um beijo na face. Naquele momento até senti simpatia por meu irmão, mas não poderia enfraquecer a guarda, porque meu objetivo era outro.

O sucesso tinha seu preço e, para alcançá-lo, eu estava disposto a pagar seu custo.

Alguns contratempos

Havia transcorrido mais de um ano do início de nosso treinamento na empresa. Além da área administrativa e financeira, eu também me aventurei na área comercial para conhecer um pouco das técnicas de vendas e negociações. Era interessante pelo menos conhecer, porque no período em que estive na área comercial, apenas me confirmou que aquela não era minha praia. Observei que meu irmão nadava de braçadas e sentia prazer naquilo que fazia.

No fundo, devo confessar que tinha certa inveja de meu irmão, porque, diferente dele, eu sentia prazer apenas quando podia provar aos outros minha superioridade. Até nutria certa admiração ao participar das reuniões do pessoal de vendas; sua liderança era absoluta, falava, pedia opiniões, conciliava objetivos e, no fim, sua palavra era inquestionável. Não podia deixar de notar e reconhecer que, segundo os conceitos de papai, Felipe era um líder carismático, perfeito.

Mas e daí? Eu não estava preocupado em ser carismático nem em ser amado por aquele bando de funcionários que moravam nas regiões periféricas da cidade. Mas uma coisa eu também tinha notado: havia algumas moças muito bonitas na área comercial e todas elas pareciam apaixonadas por Felipe.

O que me importava aquilo? Eu era inteligente, tinha um plano, um objetivo em minha vida: ser o presidente das empresas e, quando chegasse ao topo, conseguiria o que bem entendesse — até moças bonitas para me bajular à vontade. Papai apenas se equivocou em uma coisa: disse que eu teria de ter paciência, e isso eu tinha de sobra. Estava consciente de que teria de ter paciência para aguardar o momento certo para dar meu bote e, então, atingiria o sucesso que havia planejado para minha vida.

Estranhei que naquela manhã papai também chegara cedo aos escritórios. Ainda estava me deleitando na leitura dos jornais, quando a secretária nos chamou para a sala de reuniões.

Eu e Felipe nos dirigimos para lá imediatamente e, quando entramos, verificamos que todos os diretores e gerentes estavam a postos. Papai então pediu para que Felipe se sentasse ao seu lado direito, e eu, ao seu lado esquerdo. Imediatamente percebi que não seria uma simples reunião para discutir planos e estratégias do grupo, pois me parecia algo muito cerimonioso. O que papai estaria tramando?

— Senhores diretores, senhores gerentes, estamos hoje aqui porque tenho uma importante notícia a dar. Aliás — corrigiu-se —, uma notícia não, duas notícias.

Fez pequena pausa, enquanto, atentos, os membros presentes aguardavam a sequência do pronunciamento de papai. Olhei para a fisionomia de cada um e lá estava sr. Edmundo. Por que estaria ele lá? Não era diretor, não era gerente, apenas um simples contador. Todavia, papai prosseguiu em sua locução, interrompendo meus pensamentos.

— Pois bem, meus amigos, sr. Edmundo, nosso contador que, aliás, temos de reconhecer que sempre foi muito dedicado e competente — dizendo isso olhou em minha direção e continuou: — nosso contador liderou um trabalho de extrema importância, que culminou na criação de uma empresa *holding*, isto é, uma empresa controladora do grupo com personalidade jurídica na forma da lei, que na condição de S/A terá então suas ações negociadas em Bolsa de Valores! Esta é a primeira notícia que eu desejava comunicar a todos: somos uma S/A com ações na bolsa!

Todos aplaudiram entusiasticamente. Eu também aplaudi, porém sem tanto entusiasmo. Aquilo eu não esperava, pois uma S/A era mais um problema que eu teria de resolver para que meus planos pudessem funcionar. Haveria certamente um grupo de acionistas que criariam um Conselho de administração que elegeria os diretores e, principalmente, o presidente do grupo. Aquilo não estava em meus planos, e eu teria de encontrar uma solução. Certamente, em uma eleição, Felipe seria disparado o preferido de todos. Mas papai interrompeu novamente meus devaneios para anunciar a segunda e importante notícia.

— Pois bem, amigos, diretores, gerentes e colaboradores, hoje é um dia muito feliz e especial também porque quero anunciar que estamos criando o cargo de vice-presidente.

Senti que faltaria chão aos meus pés. Papai havia criado o cargo de vice-presidente para quê? Felipe era seu preferido e estava sentado ao seu lado direito. Isso era muito sintomático e me desagradava profundamente. Eu estava ruminando minha contrariedade e as notícias que, para mim, eram as piores possíveis, quando papai finalizou:

— Na verdade, foram criados cargos para dois vice-presidentes, que serão exercidos por meus filhos Felipe e Arnaldo. Eles atuarão com ênfase nas áreas que eles já escolheram, isto é, Felipe na área comercial e Arnaldo a área administrativa e financeira do grupo. Doravante, vocês deverão se reportar diretamente a eles enquanto eles deverão se reportar a mim, apresentando-me todos os relatórios com números e resultados. Estarei presente em todas as reuniões ordinárias do Conselho e da Diretoria, quando poderemos explanar as estratégias anuais e o *budget* (orçamento) anual da empresa. Confesso que planejei e certamente esta será a oportunidade de uma transição natural e gradativa. Quero que, aos poucos, e sob minha supervisão direta, possam se acostumar com o peso da responsabilidade da direção e das decisões. Aos poucos me afastarei das atividades da empresa e, quando chegar o momento oportuno, passarei a batuta ao meu sucessor, que será escolhido pelo Conselho de administração entre meus dois filhos.

Era tudo o que eu temia. Que chance teria eu diante da simpatia de meu irmão? Terminada a reunião, não pude deixar de observar a euforia com que Felipe era cumprimentado, enquanto comigo, apenas um cumprimento profissional de: "parabéns!".

Eu teria de rever meus planos. Encontraria novas alternativas, desenvolveria outras possibilidades, mas desistir jamais!

Felipe estava muito feliz sendo cumprimento e abraçado efusivamente por todos. Talvez observando meu distanciamento, papai se aproximou e me deu um abraço bem apertado.

— Parabéns, meu filho! Está satisfeito com as notícias?

Procurei disfarçar minha contrariedade:

— Lógico, papai, estou muito feliz! Afinal de contas, a vice-presidência é a antessala da presidência — falei em tom de brincadeira.

Papai também levou na brincadeira, mas respondeu com seriedade:

— Tenho certeza de que o dia em que você chegar à presidência será por merecimento e porque amadureceu como ser humano, porque profissional de muita competência você já é.

Saí rapidamente da sala de reuniões, dirigindo-me à minha sala. Papai ainda havia preparado outra surpresa. A impressão que tive é que havia lido meus pensamentos. Enquanto estávamos na reunião, ele havia mandado colocar em nossas portas, minha e de Felipe, a inscrição: Sala do vice-presidente.

Poderia dizer que, não fossem outros meus planos, eu tinha tudo para estar feliz e realizado. Ainda era jovem e já ocupava a vice-presidência de uma das maiores organizações em seu ramo de atividade. Essa era uma posição de destaque a que poucos profissionais no mundo dos negócios havia chegado, principalmente em tão pouco tempo.

Mas eu queria mais! "Sim", pensava comigo mesmo, "queria muito mais!" A vice-presidência era para mim como um prêmio de consolação, era migalha, era quinquilharia. O que me interessava mesmo e que havia me preparado desde a minha adolescência era ser o maior de todos, vencer meu pai e meu irmão e chegar à presidência das empresas de forma inquestionável. Isso eu conseguiria, custasse o que custasse.

Eu saberia esperar! Se eu tinha uma virtude, era a da paciência. Tal qual uma víbora, eu aguardaria pacientemente até que a presa estivesse ao meu alcance e, então, haveria de desferir o golpe mortal. Teria de rever minhas estratégias e traçar novas alternativas. O momento oportuno chegaria, eu não tinha disso a menor dúvida.

Mas enquanto não chegasse o momento certo, eu poderia ir desfrutando das delícias que o poder faculta. Afinal de contas, eu era um vice-presidente e, para todos os fatos, dentro da organização havia apenas uma pessoa acima de mim: o presidente. Além do mais, os diretores das áreas sob minha responsabilidade estavam hierarquicamente subordinados ao meu comando.

Eu estava mergulhado no turbilhão de pensamentos que invadiam minha mente, quando Felipe adentrou minha sala, irradiando alegria em seu semblante.

— Parabéns, vice-presidente! — cumprimentou-me efusivamente com um abraço.

Tentei minimizar o mau humor, contemporizando a importância do cargo.

— Ora, Felipe, não sei por que tanta euforia. Vice é só um vice, é apenas um cargo de consolação. Quem manda mesmo é o presidente, sempre foi, você sabe disso!

— Arnaldo, não seja pessimista! Papai nos concedeu poderes diferenciados. Temos todas as áreas da empresa sob nossa responsabilidade direta. Você acha isso pouco?

— Papai nos deu esse cargo, mas temos de prestar contas a ele. Então quem manda realmente é ele, ou não?

Felipe se calou por instantes e, depois, me encarou com certa tristeza no olhar.

— Confesso que de vez em quando você me preocupa, meu irmão. Lógico que quem manda é papai e nem poderia ser diferente! Nós estamos apenas concluindo nosso estágio de aprendizado e, em termos de experiência, ainda temos muito para aprender.

Eu não queria criar nenhum motivo de desconfiança em Felipe. Ainda não era o momento. Teria de me controlar, pois, caso contrário, poderia colocar tudo a perder.

— Tem toda a razão, Felipe. Tem toda a razão — repeti para reforçar —, é que às vezes eu gostaria de estar mais bem preparado para dar, de forma efetiva, a melhor contribuição de que sou capaz para o sucesso de nossas empresas. Mas você tem razão, ainda temos muito para aprender em termos de experiência, e isso, só com o tempo.

Felipe deu um sorriso satisfeito com minha concordância. Mal sabia ele que tudo aquilo era apenas um verniz.

— Agora sim, este é meu irmão, que, tenho certeza, dará seu melhor para o sucesso de nossas empresas. Veja o exemplo do sr. Edmundo: quem esperava que esse profissional, por muitos considerado já superado, pudesse ter desenvolvido uma estratégia consolidada que permitisse que pudéssemos na condição de S/A negociar as ações na Bolsa?

Por que tinha sempre de vir à baila o nome do sr. Edmundo? Ninguém jamais haveria de me convencer que aquele homem era um profissional competente. Concordei, engolindo minha contrariedade.

— Tem razão, sr. Edmundo, apesar de ser um sonso, parece que tem seus valores.

— Nunca poderemos julgar apenas pela aparência, Arnaldo.

— Por favor, tudo sim, menos sermão, por favor.

— Desculpe, mano, sei que você não gosta muito do sr. Edmundo, mas temos de reconhecer que ele tem seu valor; isso é uma realidade que não podemos desconhecer.

Conversamos um pouco mais sobre amenidades. Felipe me disse que achava que estava apaixonado por uma moça da área comercial. Era uma recém-contratada. Quando falava nela, seu rosto se iluminava e seus olhos brilhavam. Para mim, aquilo que Felipe dizia confirmava exatamente o que eu pensava a respeito dele. "Imaginem", pensei, "agora um vice--presidente apaixonado por uma reles funcionária." Aquilo era demais para o meu gosto, mas resolvi me calar, ficar quieto e fazer de conta que era o máximo, pois, quem sabe, aquela não seria uma oportunidade que eu buscava? Que moral poderia ter um vice-presidente para ocupar o cargo de presidente se não se dava o respeito, namorando as funcionárias da companhia?

Fiz de conta que estava feliz por ele. Até exagerei.

— Parabéns — disse procurando manifestar afetividade —, espero que você seja feliz. O importante é a pessoa, não sua condição social.

— Você não imagina como suas palavras me deixam feliz, Arnaldo. Achei que você não gostaria da notícia, pois sempre foi contrário ao relacionamento com pessoas fora do nosso nível social.

— A gente muda, meu irmão.

— Que bom que pensa assim, meu querido irmão. Já saí com ela algumas vezes e nosso relacionamento ainda está bem no início. Mas, no momento oportuno, quero levá-la para casa e apresentá-la a papai e mamãe. Você é o primeiro a saber dessa notícia.

— Não mereço tanta honra e consideração — respondi com certa ironia que meu irmão, na euforia, não percebeu, ou fingiu não perceber.

— Merece sim, você é meu irmão e eu o estimo muito.

— E qual o nome da felizarda?

— Lucíola, ela é uma moça diferente e, além de tudo, muito linda, mano, você irá se surpreender.

Ainda conversamos mais um pouco. Depois que meu irmão saiu feliz, achei que era o momento de convocar minha primeira reunião com os diretores sob minha subordinação. Determinei à secretária que convocasse os diretores da área financeira, de custos, de tecnologia e informática e de contabilidade. Fiz questão que o sr. Edmundo estivesse presente, porque, para todos os efeitos, era um contador com *status* de diretor.

Confesso que minha sala não era a mais adequada, apesar de ter uma mesa para reuniões, mas acabou ficando apertada para tanta gente junto. Mas era a primeira vez e estava tudo bem em minha opinião.

Quando todos estavam presentes, comecei em tom solene:

— Senhores, quero, antes de tudo, dizer que hoje é um dia muito especial em minha vida. Sinto-me muito feliz e honrado com o cargo que estou ocupando a partir de hoje.

Quando falei aquelas palavras, todos os diretores me cumprimentaram, inclusive sr. Edmundo, um tanto quanto constrangido, porque não era segredo para ninguém que pessoalmente eu não me simpatizava com sua figura.

— Parabéns, dr. Arnaldo!

O que faz um cargo: até de doutor já estavam me chamando. Confesso que gostei e estimulei esse tratamento.

— Quero dizer também que comigo no comando será linha-dura. Todavia, não precisam ter receio. Saberei reconhecer com o devido valor aqueles que forem dedicados, mas acima de tudo competentes! Gosto de profissionais que, além de comprometidos com a empresa, também sejam de extrema competência. Para mim a palavra mágica é: *competência*.

Fiz questão de dar forte entonação à palavra competência para demonstrar a ênfase da mensagem, olhando para todos nos olhos, especialmente nos olhos do sr. Edmundo. Achei que ele iria abaixar os olhos, mas isso não aconteceu. Sustentou meu olhar e confesso que me surpreendi com aquela atitude inesperada. Aquele foi mais um motivo para aumentar meu desagrado para com sua pessoa. Não esqueceria aquela afronta.

Percebi que os demais presentes, ao perceberem aquela situação embaraçosa, apressaram-se para mudar o clima pesado que se instalou na minha primeira reunião, manifestando irrestrito apoio à minha gestão, cada qual tecendo elogios à minha perspicácia e inteligência. Lógico que percebi que a maioria dos elogios não eram sinceros, mas para mim pouco importava. Saberia recompensar devidamente os profissionais que fossem leais a mim e competentes. Sim — repeti mentalmente —, saberia reconhecer e recompensar os aliados que fossem de meu interesse.

Estabeleci algumas normas: a primeira seria de fidelidade absoluta. Todos os assuntos ligados à minha área teriam de ser discutidos comigo. Proibi que procurassem meu pai para discutir qualquer assunto relativo às áreas administrativa e financeira, mesmo que informalmente. Estabeleci que fossem criados relatórios financeiros sobre o andamento de toda a empresa, em termos de custos e vendas, principalmente vendas. O sr. Edmundo foi uma voz dissonante ao questionar:

— Sr. Arnaldo, por que está preocupado com relatório de vendas? Não me consta que seja de seu interesse, pois é a área do sr. Felipe.

Realmente, o sr. Edmundo estava se saindo melhor que a encomenda. Diferente dos demais, não estava me chamando de doutor e, segundo, ousava questionar uma ordem minha. Decididamente, não estávamos começando bem. Olhei para ele com raiva nos olhos, mas me contive. Ele não sabia com quem estava mexendo, mas não tardaria a saber que estava cutucando a onça com vara curta.

— Sr. Edmundo, muito me admira que o senhor na condição de contador do nosso grupo empresarial venha me questionar nesse quesito. O senhor já ouviu falar de controladoria?

— Sim, senhor, sei o que é controladoria, mas em nossa organização, não temos esse departamento.

— Pois existirá a partir de agora. Irei acumular a função de vice-presidente com o de diretor de controladoria das empresas geridas pela *holding* criada pelo senhor. Entendeu agora?

Observei que sr. Edmundo ficou pálido. Sabia que, sendo eu o diretor de controladoria, ele perderia um pouco do *status* outorgado por meu pai a ele. Sabia também que teria seus dias contados.

— Imediatamente determinarei aos mais renomados *head hunters*[4] de São Paulo que selecionem o melhor *controller*[5] que existir no mercado e vou contratá-lo. Quero saber tudo o que acontece nesta empresa, quero ter todas as informações em minhas mãos. Afinal, não é para isso que existe a administração financeira e a controladoria de uma organização?

---

4. Termo inglês utilizado no mercado para as empresas especializadas na contratação de profissionais de nível gerencial e diretores de grandes corporações. Significa: caçadores de talentos.
5. Profissional de alto nível, acima dos níveis gerenciais e abaixo da diretoria. É um profissional que atua em grandes grupos empresariais, com a incumbência de acompanhar e de dar suporte aos níveis hierárquicos inferiores, reportando à diretoria o andamento da empresa em seus vários departamentos e setores. *Controller*, termo inglês que significa: controlador, aquele que controla.

Ademais, duvido que meu irmão vá se preocupar que eu tenha todos os dados da área comercial, muito pelo contrário. Até meu pai irá aplaudir minha iniciativa. Uma empresa prospera quando temos todas as ferramentas adequadas, afinadas e informações fidedignas. Informação é de extrema importância e é exatamente de informações que preciso. Alguma dúvida ainda?

Todos manifestaram concordância, menos o sr. Edmundo, que se calou. Mas quem cala consente, então, ele também havia concordado.

— Para concluir, quero dizer que, para saber qual o rumo que desejamos seguir, a primeira coisa que precisamos saber é onde estamos. É isto que quero saber: onde exatamente estamos hoje?

Todos ouviram atentamente e, para humilhar ainda mais sr. Edmundo, abusei do meu inglês dizendo:

— *If you don't know where you are and you don´t know where you have to go, you never arrives anywhere!*[6]

Todos entenderam. Menos sr. Edmundo, que não entendia absolutamente nada de inglês.

No fim do dia, Felipe me ligou. Queria que eu desse uma passadinha em sua sala, pois pretendia apresentar-me Lucíola. Confesso que eu estava muito curioso em conhecer a namorada do meu irmão. Fui o mais rápido que pude.

Entrei em sua sala e observei a fisionomia de meu irmão, que irradiava alegria e felicidade. No fundo, senti inveja dele,

---

[6]. Se você não sabe onde está nem sabe para onde deve ir, nunca chegará a lugar nenhum.

porque eu também gostaria de ser como ele, mas o que eu poderia fazer se éramos diferentes? Minha felicidade seria plena quando alcançasse a presidência das empresas. Felipe se contentava com pouca coisa. "Azar dele", pensei, até para autoconsolo.

— Sente-se, Arnaldo, chamarei Lucíola. Você verá que moça linda e maravilhosa! Estou apaixonado, mano!

Sorri diante daquelas palavras de meu irmão, que, apesar de mais velho, em minha concepção, aquilo tudo era tão bobo e infantil, que não me restou alternativa a não ser sorrir. Resolvi entrar no clima, porque, afinal de contas, aquilo acabaria sendo favorável à concretização de meu objetivo.

— Que bom vê-lo assim feliz e sorridente, Felipe. Espero que esta moça realmente o faça muito feliz!

— Você verá, mano, Lucíola é uma moça especial! Linda! Maravilhosa! Certamente serei o homem mais feliz da face da Terra — completou apaixonado.

Em seguida, apanhou o telefone e discou o ramal.

— Lucíola, por favor, venha até minha sala!

Estava me remoendo de curiosidade para conhecer aquela moça extraordinária que meu irmão havia encontrado. A porta se abriu e, quando olhei, confesso que realmente minha boca se abriu. Sim, fiquei de boca aberta, sem reação diante da moça para a qual eu estava olhando, e meus olhos se recusavam a acreditar no que via. Senti meu corpo estremecer, como se estivesse recordando algo que não podia identificar o que era.

Surpresas, muitas surpresas

Ainda não havia me recuperado da surpresa e, perplexo, nem ouvia direito o que meu irmão dizia, porque não conseguia desviar meus olhos da moça que estava à minha frente.

— Arnaldo! Arnaldo! Estou falando contigo!

Reagindo, tive a sensação de que acordava de um torpor que havia me invadido. Sentia-me um tanto quanto atordoado, como se despertasse de uma longa letargia, e então me dei conta de que estava em pé diante de Lucíola, olhando fixamente para seus olhos.

— Arnaldo, você está bem? — insistiu meu irmão. — Esta é Lucíola, a moça que amo e que desejo apresentar aos nossos pais.

Lucíola estendeu a mão e me cumprimentou. Senti um arrepio ao tocar sua mão. Notei que a moça estava um tanto quanto constrangida e desconfortável.

— Muito prazer, sr. Arnaldo. Eu já o conhecia de vista.

Olhei para aquela moça, que realmente era muito diferente das demais da empresa, mas que eu jamais perderia meu tempo em observá-la antes. Naquele momento, sentia que minhas pernas estavam bambas e minha mão tremia.

— O prazer é todo meu, Lucíola — gaguejei.

Segurei sua mão, olhei seus olhos azuis, seus cabelos pretos e encrespados, seu rosto lindo e arredondado e seus lábios carnudos. Seu sorriso espontâneo era simplesmente cativante exibindo uma perfeita fileira de pérolas.

Todavia, em minha concepção, Lucíola tinha um defeito. Jamais em minha vida imaginaria que, apesar de toda aquela beleza, eu pudesse ter algum envolvimento sentimental com uma moça como aquela. O defeito de Lucíola, em minha opinião, é que ela era mulata! Mas eu sentia uma inexplicável atração física por aquela moça! Felipe jamais poderia perceber o que acontecia comigo!

Lucíola era lindíssima, mas tinha a pele escura! Como meu irmão teria se envolvido com uma reles funcionária e ainda por cima mulata? Realmente, eu ainda estava em estado de choque. Respirei fundo, tentei considerar com naturalidade, mas tanto Lucíola quanto Felipe haviam percebido minha dificuldade em aceitar aquela situação.

Talvez para me controlar, em pensamento eu ouvia, como se alguém sussurrasse em meu ouvido: "seu irmão se envolveu com uma pessoa de cor, isso será um escândalo e será bom para você, para seu projeto!". Quando pensei daquela forma, confesso que consegui controlar minha surpresa. Lembro-me de que consegui tecer ainda um elogio, um tanto quanto desajeitado:

— Uau! — exclamei. — Uau!

— Ei, Arnaldo, agora você ficará diante de Lucíola repetindo o tempo todo: "Uau?" — disse Felipe em tom de brincadeira.

— É que realmente estou admirado, Felipe!

E voltando-me para Lucíola, disse:

— Lucíola, você é muito linda, apesar de mulata!

Até eu percebi que meu elogio foi extremamente grosseiro e preconceituoso! Tentei me redimir emendando:

— O que quero dizer é o seguinte: que você é mulata, mas é muito bonita! E como, sendo morena conseguiu olhos azuis? Qual é o seu segredo, Lucíola?

Percebi que quanto mais eu falava, mais me complicava. Estava fazendo um grande esforço para parecer natural, mas estava sendo indelicado, preconceituoso.

— Arnaldo — reagiu Felipe —, você está sendo deselegante e descortês. Desculpe meu irmão, Lucíola, eu já deveria esperar essa reação. Por favor, não fique chateada com isso, não.

— Absolutamente, Felipe, não estou chateada, não! — respondeu Lucíola tentando amenizar aquela situação constrangedora que eu havia criado. — Na verdade — prosseguiu ela —, muita gente tem vontade de me perguntar, só que não tem coragem. Seu irmão pelo menos foi sincero.

E, voltando-se para mim, respondeu com um sorriso:

— Meu pai é um alemão que se apaixonou pelo Brasil. Veio para a Bahia, conheceu minha mãe, que é negra, e se casaram. Nasci desse casamento, herdando os olhos azuis de meu pai.

Eu tinha de reconhecer: Lucíola era diferente, muito bonita, inteligente e tinha facilidade de expressão. Com simplicidade e um sorriso reverteu uma situação de constrangimento para um momento de descontração, ao concluir:

— Assim que nasci, fomos morar na Alemanha, onde cursei uma das melhores universidades. Minha mãe me ensinou português desde pequenina; falo inglês e espanhol fluentes, sem contar a língua alemã. Sempre tive vontade de conhecer o Brasil e aqui estou há dois anos, amando a terra de minha mãe. Minha felicidade se completou quando conheci Felipe.

— Meu Deus, você, além de linda, é muito culta! — finalmente consegui exprimir um elogio aceitável.

Felipe exibia um sorriso de felicidade, que ia de orelha a orelha.

— Não lhe falei, mano? Lucíola tem muitas qualidades além da beleza física. Estou louco para apresentá-la em casa.

Comecei a imaginar o choque que papai e mamãe teriam com aquela novidade. Era melhor eu ficar quieto para observar discretamente de camarote o resultado daquela aventura maluca de meu irmão.

— Isso mesmo, Felipe, deve apresentá-la em casa. Tenho certeza de que tanto papai quanto mamãe irão adorar Lucíola.

A conversa continuaria indefinidamente, porque os corações apaixonados perdem a noção de tudo, inclusive do tempo.

Observei que os olhos azuis de Lucíola brilhavam de felicidade quando olhava para Felipe. Pedi licença para me retirar alegando que precisava ainda olhar alguns números do relatório financeiro e saí, não sem antes cumprimentar o casal:

— Parabéns, Felipe, você realmente encontrou uma moça maravilhosa!

E dirigindo-me a Lucíola complementei:

— Parabéns, Lucíola, você encontrou uma pessoa muito especial. Felipe é um irmão muito querido, faça-o feliz porque ele merece!

Saí rapidamente, enquanto observava com certa inveja os dois se beijando, porque no fundo o que sentia mesmo era inveja de meu irmão. Remoendo meus pensamentos, desejava que alguma coisa desse errado naquele relacionamento. Novamente veio aquele pensamento, como que dentro de minha própria mente, que me dizia: "fique calmo, porque tudo isso ainda irá se reverter a seu favor".

Mas eu não conseguia desviar meu pensamento de Lucíola. Não sei explicar, mas havia ficado perturbado. A namorada de meu irmão era de uma beleza rara, diferente, e aqueles olhos azuis completavam uma obra-prima perfeita. Sim, Lucíola era uma obra-prima perfeita. Além de tudo, inteligente e poliglota. Será que papai e mamãe iriam gostar dela? Lógico que iriam, eles gostariam de qualquer moça que Felipe apresentasse, e isso me deixava doente de raiva. Tudo o que Felipe fazia era motivo de elogios de meus pais, e eu sempre relegado a um segundo plano.

Ninguém perdia por esperar, um dia eu seria o primeiro daquela família e eles teriam de reconhecer minhas qualidades de homem de negócios.

Não precisei esperar muito para saber o resultado de minhas ansiedades: Naquela sexta-feira à noite, enquanto estávamos à mesa jantando, Felipe anunciou:

— Papai e mamãe, eu gostaria de comunicar a vocês que estou tendo um relacionamento sério. Quero dizer a vocês que conheci uma moça maravilhosa e estou perdidamente apaixonado!

Mamãe quase deixou a colher cair, dando um grito de alegria!

— Meu filho! Você está namorando? Que felicidade a minha, pode ter certeza de que se você está feliz, todos nós estaremos!

Pensei comigo mesmo: "Alto lá! Todos nós estaremos felizes? Todos nós quem?" Mas nem consegui completar meus pensamentos porque papai também se manifestou, levantando-se e abraçando meu irmão.

— Meu filho, faço minhas as palavras de sua mãe. Certamente essa moça é muito especial para ter conquistado seu coração!

Eu continuei meu pensamento: "Sim, papai, ela é uma moça muito especial, o senhor irá conhecê-la, mas prepare-se bem sentado para não cair da cadeira!".

— Sim, papai, Lucíola é uma moça maravilhosa. Tenho certeza de que vocês irão adorá-la. Arnaldo já teve o privilégio de conhecê-la.

Foi a vez de mamãe falar comigo. "Finalmente notaram minha presença", pensei.

— Arnaldo, meu filho, você conheceu a namorada de seu irmão e não comentou nada conosco?

— Não queria estragar a surpresa, mamãe. Deixei que Felipe se encarregasse dessa tarefa.

Papai parecia eufórico.

— Traga essa moça para que a conheçamos, meu filho!

Mamãe também não deixou barato.

— Traga-a amanhã mesmo! Agora que sei que você está apaixonado, quero conhecer essa felizarda que conquistou seu coração!

— Papai e mamãe, por favor, nada de euforia e manifestações desmedidas. Lucíola é uma moça maravilhosa, mas de extrema simplicidade. Vou conversar com ela para que amanhã possamos jantar.

— Ai, meu filho, que felicidade! — repetia mamãe. — Quero conhecer minha norinha querida! Estou tão radiante que nem sei como vou agir diante dela.

"Esperem para ver", pensei comigo mesmo. "Vamos ver se passam no teste ao ver quem é a namorada de Felipe." Na verdade, eu também estava ansioso para observar de camarote a expressão de meus pais. No fundo, sentia um misto de inveja e regozijo. Tudo aquilo me confundia e aumentava minha vontade em superar meu irmão, que ocupava sempre o lugar de privilégio na família. Felipe sempre fora o mais admirado, o mais queridinho em tudo. Como seria agora?

No dia seguinte, quando Felipe saiu para apanhar Lucíola, ficamos todos na expectativa. Eu, para ver a reação de meus pais; e eles, para conhecerem a namorada de meu irmão.

Mamãe havia pedido à cozinheira que preparasse um jantar especial, apesar de meu irmão ter recomendado que tudo fosse com muita simplicidade. O que me surpreendeu naquilo tudo é que nem papai nem mamãe questionaram Felipe a respeito da moça. Afinal de contas, era ele um herdeiro de um importante grupo empresarial. Deveriam ter perguntado: "Filho, quem é essa moça? Pertence a alguma família da sociedade? É de família bem postada na vida? O que ela faz?". Seriam perguntas no mínimo óbvias, no meu entendimento.

Mas Felipe era o queridinho da família e o que ele fizesse — na concepção de meus pais — estava bem-feito.

Fiquei tranquilamente observando o nervosismo de papai e a ansiedade de minha mãe. Até Carlota, a cozinheira, estava interessada em conhecer Lucíola, dizendo para mim:

— Ai, seu Arnaldo, espero que a namorada de seu irmão goste de minha comida!

Sorri debochado, mas Carlota não tinha condição intelectual para entender minhas ironias.

— Fique calma, Carlota, que a namorada de meu irmão come de tudo!

Ela então esfregou uma mão na outra nervosa e respondeu:

— Que bom, se ela come de tudo, significa que é uma moça boa e simples.

— Muito mais simples que imagina! — respondi com um sorriso no canto dos lábios.

Finalmente, meu irmão chegou. Estacionou o carro no jardim de nossa residência e entrou. Estávamos todos na sala, e eu, interessado no impacto que iria provocar a presença de Lucíola. A porta se abriu e mamãe parecia que iria sofrer um ataque cardíaco de tanto nervosismo.

Lucíola entrou na frente e Felipe em seguida. Olhei para a fisionomia de mamãe e de papai, atento para registrar qual seria o impacto. Confesso que fiquei decepcionado porque tanto papai quanto mamãe se levantaram com um sorriso nos lábios, aproximaram-se de Lucíola enquanto Felipe fazia as apresentações:

— Papai, mamãe, esta é Lucíola. Lucíola, papai e mamãe!

Mamãe deu um abraço demorado na futura nora, dizendo:

— Seja bem-vinda a esta casa, minha filha! Posso chamá-la de filha?

— Lógico que pode, dona Ofélia. Será uma alegria imensa. Também gostaria de chamá-la de mãe, posso?

Papai também se desmanchou em gentilezas e carinho!

— Só se me chamar de pai, senão ficarei com ciúmes — emendou papai com um longo abraço em Lucíola. — Seja bem-vinda ao nosso convívio, filha, será uma alegria imensa que você possa partilhar de nossa família.

Eu não podia fugir nem alterar o clima de boas-vindas, de forma que também a cumprimentei com um abraço.

— Faço minhas as palavras de meus pais, Lucíola, seja bem-vinda à nossa casa.

O jantar foi cheio de gentilezas, de modo que fiquei frustrado esperando que tanto papai quanto mamãe poderiam ter manifestado algum tipo de contrariedade ao verem que Lucíola era mulata, mas o que aconteceu foi exatamente o contrário. Mamãe e papai não sabiam o que fazer para agradar a namorada de Felipe.

— Felipe me disse que você trabalha na área comercial, Lucíola. Como você foi parar em nossa empresa?

— Atendendo a um anúncio, sr. César. Passei por longa bateria de testes e entrevistas, e finalmente fui selecionada.

— O currículo de Lucíola é invejável, papai. Ela é poliglota, pois fala fluentemente tanto a língua inglesa quanto a alemã, além do espanhol. Graduou-se em Administração em uma das melhores universidades da Alemanha.

Percebi que papai ficou vivamente impressionado.

— Meu Deus, isso é impressionante! Conte-nos como conseguiu estudar na Alemanha.

— Pois é, sr. César, meu pai era alemão, veio ao Brasil a serviço de uma multinacional e, viajando para a Bahia, conheceu minha mãe. Apaixonaram-se, casaram-se e então nasci desse relacionamento. Meus pais se mudaram para a Alemanha quando eu tinha apenas alguns meses de vida, e então tive oportunidade de estudar nas melhores escolas e cursar uma das mais renomadas universidades da Alemanha. Mamãe sempre me falava do Brasil, de forma que sempre tive vontade de vir conhecer esta terra abençoada, e aqui chegando, me apaixonei por tudo. Então encontrei Felipe e tudo se completou. Faz pouco tempo que namoramos, mas a impressão que tenho é de que já nos conhecemos de outras existências.

Mamãe parecia hipnotizada, quase se babando toda diante de Lucíola. Não conseguia conter seu sorriso de felicidade.

— Minha filha, adorei você e seu jeito simples de ser! Parabéns Felipe, você foi muito feliz em sua escolha. Encontrou uma moça que, além da beleza física, também possui beleza de alma! Você disse que tem a impressão de que já conhece Felipe de outras existências. Como é isso?

— Desculpe-me pela expressão, dona Ofélia, mas para explicar melhor isso, terei que entrar em alguns aspectos religiosos.

Mamãe ficou com a curiosidade ainda mais aguçada!

— Como assim? A quais aspectos religiosos você se refere?

— É que sou espírita, dona Ofélia, e acredito na reencarnação, na existência de outras vidas. Desde a primeira vez que vi Felipe, senti que já o conhecia de outras encarnações!

— Meu Deus! — exclamou mamãe com os olhos arregalados pela surpresa.

Pronto, agora quebrou o encanto. "Quero ver no que vai dar, acho que agora a casa caiu!", pensei com meus botões.

— Meu Deus! — repetiu mamãe como um disco riscado na vitrola —, você é espírita? Perdoe-me pela ignorância, pois sempre ouvi falar do Espiritismo, mas como somos de formação católica, jamais me interessei em conhecer melhor os conceitos espíritas, que dizem são muito profundos. Confesso que morro de curiosidade de conhecer mais, saber desse conceito de vidas passadas, reencarnação e outras coisas mais! Agora chegou a chance, pois eu gostaria muitíssimo que você pudesse me explicar tudo isso e, se possível, me recomendasse algum livro, Lucíola!

— Também tenho interesse em conhecer melhor a respeito desse assunto — emendou papai! Você veio no momento certo, Lucíola, porque tenho tido muitos questionamentos pessoais. Quem sabe o Espiritismo não poderia dar respostas a muitas perguntas que tenho feito e para as quais não encontro respostas? Ouço falar que os espíritas praticam muito a caridade verdadeira e isso me provoca admiração profunda, porque considero que o ser humano precisa ser mais caridoso em favor dos mais necessitados!

"Agora lascou tudo", continuei pensando comigo mesmo. "Papai e mamãe interessados naquela conversa idiota a respeito de reencarnação, vidas passadas e caridade! O que mais me faltava ouvir naquela noite?".

Felipe não cabia em si de alegria. Até aquele momento não tinha se pronunciado, deixando Lucíola à vontade para conversar com papai e mamãe. Eu me remoía em meus pensamentos secretos de inveja e ódio! Como Felipe poderia ser tão afortunado? Possivelmente se aparecesse com uma mulher de rua dizendo que era sua namorada, certamente meus pais achariam o máximo! "Se realmente existissem vidas passadas e reencarnação, Felipe era meu inimigo de outras existências", pensei comigo mesmo. O que mais me restava ouvir de baboseira naquela noite?

Por que fiz esta pergunta a mim mesmo? Parece que Lucíola estava lendo meus pensamentos.

— Sabe, sr. César, um dos princípios do Espiritismo realmente é a prática da caridade. Todavia, ele nos ensina como praticar a caridade sem ostentação, de forma a não exaltar quem a pratica e não humilhar quem a recebe. Temos esse cuidado, porque não estamos preocupados com a aprovação de ninguém a não ser de Deus! Temos de considerar nossos irmãos mais necessitados com muito respeito e carinho e tratá-los como irmãos de verdade diante do Criador, porque diante do Pai Eterno somos todos irmãos!

Era só o que me faltava! Lucíola falava com tanta facilidade que papai e mamãe pareciam hipnotizados diante daquela pregação barata! Eu não aguentava mais e resolvi dar um basta naquilo. Então pedi licença e me levantei.

— Perdoem-me, mas vou me retirar. Com licença, Lucíola, papai, mamãe, Felipe!

Minha atitude apanhou todos de surpresa. Papai me questionou:

— O que está acontecendo, filho? A conversa não está lhe agradando?

— Exatamente, papai, o senhor sabe que não gosto de conversas sobre religião. Perdoe-me, Lucíola, não tem nada a ver contigo, o problema é meu. Com licença, por favor.

Retirei-me do ambiente, enquanto mamãe se desculpava por mim.

— Não fique preocupada, Lucíola. Arnaldo sempre foi assim a respeito de religião. O pior é que ele não acredita em Deus, e isso tem trazido muitas preocupações ao meu coração.

Fui para meu quarto, mas deixei a porta entreaberta. Queria ouvir a distância a conversa na sala. Mamãe conversava animada:

— Fale mais a respeito de caridade, Lucíola. Sempre desejei fazer alguma coisa e nunca tomei nenhuma iniciativa porque nem imaginava como e o que poderia fazer.

— Dona Ofélia, o centro que frequento promove muitas obras assistenciais. Temos creches, cuidamos de crianças pobres, temos um abrigo de idosos e também um grupo de assistência a moradores de rua!

— Não acredito que vocês saem pelas ruas para cuidar de mendigos! — exclamou papai.

— Sim, sr. César, temos um grupo e saímos toda semana pelas ruas de São Paulo distribuindo sopa, chocolate quente, roupas, sapatos e, nas noites frias, cobertores aos nossos assistidos.

— Você participa desse grupo, minha filha? — perguntou mamãe.

— Sim, dona Ofélia, eu já participo há algum tempo.

— Meu Deus! Parabéns! Admiro muito o que fazem, porque eu ainda não tenho essa capacidade.

Então surgiu a surpresa final para aquela noite com a revelação de Lucíola:

— Vocês estão admirados, mas o filho de vocês tem me acompanhado nessas jornadas pelas ruas nos auxiliando no atendimento aos moradores de rua.

Dei um pulo na cama! O quê? Eu tinha ouvido direito? Felipe, o vice-presidente de um dos grupos empresariais mais importantes do país em seu segmento, saía pelas ruas de São Paulo para atender moradores de rua? Recusava-me a acreditar no que eu tinha ouvido. Houve um silêncio sepulcral na sala. Estava imaginando a cara de espanto de mamãe e a de surpresa de papai diante daquela revelação. Acho que agora a casa tinha finalmente caído para Felipe. Em seguida, ouvi a voz de Felipe se explicando.

— Papai, mamãe, sei que estão surpresos com essa revelação de Lucíola, mas por favor não fiquem aborrecidos. Essa tem sido uma experiência enriquecedora para minha vida, um aprendizado tão importante que jamais iria aprender em nenhuma faculdade, por mais cara que fosse. Aprendi a valorizar mais a vida, aquilo que temos, aprendi agradecer a Deus por todas as bênçãos que todos os dias recebemos. Esse trabalho está mudando minha vida, meus conceitos mais íntimos, me fazendo ver o mundo de forma diferente, me ensinando a ser mais tolerante e paciente e me fazendo buscar a humildade que ainda não tenho.

Ouvi mamãe chorando! "Finalmente", pensei, "quebrou-se o encanto!" Papai finalmente passaria um bom sabão em Felipe, mostrando os riscos que ele corria. Mas foi a voz de mamãe que ouvi:

— Filho, você não imagina como estou feliz por você!

Eu tinha ouvido direito? Mamãe estava elogiando Felipe? Ouvi mamãe com a voz embargada continuar seus elogios:

— Sei que seu pai poderá até lhe chamar a atenção por sair assim pelas ruas altas horas da noite, mas o motivo é muito nobre. De minha parte, confesso que estou muito feliz pelo trabalho de que você e Lucíola participam.

Foi então que ouvi a voz de papai. Estava falando em tom solene e grave:

— Felipe, não posso deixar de manifestar minha preocupação e minha surpresa com essa sua nova atividade. Os motivos, como disse sua mãe, são mais do que nobres, mas não terei paz. Vocês já pensaram se alguém descobre que é meu filho? O risco é muito grande. Na rua você está sujeito a todo tipo de violência, a um assalto, a um sequestro e sabe-se lá mais o que poderia acontecer se algum malandro descobre quem você é.

Finalmente alguém concordava comigo. Até que enfim papai colocava as coisas nos seus devidos lugares. Papai continuou:

— Estou pensando que essa sua atitude está perfeitamente de acordo com os arroubos da juventude, dos jovens que desejam mudar o mundo, corrigir as distorções sociais, enfim, ser o bom samaritano. Você ainda é jovem, posso entender isso, mas não é um jovem qualquer: hoje você ocupa o cargo de vice-presidente das nossas organizações empresariais. Espero que um dia você ocupe o cargo mais alto da empresa, assumindo o posto de presidente. Mas o que os conselheiros pensarão de um vice-presidente que sai às ruas à noite para levar a mendigos lanche, chocolate quente, roupas e cobertores?

Fiquei satisfeito com a reprimenda que papai passava em Felipe. Em meu pensamento, ele agira como um tresloucado, um visionário, um poeta sonhador. Um poeta sonhador jamais poderia ser um presidente de uma grande organização. Papai havia matado a cobra e mostrado o pau. A situação estava pendendo a meu favor, finalmente! Foi então que ouvi a voz pausada de Felipe, dando explicações:

— Papai, sei que o senhor tem toda a razão do mundo para dizer tudo o que disse. Aceito suas ponderações e sua opinião. Todavia, quero dizer que estou me sentindo tão feliz como jamais me senti em toda minha vida! Em primeiro lugar, quero dizer que o grupo de trabalhadores dos quais faço parte é um grupo de pessoas de bem, sendo que entre eles há advogados, engenheiros e até um médico! Todos imbuídos de boa vontade, no desejo de servir, de auxiliar nossos irmãos menos favorecidos de alguma forma. Uma coisa que aprendi é que não resolveremos os problemas do mundo nem temos tal pretensão; desejamos apenas fazer a diferença para aqueles que conseguirmos levantar do chão! Alguns pequenos empresários fazem parte desse grupo, e quando identificamos aqueles que não bebem, não se drogam e desejam trabalhar, procuramos auxiliá-lo encontrando alguma colocação no mercado de trabalho. Tem sido poucos os resultados, mas a felicidade é imensa quando conseguimos tirar alguém da rua. Em segundo lugar, não estou preocupado em ser assaltado, nem sofrer qualquer ação de sequestro. Nos becos, nas vielas, nas marquises, nas pontes e viadutos que visitamos não existem bandidos perigosos, nem sequestradores, apenas criaturas desvalidas, sofridas, abandonadas e esquecidas dos poderes públicos. Em terceiro lugar, papai, quero dizer que não estou preocupado em ocupar o cargo de presidente de nossas organizações, este não é meu projeto de vida! A experiência que estou passando neste trabalho anônimo é extremamente gratificante e pretendo continuar com esse labor. Ainda não tenho grandes conhecimentos da Doutrina Espírita, mas estou estudando e aprendendo muito. Apesar de jovem, sinto-me maduro, um homem que sabe o que quer da vida e isso me deixa muito feliz porque encontrei uma pessoa que pensa como eu e me faz feliz! Se um dia for escolhido pelos membros do Conselho para presidir nossas empresas, pode ter certeza de que serei um administrador justo, honesto e que irá valorizar o ser humano, nossos colaboradores e, certamente, o lucro da empresa será uma consequência de minha administração. Isso não será minha prioridade absoluta conseguida a qualquer custo. Se não me escolherem, Arnaldo certamente será um administrador competente e, tenha certeza, torceria para que ele faça uma grande administração. Isso para mim não tem absolutamente nenhuma importância e não é meu projeto de vida!

"Uau!", pensei com meus botões, "Felipe, espontâneo, não poupou palavras: revelou suas convicções sem medir quaisquer consequências!" Pela primeira vez, eu me sentia feliz! Meu tão temido irmão não era um empecilho em minha vida! Havia confessado de viva-voz que não era sua pretensão ocupar o cargo de presidente! O caminho estava totalmente aberto para mim!

Depois de tudo o que ouvi, não me interessava mais por qualquer assunto, nem pelos desdobramentos que se seguiriam depois de tudo o que ouvira; eu estava satisfeito! Deitei-me, assisti a um filme na televisão, depois adormeci e sonhei que estava sendo empossado no cargo de presidente. Uma voz me dizia: "Parabéns, Arnaldo, você finalmente é o presidente das empresas, mas a que custo? Valeu a pena?".

Acordei com o coração aos saltos, porque a última visão que tivera no sonho era a de Felipe em um caixão, descendo à cova! Felipe havia morrido!

Uma profunda decepção

Nos dias que se seguiram, observei que papai andava cabisbaixo e taciturno, enquanto Felipe era o retrato da felicidade. Todos na empresa sabiam do namoro entre Lucíola e meu irmão, e os mexericos pipocavam por todo lado, em todos os departamentos da companhia.

Como o ser humano é maledicente e gosta de fofoca! Eu não tenho vergonha de admitir que procurei fomentá-las ainda mais, dando ao caso uma dimensão maior ainda que a realidade. Procurei fazer reuniões com diretores e gerentes de minha área e, em meio a assuntos da empresa, fazia questão de, discretamente, comentar o que estava acontecendo na empresa, que era o assunto corrente em todas as rodas que se formavam nos corredores.

Naquele dia, após uma reunião com os diretores e gerentes de minha área, depois da análise dos números do semestre e das correções aplicadas e da adoção de medidas alternativas, fiz uma propositada pausa para comentar:

— Pessoal, peço que todos fiquem bem à vontade. Gostaria que esta reunião fosse um pouco mais informal, iremos sair um pouco da pauta. Por favor, tragam-me notícias dos corredores, o que se fala nos quatro cantos da empresa. Confesso que estou curioso: ultimamente tem havido muitos mexericos. A maioria dos participantes silenciou. Receosos, aguardaram que eu continuasse.

— Do que está falando, dr. Arnaldo? — indagou um dos gerentes.

— Não sabemos a que está se referindo — comentou o diretor financeiro.

— Sabemos que todos estão comentando maldosamente, mas isso é comum, acontece em todo lugar. Mas não é nosso objetivo alimentar intrigas — justificou o gerente de custos.

O único que não comentou nada foi sr. Edmundo. Ficou de boca fechada. Eu não gostava dele, mas tinha de reconhecer naquele homem uma virtude: apesar de ser, em minha opinião, um profissional incompetente, eu tinha de admirar sua discrição. Edmundo era um homem comedido em seus comentários e sabia que em boca fechada não entra mosquito.

Estavam todos tensos e então resolvi abrir o jogo:

— Ora, deixem de palhaçada. Todo mundo sabe do que estou falando, pois afinal de contas, não existe outro assunto em toda a empresa! Estou falando do namoro de Felipe e Lucíola! Querem saber minha opinião? Acho que meu irmão está fazendo a maior estupidez da vida dele. Onde se viu se envolver com uma funcionária? Pior, é uma funcionária de sua própria equipe. Como poderá ter isenção profissional para tomar atitudes, se está envolvido emocionalmente com uma reles empregada?

Percebi então que todos respiraram aliviados e relaxaram, menos sr. Edmundo, que me olhou com o canto dos olhos e, em seguida, abaixou a cabeça. Os comentários foram os mais variados possíveis:

— Concordo com o senhor, dr. Arnaldo. Felipe foi muito infeliz com essa atitude, que não é conveniente a um vice-presidente.

Outro também deu sua opinião:

— Eu também tenho me questionado e não entendo essa atitude de seu irmão, dr. Arnaldo. Com tantas moças lindas e apaixonadas por Felipe, foi escolher logo essa moça? Perdoe-me, mas acho que ele não deve estar bem da cabeça ou não está enxergando direito.

Percebi nas entrelinhas que aquele gerente queria dizer mais alguma coisa e não tinha coragem. Então insisti:

— Você quer dizer a cor da pele de Lucíola?

Observei que ele ficou com o rosto rubro, mas admitiu:

— Sim, me perdoe pela indiscrição, mas ela é quase negra! Não estou dizendo que não é linda, mas a pele é escura. Como serão os netinhos do sr. César? — insinuou.

Dei uma gargalhada sonora, que fez com que a equipe também risse. Afinal quando o chefe ri, os demais fazem coro.

— Sei o que você quer dizer, bem moreninhos! — e gargalhei novamente!

Senti que estava sendo cruel com meu irmão e com Lucíola, mas era o que eu pensava. Notei que o sr. Edmundo me observava com um olhar de reprovação. Depois disso, a conversa descambou e os comentários foram os mais deselegantes que se possam imaginar. Ninguém poupava meu irmão. Alguns diziam: jamais será escolhido pelo Conselho como presidente!

Corja de aproveitadores, abutres e oportunistas que eram hipotecaram solidariedade ao meu pai, dizendo que ele não merecia o que estava acontecendo, e a mim, dizendo que fariam o que pudessem para influenciar quando houvesse a reunião do Conselho a fim de que eu ocupasse o cargo de presidente das organizações empresariais.

Sorri satisfeito. Meu caminho em direção à presidência estava sendo pavimentado, enquanto o de Felipe estava todo esburacado. Ri satisfeito de minha comparação.

Para concluir a reunião, fui ainda um pouco mais fundo ao revelar as atividades clandestinas de Felipe e Lucíola, informando que saíam à noite pelas ruas de São Paulo para atender mendigos e moradores de rua.

Todos ficaram boquiabertos, e o comentário foi unânime:

— Felipe enlouqueceu! Endoidou! Amalucou de vez!

Apenas uma voz se manifestou naquele ambiente, contrariando a todos: era a do sr. Edmundo:

— Perdoem-me, senhores, mas vou me retirar porque o ambiente aqui não está dos melhores. Perdoe-me, sr. Arnaldo — ele se recusava a me chamar de doutor —, mas não compactuo com sua opinião e com a da maioria dos dignos diretores e gerentes presentes a esta reunião. Respeito muito o sr. Felipe, que é uma pessoa extremamente gentil, educada e merecedora de todo o meu respeito. Ele sabe da vida dele, e se é feliz, que seja feliz!

Disse isso e saiu, deixando todos meio sem jeito e boquiabertos. Confesso que até eu me senti um tanto quanto envergonhado, mas não poderia me deixar abater, porque a vida é uma dura batalha, e, como na natureza, os fortes é que vencem. Eu teria de lutar muito para demarcar meu território e conquistar o posto de líder da minha família.

Dei por encerrada a reunião após as últimas recomendações de ajustes ao orçamento financeiro. Depois, fiquei pensativo olhando os números, mas com o pensamento distante. Recordei o sonho que tivera, sendo empossado presidente do grupo, a visão de Felipe morto no caixão e senti um estremecimento. Aquilo fora muito real e, na verdade, havia me afetado mais do que desejava. Sacudi a cabeça para espantar os maus presságios e pensamentos negativos.

Resolvi que era hora de procurar papai para conversar por duas razões: a primeira era capitalizar a meu favor a tristeza de papai. Certamente ele estava triste por tudo o que acontecia com Felipe. Segundo, mostrar que em um momento de necessidade eu era o filho forte, firme e coerente para tomar decisões serenas em favor da empresa.

Quando cheguei à sala de papai, surpreendi-o com os olhos cheios de lágrimas. Papai estava chorando. Aquilo me aborreceu, porque demonstrava um estado de fraqueza que não gostaria de ver em papai. Depois, outro motivo de minha decepção era que possivelmente estava chorando por meu irmão.

Ele me olhou, enxugou as lágrimas discretamente e sorriu:

— Meu filho, que surpresa me faz esta hora! Fico feliz em vê-lo em minha sala. Ultimamente você está tão envolvido no trabalho que nem tem mais tempo para seu velho pai.

Era o momento que esperava. Teria de ser muito político e convincente em meu discurso.

— Ora, papai, sabe que, apesar deste meu jeito de durão, eu também tenho meu lado emotivo. Tenho visto que o senhor tem andado nestes últimos dias um tanto quanto entristecido. Então resolvi deixar um pouco de lado os números financeiros e vir até sua sala para dizer que estou contigo! Conte comigo, papai, para o que der e vier, pois quero sempre estar ao seu lado!

Aquilo foi demais para papai! Acho que ele jamais esperava por essas palavras sendo pronunciadas por minha boca. Vi que seus olhos se encheram novamente de lágrimas, que desceram por sua face. Percebi que papai estava envergonhado por chorar diante de mim. Resolvi dar uma força ao velho.

— Papai, por favor, não se envergonhe de suas lágrimas! Isso apenas mostra que, além do presidente desta organização, o senhor é um ser humano bom e tem um coração sensível.

Papai então respirou fundo, enxugou as lágrimas e, com voz firme, respondeu:

— Obrigado, meu filho, jamais imaginei ouvir de você palavras tão confortadoras. Realmente, estou precisando de um apoio emocional. Confesso que foram tantas as novidades ultimamente que perdi um pouco meu referencial.

Observei que a ferida era profunda e então aproveitei o momento que era oportuno a meu favor.

— Trata-se de Felipe, não é papai?

— Sim, Arnaldo, trata-se de Felipe. Se por um lado sua mãe está exultante com todas estas novidades, eu vejo que não estava preparado para tantas coisas de uma vez só.

— Trata-se de Lucíola, papai? O fato de ela ter pele morena?

— Não, filho, absolutamente não. Até admiro Lucíola, por sua garra, sua convicção, sua luta. Lucíola é uma moça inteligente, de valor e eu ficaria muito feliz com o casamento de seu irmão. Não é isso que faz meu coração doer.

— Então do que se trata, papai?

Observei que papai respirou fundo, fechou os olhos e, depois de alguns segundos, me respondeu:

— Meu filho, vou lhe contar um segredo da vida! Um dia você encontrará uma moça que o mereça, irá se casar e ter filhos. É isto que eu queria dizer: ter filhos. A coisa mais linda que Deus nos presenteou depois de nossa vida são os filhos. Sim, quando você acolhe em seus braços um ser pequenino que é fruto de seu amor, sua vida se transforma! A vida passa a ter novo colorido, novo sabor, novo significado! Os filhos mudam nosso referencial, nossa forma de ver o mundo e passamos a viver em função dos filhos, e tudo o que fazemos é sempre pensando no melhor para eles. Aí então é que reconheço que pensei errado, porque não mandamos no destino de nossos filhos! Imagine, Felipe é o primogênito — nosso primeiro filho — e sempre o admiramos por sua coragem, sua sensibilidade, sua inteligência. Quando construí esta empresa, foi pensando em vocês, que um dia haveriam de assumir o posto máximo da companhia. Felipe, na condição de primogênito, tinha a primazia, você em segundo lugar. Tudo o que tem acontecido não teria absolutamente nenhum problema: Felipe pode se casar com quem ama, porque tem o direito de ser feliz. Até o fato de sair pelas ruas para cuidar de mendigos, tudo bem, eu aceito de bom grado. Afinal, demonstra desprendimento. Mas o que me magoou demais, filho, foi o fato de ele me dizer que não tem nenhum interesse na empresa, que dispensa o cargo de presidente. Sonhei um dia passar o cargo para Felipe! Descobrir que para meu filho ser feliz não precisa da organização empresarial em que investi minha vida para conquistar foi uma enorme decepção que eu não estava preparado para ouvir. Para ele, basta o amor da mulher que ama e um par de calças remendadas para se juntar aos pobres das ruas. Pronto! Descobri que meu filho será mais feliz sem o miserável tesouro que passei toda a minha vida acumulando à custa de muito sacrifício, inclusive da própria família. Descobri que nada disso tem valor, se meu filho não for feliz. O que adiantou todo o meu esforço, filho?

Percebi que a coisa realmente era grave. Papai estava abalado em sua estrutura emocional. Abracei-o e achei melhor ficar quieto, não falar nada. Papai chorou pra valer. Depois, mais recomposto, me disse:

— Ainda bem que tenho você, Arnaldo. Queria que Felipe tivesse a mesma determinação que a sua e você tivesse a mesma sensibilidade dele. Vocês seriam perfeitos, os profissionais ideais.

Novas surpresas

Os dias que se seguiram foram melhores que os mais otimistas dos meus prognósticos. Papai passou a se apoiar em mim, e eu não poderia deixar de aproveitar muito bem aquela oportunidade que se apresentava de bandeja.

Observei que Felipe também parecia bastante abatido. Aquele era um momento importante e oportuno para que eu me apresentasse perante a empresa e à família como o homem certo, o profissional equilibrado que apoia o pai e, ao mesmo tempo, aconselha o irmão.

Com esse pensamento, naquela tarde decidi passar pela sala de Felipe. Ele olhava para o monitor do computador de forma displicente, como se estivesse viajando para outro planeta. Abri a porta e ele nem percebeu, então o cumprimentei:

— Boa tarde, Felipe, como você está, meu irmão?

Ele teve um sobressalto, como se acordasse de um mundo de sonhos de volta à realidade. Depois, sorrindo, me respondeu:

— Nossa, mano, que susto! Confesso que estava distraído!

— Vi você viajando no espaço, acenando lá do alto, no mundo da lua — respondi em tom de brincadeira.

Eu também sabia ser agradável e brincalhão quando o assunto me interessava. Essa era minha grande vantagem: em minha família, ninguém me conhecia verdadeiramente. Nem meu pai, nem minha mãe, nem meu irmão. Eu era um estranho que tinha livre trânsito na empresa e em minha família. Isso fazia parte de minha estratégia, como na natureza, em que o predador distrai a presa e, quando ela menos espera, dá o bote fatal. Felipe sorriu descontraído diante de minhas palavras.

— Mas que surpresa agradável! O que o traz à minha sala? Deve ser algum assunto importante, porque você nunca me dá a honra de sua presença.

— Não, Felipe, assunto nenhum. Apenas queria saber de você. A gente se fala muito pouco, precisamos falar mais. Papai tem andado cabisbaixo, você está abatido e, afinal de contas, sou seu irmão. Queria que soubesse que estou a seu lado, mesmo que seja apenas para um desabafo.

— Obrigado, Arnaldo, estou precisando mesmo. Até há poucos dias eu estava radiante de felicidade, mas confesso que agora nem sei mais o que fazer.

— Estou aqui, Felipe, abra seu coração. Se puder ajudar em alguma coisa, conte comigo, mano.

Felipe fechou os olhos e respirou fundo. Duas lágrimas desceram de seu rosto.

— Confesso que estou surpreso com esta sua atitude, Arnaldo. Você sempre foi arredio e de pouca conversa. Mas fico feliz por você, meu irmão. Sinto-me confortado com sua presença, você nem imagina o quanto significa seu apoio neste momento. Estou vivendo uma fase difícil e nem sei mais o que fazer.

— Vamos, conte-me tudo. Estou aqui para ouvir o que tem a dizer.

— Obrigado, obrigado mesmo, mano. Jamais esquecerei esta sua postura. Vejo você de forma diferente, amadurecido, sensível. Obrigado mesmo.

Felipe jamais imaginou o que estava oculto em meus pensamentos. Se soubesse, teria sido mais prudente, mas meu irmão era uma pessoa crédula, confiava nas pessoas, não via maldade em ninguém. Em mim também não.

— Pois é, Arnaldo, olha só que situação. Depois daquela noite, daquele fatídico jantar, observo que emocionalmente papai desmoronou. Não consigo mais conversar com ele sem que ele chore.

— E você e Lucíola, como estão? O importante é que vocês estejam bem.

— Este é outro problema, meu irmão. Continuamos apaixonados, temos planos, mas Lucíola é uma moça de princípios rígidos e também muita dignidade. Ela está vendo a situação de nossa família, o comportamento do papai e acha que tudo isso é em razão de nosso relacionamento. Estou lutando muito para convencê-la do contrário, que não tem nada a ver, mas acho difícil segurá-la. A primeira coisa que Lucíola pretende é se demitir da empresa. Ela acha que a presença dela aqui me prejudica em demasia. Eu digo que não, mas ela tem outra visão da situação.

A revelação de Felipe trouxe-me uma preocupação: Lucíola era muito inteligente e perspicaz. Ela era a única pessoa que certamente eu não enganaria, mas, por outro lado, não poderia deixá-la se demitir. Sua presença como namorada de meu irmão e ao mesmo tempo funcionária da empresa era um empecilho para Felipe com o Conselho da administração.

— Que bobagem, Felipe. Não tem nada a ver uma coisa com outra. Imagina, você é um profissional que sabe diferenciar uma coisa da outra.

— Ela acha que não, inclusive tem uma visão mais extensa do problema. Ela tem argumentado que chegará o momento em que papai passará o bastão de presidente e que um de nós será escolhido pelo Conselho para ocupar o cargo. Ela entende que nosso namoro representa um obstáculo à minha escolha porque os membros do Conselho são muito conservadores e possivelmente isso influa na decisão deles. Então vejo que será muito difícil tirar isso da cabeça dela. Lucíola é uma pessoa determinada, sabe o que quer e está decidida: irá se demitir em meu benefício, diz ela. Isso tem provocado uma tormenta sem precedentes em minha vida. Não consigo mais agradar à mulher que amo, nem estou feliz ao ver a situação emocional de papai. Confesso que pela primeira vez não sei o que fazer, Arnaldo, que rumo seguir, que atitude tomar. Isso tem atrapalhado demais minha vida, tanto no aspecto profissional, como emocional e espiritual.

Senti um arrepio percorrer minha espinha dorsal. Era como se alguém estivesse me dizendo: "Não lhe disse que esta moça é perigosa? Ela pode ser o obstáculo às suas pretensões".

— Tire isso da cabeça dela, Felipe! Imagine! Que ideia, demitir-se pensando que agindo dessa forma o estará ajudando. Muito pelo contrário! Diga que, ela permanecendo aqui, você irá provar o seu valor e ela poderá apoiá-lo no momento em que você mais necessitar.

— Já cansei de falar isso a ela, até discutimos, coisa que nunca havia acontecido antes. Mas Lucíola é orgulhosa. Para ela é uma questão de honra, porque, apesar de verificar que houve uma boa acolhida por parte de papai e mamãe, os desdobramentos que se seguiram têm demonstrado que de alguma forma nosso relacionamento não foi totalmente aceito.

— Não tem nada a ver. Papai e mamãe aceitaram numa boa, acho que papai ficou abalado com a revelação que você estava saindo pelas ruas altas horas da noite para atender mendigos. Isso sim o abalou. Outra coisa que acho que não caiu bem foi o fato de ela ser espírita. Mas você disse que também não está bem espiritualmente. O que significa isso?

Felipe sorriu com tristeza e me olhou como se estivesse na frente de um marciano.

— Como vou lhe explicar isso, Arnaldo? É muito complicado, não sei se você vai entender.

Então o encorajei:

— Tente, vamos. Tente, quem sabe você se surpreenda mais uma vez comigo.

Então ele sorriu e abriu a guarda completamente. Felipe não tinha mesmo nenhuma maldade no coração, porque, se me conhecesse mesmo, jamais faria isso.

— É que estou frequentando um centro espírita.

Tomei um choque, mas disfarcei bem.

— Não diga! Você frequentando um centro espírita? E como é isso? — respondi demonstrando interesse.

— Não se assustou com o que eu disse? Você entendeu bem?

— Sim, entendi perfeitamente. Você está frequentando uma casa espírita. Mas o que isso significa? — respondi, tentando demonstrar naturalidade.

— Realmente, Arnaldo, você está me surpreendendo mesmo. Pois bem, estou frequentando o centro e lendo *O Evangelho segundo o Espiritismo* e as demais Obras Básicas de Allan Kardec.

— Tudo bem, e daí? Continue — incentivei.

— Não está assustado?

— Absolutamente, você é adulto, inteligente sabe o que quer, é dono de sua vida. Faça o que achar que tiver de ser feito e seja feliz. Isso o faz feliz?

— Muitíssimo, confesso que me encontrei na Doutrina Espírita. Obtive muitas respostas em minha vida, Arnaldo. É impressionante. Você passa a ter outra visão da vida, a valorizar as coisas, a ver a vida de forma diferente.

Os olhos de Felipe brilhavam. Parecia tomado por uma força, um entusiasmo que eu desconhecia e estava distante de compreender o que acontecia com meu irmão. Fiquei em silêncio e ele continuou:

— Nestes últimos meses, aprendi e compreendi tantas coisas que envolvem o lado filosófico da Doutrina Espírita que modificaram meu íntimo! Modifiquei meus conceitos, mudei minhas disposições íntimas, revi minhas prioridades de vida, enfim, hoje me considero uma nova pessoa, um ser humano melhor.

— E encontrou a mulher de sua vida! — complementei.
— Então tem tudo para ser feliz, Felipe. O que está pegando?

Ele sorriu mais uma vez com meu palavreado descontraído.

— O que está pegando, essa é boa — e com a fisionomia mais séria prosseguiu: — O que está pegando é que passei por um tratamento espiritual e, após o tratamento, comecei a participar dos trabalhos de rua. O dirigente espiritual me disse que tenho uma belíssima mediunidade, que teria de me preparar para desenvolver e educar minha mediunidade. Eu estava cheio de entusiasmo!

Agora, sim, eu achava que estava diante de um ser de outro planeta. Felipe parecia-me um extraterrestre. Eu não estava entendo absolutamente nada do que ele me dizia, mas para não desencorajá-lo me fiz de entendido:

— Que legal! — foi só o que consegui comentar.

— Pois bem, Arnaldo, as coisas estavam indo muito bem, até aquele jantar. A reação de papai e a postura de Lucíola me perturbaram espiritualmente. Não estou podendo mais participar do trabalho de rua até que passe por uma nova sessão de assistência espiritual; além do mais, fui suspenso temporariamente do curso de médiuns, até que eu esteja bem novamente. Está entendendo o que está acontecendo comigo, Arnaldo? O mundo desabou em minha cabeça: em casa vejo papai chorando pelos cantos; na empresa, vejo Lucíola infeliz com essa situação toda, achando-se culpada pelo que está acontecendo; no centro, tenho de passar por nova sessão de assistência espiritual porque identificaram que estou muito perturbado. Tudo virou de cabeça para baixo e isso tem afetado profundamente minha vida. Pela primeira vez, sinto-me desanimado, sem forças para lutar.

Não entendi nada, mas percebi que realmente meu irmão não estava bem. Confesso que até senti pena. As coisas para Felipe realmente não estavam bem e, naquela situação, alguém tinha de ser forte — e este alguém era eu!

— Calma, Felipe, nestas horas tem de ter calma! Conte comigo, meu irmão. Conte comigo, estou aqui do seu lado! Conte com meu apoio irrestrito. Quero que seja feliz!

— Obrigado, meu irmão! Tenha certeza de que sou grato a você por este momento de apoio. Jamais esquecerei por toda a minha vida esse sentimento de gratidão por seu carinho e sua compreensão. Obrigado mesmo!

Felipe levantou-se e me abraçou fortemente. Retribui o abraço, embora não fosse dado a esse tipo de manifestação. Em minha opinião, apenas os fracos demonstravam esse sentimento.

Percebi que as coisas estavam começando a ficar boas para o meu lado. Os ventos sopravam a meu favor e eu precisava aproveitar para começar a preparar a armadilha, pois o momento era oportuno.

No dia seguinte, esperei que Felipe saísse para o trabalho. Dei um tempo à mesa tomando o café da manhã, lendo calmamente o jornal, coisa que eu fazia na empresa, como era meu hábito.

Papai chegou em seguida e me cumprimentou com voz de moribundo:

— Bom dia, filho.

Aquele bom dia soou de forma mecânica, sem vida, superficial.

— Bom dia, papai! — respondi com entusiasmo.

Ele sorriu desenxabido, sem jeito. Percebi que o mal estava instalado. Papai realmente não estava bem.

— Mais entusiasmo papai, a vida é bela, a vida é maravilhosa!

Ele me olhou meio desconfiado com tamanha manifestação de positivismo. Afinal, eu não era dado a muita conversa, menos ainda a conversa mole.

— Fale, Arnaldo, o que você pretende? Você jamais se importou comigo, por que isso agora?

Papai havia mordido a isca. Era o momento que eu esperava para modificar a imagem que ele tinha de mim. Olhei para ele, bem fundo nos olhos, e respondi:

— Papai, não peço que o senhor acredite em mim. Sei que tem todas as razões do mundo, porque conhece minha personalidade e tem razões de sobra para desconfiar.

Aquelas palavras pegaram meu pai de surpresa diante de minha pretensa sinceridade. Eu estava mesmo me esmerando, pois até lágrimas eu tinha nos olhos.

— Perdoe-me, filho, fui injusto com você. Vamos, fale, sou todos ouvidos.

Fechei os olhos e suspirei fundo para dar um aspecto mais solene à minha conversa.

— Pode não acreditar, papai, mas sinceramente estou muito preocupado com o senhor. Vejo que não está bem, tem andado cabisbaixo, dando a impressão de desânimo. Até parece que perdeu seu entusiasmo pela administração das empresas.

Acho que fui convincente, porque papai abaixou a cabeça e chorou. Aquele momento eu não poderia em nenhuma hipótese desperdiçar. Tinha de prosseguir com meu teatro. Abracei papai, que se rendeu, encostou sua cabeça em meu peito e soluçou. Eu estava acariciando seus cabelos brancos quando mamãe entrou, ao ver aquela cena tocante, comoveu-se e também se uniu a nós no abraço, desmanchando-se em lágrimas. Meu teatro havia funcionado.

— Meu Deus — balbuciou mamãe entre soluços —, jamais pensei que um dia presenciaria você, Arnaldo, dando um abraço carinhoso em seu pai.

Confesso que meu teatro estava tão bom que até eu estava confuso, porque havia em meu peito um misto de sentimento contraditório naquela cena piegas e um sentimento de carinho diante dos cabelos grisalhos de papai e mamãe. Teria de ter cuidado para também não me tornar um sentimental sem objetivo.

— Tudo muda nesta vida, mamãe! Ainda não acredito em Deus, mas tenho o maior carinho e o maior respeito por vocês. Tenho visto e acompanhado nos últimos dias que papai não está bem e isso tem me preocupado. Papai é nosso referencial, nosso líder. Não gosto de vê-lo assim tão mal.

Papai havia se recomposto. Sentou-se à mesa, pedindo que fizéssemos o mesmo. Queria conversar.

— Quero confessar algo a vocês que tenho escondido há algum tempo. Por favor, ouçam-me com atenção, pois já faz alguns meses que não venho me sentindo bem do coração. Tenho sentido pontadas, palpitações, arritmias, de forma que consultei um médico. O diagnóstico é que estou com problemas de coronárias, além de uma angina aguda. O médico tem recomendado que eu me poupe, fazendo pouco esforço, que controle minhas emoções, e isso eu vinha fazendo a contento de forma controlada e com acompanhamento médico. Eu não queria assustar nem preocupar vocês, de forma que mantive em segredo. Tudo estava indo de acordo com as expectativas médicas até aquele jantar com Felipe e Lucíola. Foi emoção demais para meu coração e agora, além dos problemas cardíacos, estou, segundo o médico, com um quadro depressivo, que é mais grave que o problema cardíaco. Disse que tenho de me afastar de todas as atividades para fazer o tratamento, mas não posso me ausentar da empresa em um momento em que percebo que o próprio Felipe não está bem. Sei que está passando por um momento muito difícil, que terá de tomar decisões complicadas a respeito de sua própria vida, e eu não gostaria que ele fizesse nada movido por emoção por saber que estou doente.

— Papai, quero lhe dizer uma coisa: pode confiar em mim. Aliás, o senhor tem de confiar em mim! — repeti de forma enfática. — Afaste-se temporariamente para tratamento médico, pois sua saúde é mais importante que tudo nesta vida!

Mamãe reforçou o coro a meu favor.

— César, ouça o que diz seu filho. Pela primeira vez, sou obrigada a dizer que Arnaldo está coberto de razão.

— Não, não posso me afastar ainda, pois nem você, Arnaldo, nem Felipe estão ainda preparados para assumir a presidência da empresa.

Eu não poderia jamais perder aquela oportunidade.

— O senhor está enganado, papai. Não sei quanto a Felipe, mas eu estou perfeitamente capacitado para assumir a direção do grupo empresarial.

Mais uma vez mamãe me apoiou:

— É uma boa oportunidade, querido, para testar seus filhos! Em termos emocionais e profissionais, acho que neste momento Arnaldo está em melhores condições para assumir a direção das empresas que você e Felipe. Vocês não estão bem e você precisa se cuidar. Pense que será um período curto, até que você se recupere.

Papai nos olhou de forma compassiva para a simplicidade das colocações que mamãe fizera e retrucou:

— As coisas não são tão simples assim. As empresas hoje são comandadas por uma *holding*, que é uma sociedade anônima, tem ações em bolsa. Se os conselheiros observarem que não estou bem, poderão em assembleia extraordinária me considerar impedido e eleger outro presidente, que necessariamente poderá não ser nem Arnaldo nem Felipe. Tenho de encontrar forças onde não tenho para preparar uma transição sem sobressaltos, de forma que os nomes a serem votados sejam meus filhos, e não um profissional contratado no mercado.

Papai tinha razão. Teria de ir devagar com o andor, porque o tiro poderia sair pela culatra. Nesse período em que papai iria preparar essa transição, eu teria de despontar diante dos conselheiros como um bom administrador, racional e equilibrado. Nesse aspecto, eu estava em ampla vantagem contra Felipe; portanto, seria aconselhável ter um pouquinho mais de paciência. E paciência eu tinha.

Uma noite de tormentas

Uma semana transcorreu desde a revelação de papai. Durante o dia, eu ia com frequência à sua sala e conversava com ele para que se sentisse confortado. Revezava-me em visitas à sala de Felipe, apenas para dar um "oi" e registrar minha presença, dizendo: "passei aqui só para saber se está tudo bem". Até me tornei mais simpático com os demais gerentes e diretores de outras áreas.

Eu havia tomado a decisão baseado nos bons políticos, que em período eleitoral se mostram acessíveis, afáveis e simpáticos aos eleitores. Eu tinha de me mostrar simpático, prestativo e profissional. Percebi que estava no caminho certo quando um dos conselheiros mais conservadores me cumprimentou no cafezinho:

— Parabéns, sr. Arnaldo, tenho notado sensíveis melhoras em seu comportamento profissional e no relacionamento interpessoal. Continue assim que um dia será um grande administrador.

Senti-me feliz, mas ao mesmo tempo preocupado com suas últimas palavras: "um dia será um grande administrador". Quer dizer que na opinião dele eu ainda não era? "Ora, bolas", pensei com meus botões, aquele velhote era o mais conservador de todos e, apesar daquela observação, sua opinião a meu respeito não deixava de ser lisonjeira.

Nos dias seguintes, novos episódios se desenrolaram no enredo daquela peça teatral cuja realidade eu vivia. Lucíola foi firme em sua decisão, cumprindo sua promessa e demitindo-se de forma irrevogável da empresa em carta endereçada ao meu irmão. A carta era extremamente formal de uma funcionária que expunha razões de foro íntimo para se desligar da organização, pedindo a compreensão de seu diretor para a dispensa do cumprimento do aviso prévio.

Felipe desmoronou. Aguentou firme o dia inteiro, mas no fim do dia saiu de forma intempestiva do escritório. Ninguém sabia para onde havia ido. Estávamos todos extremamente preocupados diante daquela situação tão difícil. Mamãe chorava e eu percebia que papai estava se segurando o máximo para também não desmoronar. Felipe sempre fora o filho admirado por todos, por seu senso de equilíbrio, por sua ponderação, por sua inteligência e todos esses motivos nos deixavam extremamente preocupados. Inclusive eu, por incrível que possa parecer.

O que estava se passando pela cabeça de Felipe? Os minutos pareciam intermináveis e, de vez em quando, tocava o telefone. Papai corria para atender na expectativa de que fossem notícias de meu irmão. Notícias ruins, é verdade, era o nosso temor. Aquilo tudo estava se tornando insuportável. Observei papai cabisbaixo, e naquele instante me pareceu um herói vencido diante de sua angústia e de sua impotência. Mas seus olhos estavam secos, papai encontrava forças não sei onde para se segurar e, enquanto mamãe se esvaía em lágrimas e soluços, não vertia uma lágrima sequer.

Papai já havia mobilizado todos os recursos disponíveis com amigos na polícia, e, finalmente, passava das quatro horas da manhã quando a campainha de nossa casa tocou. Era um delegado de polícia amigo da família que trazia a notícia de que haviam encontrado Felipe.

— Encontraram Felipe! — gritou papai libertando a angústia que oprimia seu peito! — Encontraram Felipe!

— E como ele está? Onde está? — gritou desesperada mamãe!

O delegado pediu calma e então explicou o que havia acontecido:

— Encontramos sr. Felipe muito mal, quase em coma alcoólico com moradores de rua na região central da cidade. Nós o recolhemos e o encaminhamos a um hospital para atendimento; certamente, como não está acostumado, a bebida lhe fez mal.

O policial nos revelou o hospital onde Felipe se encontrava internado, e nos dirigimos para lá imediatamente. Felipe estava adormecido e sedado, de forma que após nos certificarmos de que estava bem, retornamos para casa.

Quando chegamos em casa, os primeiros albores da manhã já tingia de rubro o horizonte. Confesso que estava extenuado e meio sonado. Todavia, as surpresas daquela noite ainda não haviam se acabado. Tão logo adentramos o recinto doméstico, mamãe disse que faria um cafezinho, para que depois pudéssemos dormir um pouco.

Sentei com papai à mesa de refeições, enquanto mamãe se dirigia à cozinha. Percebi que papai tremia muito e sua fronte estava suarenta. Então, como em um ato simbólico de apoio, resolvi segurar suas mãos. Foi o suficiente: papai finalmente deixou que as comportas de seu peito dessem vazão aos sentimentos que jaziam represados em seu coração e desabou em pranto convulsivo.

Abracei-o comovido pela primeira vez, sinceramente preocupado com meu velho que, aos meus olhos naquele momento, era alguém digno de minha compaixão, de minha piedade. Pela primeira vez, via nas lágrimas de papai, não um ato de fraqueza, mas de um herói que luta contra os reveses da vida por aquilo em que acredita.

Até fiquei assustado comigo mesmo, porque eu jamais tivera aquele sentimento antes.

Mamãe, ao ouvir os soluços incontroláveis de papai, veio correndo para a sala e papai pediu-me que o levasse à cama, porque sentia fortes dores no peito. Resolvi ligar para o pronto-socorro a fim de que enviassem uma ambulância, pois eu temia algo de ruim.

A ambulância veio e levou papai imediatamente para o hospital, onde foi internado. Papai foi submetido a uma cirurgia de emergência, pois estava sofrendo um violento enfarte.

Aquele dia foi um tormento. Papai em uma cirurgia emergencial que durou horas e horas seguidas, enquanto meu irmão ainda se convalescia, embora tivesse melhorado, mas ainda em observação. Achamos por bem não comentar nada com ele a respeito de papai.

Aquele dia eu mais parecia um zumbi, um morto-vivo, que qualquer outra coisa. Jamais havia passado uma noite e horas de tanta turbulência. Mamãe estava desesperada, e eu, por incrível que pareça, era o único a dar sustentação à família naquele momento.

Não sei o que estava acontecendo comigo, mas naqueles instantes pensava em papai de forma diferente. Senti no fundo do meu coração um sentimento de carinho que jamais havia sentido antes. Talvez fosse pela possibilidade de sua morte? Quando o pensamento de morte passou pela minha cabeça, tomei um susto. Tratei de sacudir os pensamentos, porque sinceramente não queria nem desejava pensar naquela possibilidade.

Pensei em meu irmão e também senti piedade por Felipe. Ele não era o culpado de todos os transtornos de minha vida. Aliás, até reconhecia que ele sempre havia procurado me auxiliar de alguma forma. Eu é que era endurecido.

Depois de horas, assim que a cirurgia foi concluída, o médico responsável nos chamou para dar a notícia:

— Tivemos de adotar procedimento emergencial e implantar duas pontes de veias mamárias e uma de safena. Ainda bem que o atendimento foi rápido, porque ele poderia ter morrido. Graças a Deus correu tudo bem!

Tudo estava bem até que o médico disse "Graças a Deus". Fiquei pensando: "esse imbecil disse que o atendimento foi rápido, caso contrário meu pai teria morrido, então por que disse 'graças a Deus'"? Resolvi me calar, porque observei que mamãe praticamente repetia as palavras do médico:

— Graças a Deus!

— O paciente está sendo encaminhado à UTI, onde ficará em observação. Irá permanecer sedado por algumas horas e, quando houver condições de visita, avisaremos. Aguardem notícias, por favor.

Agradecemos o atendimento do médico e sua equipe. Tão logo o médico se retirou, mamãe me disse:

— Vá para casa descansar, meu filho! Você não dormiu a noite toda!

— Vamos juntos, mamãe — convidei solícito. — A senhora também não dormiu nada. Precisa descansar também.

— Não, meu filho, meu lugar é aqui! Só sairei daqui depois de ver seu pai e ouvir a notícia dos médicos de que ele está fora de perigo. Mas você, por favor, vá descansar. Precisa estar bem, porque você será necessário na empresa. Não se esqueça disso!

Mamãe havia dito as palavras mágicas. Eu era necessário nas empresas. Com todo aquele turbilhão de acontecimentos, eu quase estava me esquecendo de meus objetivos. Poderia ir descansar, sem dúvida, e merecia esse repouso. Afinal, papai já havia passado pela cirurgia e tudo estava indo bem. Felipe estava convalescendo e eu precisava estar em ótima forma para me apresentar na empresa.

Com a cirurgia de papai e com a situação de Felipe, era uma corrida de um cavalo só! O Conselho não tinha outra opção para escolher a não ser eu! E eu tinha de estar bem preparado para aquele momento que esperara por toda a minha vida! O novo presidente da empresa!

Enquanto dirigia para casa, senti que o sono me dominava por completo e quase bati o carro. Aquilo serviu para me despertar. Sono é algo terrível, domina a pessoa, seus sentidos e você não consegue lutar contra algo que o envolve como um abraço de morte. Ouvi dizer que o sono é companheiro da morte, porque a pessoa não tem como reagir nem ao sono, nem à morte!

Cheguei em casa trôpego, como um bêbado de tanto sono. Tomei uma ducha rápida para me reanimar um pouco e me deitei! Ah, como é gostoso quando você está cansado e tem uma cama confortável e acolhedora para dormir. O sono me dominou e eu apaguei na inconsciência.

De repente acordei, mas tudo estava estranho. Estava consciente, mas parecia que estava em outro local. Que lugar estranho era aquele? Era tudo muito confuso em minha mente, e eu via como se fosse uma tela diante de mim personagens que não me eram estranhos. Quem eram eles? Parecia-me ver cenas de um filme de época, com três personagens com vestimentas antigas que eu prontamente identifiquei como sendo eu, Felipe e papai. Mas o que era aquilo? Na cena que se desenrolava à minha frente, identifiquei que se referia a outra era, em que pertencíamos a uma família muito rica no período do Brasil imperial. Papai era um rico fazendeiro, com muitas terras, cujas lavouras eram cultivadas à custa do serviço da mão de obra escrava. Já naquela época observei que tanto Felipe quanto papai eram demasiadamente condescendentes com os servos. Por meu lado, eu observava contrariado e irritado com as atitudes bondosas, pois, diante de tanta complacência, poderíamos perder o controle sobre os escravos. Era muito difícil manter a disciplina daquela gente. Eram extremamente indolentes e preguiçosos em minha opinião, e apenas a severidade do feitor seria capaz de fazer com que trabalhassem.

Tanto Felipe quanto papai eram contra os castigos, mas sempre que podia, eu ordenava ao feitor que aplicasse algum corretivo no tronco para corrigir os escravos mais indisciplinados. Sempre funcionava. Percebia que eles me olhavam com ódio, mas não podiam fazer nada, porque poderia ser pior.

Mas havia na senzala uma moça mulata, filha de uma escrava que havia sido abusada por um homem branco. Ninguém revelava quem era o homem branco, mas também ninguém insistia no assunto. Possivelmente, os escravos sabiam quem era o pai. Essa moça era de uma beleza estonteante e chamava muito minha atenção. Eu queria tomá-la à força toda vez que a via dirigindo-se ao riacho para lavar as roupas dos escravos. Todavia, essa moça trabalhava na senzala, mas não era escrava, pois havia sido beneficiada pela lei do Ventre Livre, promulgada em 1871 pelo imperador. Não sei o que aquela moça tinha para mexer com todo meu ser. Ao vê-la passar com seu corpo perfeito, adornada com simples vestido que nela parecia uma vestimenta real, eu sentia o sangue ferver e percebia que por ela eu poderia perder a razão. Seu rosto era simplesmente lindo, diferente, com aquela cor de pele em que sobressaíam dois olhos azuis, da cor do céu mais límpido. Era uma deusa em um corpo humano, vivendo em meio a escravos miseráveis. Como podia uma coisa daquelas? Poderia tomá-la para que fosse minha amante, mas temia a reação de meu pai. Seu nome era Esmeralda! Uma joia preciosa.

Em meu sonho, vi minhas tentativas frustradas de me aproximar. Ela tinha um olhar arrogante e me olhava com desprezo. Tudo isso fazia com que meu interesse por Esmeralda aumentasse cada vez mais.

Um dia, Felipe surpreendeu papai ao fazer um comentário que me interessou profundamente:

— Papai, eu gostaria de sugerir que Esmeralda pudesse trabalhar em casa, auxiliando mamãe em suas rotinas domésticas.

Aparentemente papai se surpreendeu, porque questionou:

— Por que seu interesse por essa moça? Ela é muito xucra, em que poderia auxiliar sua mãe?

Felipe não se fez de rogado, respondendo imediatamente:

— Primeiro papai, que Esmeralda não é xucra. Muito pelo contrário, ela é inteligente, aprende as coisas com facilidade, é muito trabalhadora. Segundo, porque ela não é escrava. Por que não poderíamos auxiliar essa moça de alguma forma? Ela viria para casa, iria aprender a cozinhar com mamãe, auxiliar nas tarefas mais pesadas e, quem sabe, até aprender a ler.

Papai deu um sorriso. Isso me agradou, porque percebi que ele havia gostado da ideia.

— Você acha que esta moça pode aprender a ler? E quem vai ensinar?

— Eu mesmo, papai, posso ser o professor. Aliás, tanto eu quanto meu irmão. Não concorda comigo, Aristânio?

Tomei um choque ao perceber que Felipe me chamava por Aristânio. Mas em seguida tudo me pareceu natural, porque respondi da mesma forma.

— Concordo contigo, Henrique. Eu também poderia colaborar para que Esmeralda pudesse ser alfabetizada.

Na verdade, eu estava vendo naquela sugestão a oportunidade de tirar proveito da situação. Tendo Esmeralda dentro de casa, minhas chances eram muito melhores.

Então papai concordou:

— Tudo bem, converse com sua mãe e diga que autorizei.

Todavia, as coisas não saíram como eu imaginava. Passados alguns meses, observei que tanto papai quanto mamãe gostaram tanto da moça, que praticamente a consideravam da casa. Devo concordar que ela era muito inteligente, pois rapidamente havia aprendido os rudimentos da alfabetização e já soletrava e escrevia muitas palavras.

Observei também muito contrariado que, quando chegava minha vez de ser o professor, Esmeralda sempre inventava alguma coisa e dizia que não podia estudar. Mas quanto a Henrique era diferente. O golpe mais cruel foi quando observei os olhares apaixonados que ambos trocavam. Sim, percebi que tanto Henrique quanto Esmeralda estavam muito apaixonados. Até o dia em que surpreendi Henrique beijando Esmeralda.

Ao me ver, Henrique ficou preocupado.

— Por favor, Aristânio, não diga nada a papai nem a mamãe.

Se Henrique fosse esperto, perceberia no meu olhar que eu faria exatamente o contrário do que dizia, porque percebi também que estava apaixonado por aquela moça.

— Fique sossegado, papai e mamãe jamais saberão.

Deixei passar alguns dias para que eles ficassem tranquilos quanto às minhas intenções e, quando percebi que estavam novamente se beijando, chamei papai e mamãe e disse:

— Venham ver que cena linda!

Papai não quis nem saber, mas mamãe, movida pela curiosidade, foi até o quartinho de Esmeralda e os dois foram apanhados em linda cena de amor. Mamãe deu um grito e disse:

— Meu filho, o que é isso? Está se envolvendo com uma escrava?

Eu nunca vira Henrique tão abatido. Mesmo assim, retrucou com voz pausada:

— Mamãe, Esmeralda não é escrava e eu estou apaixonado por ela. Quero me casar com ela!

Diante do escândalo de mamãe, papai resolveu dar o ar da graça.

— O que está acontecendo? Afinal para que tanta gritaria?

— Seu filho! — respondeu mamãe, apontando o dedo para ambos — apanhei-os se beijando e ele me diz que está apaixonado por esta escrava e quer se casar com ela.

Esmeralda permanecia calada, com a cabeça baixa. De seus olhos azuis duas grossas lágrimas desceram molhando seu rosto.

— Enlouquecestes, meu filho? — questionou papai de forma inquisitorial. — Queres casar-se com a filha de uma escrava?

Aquilo foi demais para Esmeralda. Calada, sem proferir nenhuma palavra, pegou sua pequena trouxa de roupas e saiu de casa em direção à senzala. Sua figura cabisbaixa sumindo na distância ficou para sempre gravada em minha memória.

Nunca mais vi Esmeralda! Fiquei sabendo depois de alguns dias que havia ficado de cama, adoentada, contraído tuberculose, vindo a falecer algum tempo depois.

Depois de tudo aquilo, parece que o mundo havia virado no avesso. Disse-nos o feitor que um escravo, conhecido por suas feitiçarias, oculto nas matas, recorria a malefícios com a intenção de prejudicar meus pais.

Não dei ouvidos, mesmo porque nunca acreditei nessas bobagens. Mas uma coisa foi certa, depois daquele episódio, as coisas se complicaram em demasia. Ao descer do cavalo, inadvertidamente, papai se aproximou de uma moita onde havia uma cascavel e a picada foi terrível. Sofreu horrivelmente e, depois de três dias de longa agonia, veio a falecer. Mamãe quase enlouqueceu com a perda de papai e não dizia coisa com coisa. Não dormia à noite dizendo que via assombrações pela casa.

Herdamos toda a fortuna de papai e minha preocupação era ser o dono de tudo aquilo, e Henrique facilitou a questão.

Parecia ter perdido completamente o interesse pelas coisas, não saía mais de casa.

Na verdade, e de fato, tudo ficou em minhas mãos e então fiz tudo o que desejava fazer. Mas, de qualquer forma, havia sempre a presença inconveniente de Henrique. Tomei por amantes todas as escravas que desejei, mas no fundo sentia-me frustrado porque, em minha mente, nenhuma era igual a Esmeralda.

O feitor me advertiu: cuidado. Estão fazendo um trabalho contra você. Talvez você não acredite, mas essas coisas existem. Só o estou avisando: tome cuidado. Exigi que o escravo que estava fazendo trabalho fosse amarrado ao tronco e eu mesmo fui até lá para castigá-lo.

Castiguei impiedosamente e confesso que até fiquei com os braços cansados de tanto chicotear aquele feiticeiro. Fiquei surpreso, porque outros supliciados gritavam e choravam, mas aquele era resistente demais. Eu já não suportava mais castigá-lo de tão cansado, mas o escravo Genésio continuava consciente e de seus lábios não saía nenhum lamento. Suas costas eram simplesmente uma posta de sangue vivo e seu rosto todo avermelhado pelos respingos do sangue conservavam a fisionomia altiva.

Aproximei-me e o questionei:

— Você fez trabalho contra mim, fez? Está vendo o resultado de seu trabalho? Você sabe que será chicoteado até desfalecer completamente? Você sabe que o resultado de tudo isso é sua própria morte?

Uma coisa eu não podia negar. Aquele escravo era altivo e, mesmo diante de tanto castigo, encarou meu olhar e confesso que fiquei com medo. Seus olhos irradiavam um sentimento de ódio que me assustou. Como estava próximo, percebi que ele queria dizer alguma coisa. Aproximei-me e ouvi de sua voz rouca uma frase que me impressionou:

— Sua hora também chegará, sinhozinho! Muito antes do que imagina, pois já foi feita a encomenda!

Aquelas palavras pronunciadas pelo negro Genésio provocou-me um arrepio inexplicável. No íntimo, senti medo. Impressionado, chamei o feitor e ordenei:

— Continue o castigo até que ele desfaleça. Depois, desamarre-o e ordene que suas costas sejam banhadas com salmoura.

Aquilo era terrível. Ninguém suportava a tortura dos ferimentos ao serem lavados com salmoura, cuja água com pequenos cristais de sal grosso penetravam profundamente nas fendas cutâneas, provocando uma dor intensa que quase levava à loucura o supliciado. Tinha a finalidade de impedir que os ferimentos ficassem expostos às moscas-varejeiras e se infeccionassem; por outro lado, auxiliava na cicatrização. Entretanto, a dor era desumana, insuportável.

O feitor me disse que, finalmente, quando o negro Genésio desfaleceu, a escrava matrona da senzala o banhou com salmoura, ele recuperou a consciência, emitindo um som gutural medonho que saiu do interior de sua garganta e, em seguida, desfaleceu para não mais acordar. O escravo Genésio não resistiu à violência do suplício infligido.

Aquilo não me fez bem. No fundo, tudo aquilo que eu havia feito com o negro Genésio começou a me incomodar. Como defesa, tornei-me ainda mais violento e insensível com os escravos da fazenda.

Apesar de tudo, Henrique me parecia alheio a tudo o que ocorria ao redor. Estava sempre triste e cabisbaixo e era o único que tinha paciência com mamãe, que estava cada dia mais louca. Aos gritos, ela sempre dizia que Genésio estava dentro de nossa casa e que queria me esganar.

De vez em quando, eu observava Henrique sentado ao seu lado e ela com um rosário nas mãos, com os olhos esbugalhados. Meu irmão rezava com ela o terço e, depois que terminavam, ele a levava para a cama e mamãe dormia.

Eu e meu irmão não mais conversávamos. Não tínhamos o que conversar. Todavia, um dia, Henrique quebrou seu silêncio me dizendo algo que me preocupou:

— Aristânio, tome cuidado! Vejo em sua volta uma nuvem negra que o acompanha por onde vai. Acho que não é coisa boa.

Aquelas palavras ditas por meu irmão me deixaram excessivamente preocupado. Eu já vinha experimentando noites maldormidas, pesadelos tenebrosos e, de vez em quando, via sombras se movendo ao meu redor. Quando eu fixava a vista, os vultos desapareciam, mas em uma ocasião vislumbrei uma fisionomia demoníaca, que me deixou completamente apavorado.

Havia em uma fazenda vizinha uma escrava já idosa que o povo dizia que era benzedeira. Diziam que era gente boa.

Eu não gostava dessas coisas e resisti quanto pude. A verdade é que não mais conseguia dormir à noite. Tudo me apavorava. Deitava na cama deixando a luz da lamparina acesa, mas não conseguia pregar os olhos. Nas sombras provocadas pela fraca luminosidade, parecia-me que vultos assustadores se moviam sorrateiros à minha volta. Ouvia o triste pio da coruja e o canto agourento dos curiangos[7]. Meu coração acelerava e eu transpirava de tal forma que molhava o lençol. Quando finalmente o cansaço me vencia e eu dormia um pouco, meu sono era permeado por pesadelos terríveis. Quando me levantava no dia seguinte, parecia que havia levado uma tremenda surra. Meu corpo doía e eu estava completamente extenuado.

Finalmente, vencido pelo medo e por tantos pesadelos, procurei Sinhá Mariana. Era assim que a chamavam. Quando adentrei sua choupana, senti-me mal, porque a fumaça que exalava daquele ambiente era irrespirável. Quase saí correndo, mas o temor que sentia era mais forte e então fiquei. Com os olhos acostumados à penumbra, observei a velha escrava, que fumava um cachimbo e, ao me olhar, deu uma cuspida e uma risada de escarninho!

— Ora, ora, ora, quem está chegando por aqui! *Num* acredito no que meus *zoio está* vendo!

Fiquei arrepiado, mas aguentei firme. Sinhá Mariana me olhou de cima a baixo e, em seguida, me disse:

— Senta aí nesse banquinho, *fio*! As coisas não estão *boa* para você, *num* é mesmo?

---

7. Aves de hábito noturno.

Concordei apenas balançando a cabeça afirmativamente.

— Pois é, vou te dizer uma coisa! Esse *fio* fez muitas coisas ruins e por isso *tá* passando por tudo isso. A encomenda foi muito forte e já era para você ter ficado louco e colocado um fim em sua vida, *mais* o *fio* tem um anjo da guarda que te protege muito! Se não fosse isso, a coisa já tinha desandado.

Eu não conseguia falar nada, e o bom senso me dizia que deveria ficar calado. Afinal, eu sempre fora cruel e intransigente com os negros e agora dependia do favor de uma negra. "Não era um absurdo?", pensei comigo mesmo.

— Abaixe a cabeça que vou rezar para que Deus possa *fazê acordá* este *fio* que é meio desmiolado!

Nunca nenhuma pessoa havia me tratado daquela forma. A escrava tinha sorte de eu estar daquele jeito, pois, caso contrário, daria uma boa surra naquela velha.

— Este *fio* é muito teimoso, muito duro de coração, fez muita coisa errada e agora é cobrado por tudo de ruim que fez! Tem de se arrepender, pedir perdão e aprender a rezar!

Abaixei a cabeça enquanto Sinhá Mariana me benzia com incenso e arruda. Senti uma tontura e quase cai no chão, mas ela me segurou.

— *Tá* vendo, *fio*? A gente tem de aprender a se proteger com oração e com o coração bom! *Num dianta ficá brabo* querendo *sê* mais do que os outros. Diante de Deus somos todos iguais, negro e branco. *Tá* entendendo, *fio*?

Fiz que sim com a cabeça, concordando. Não estava em condições de contrariar aquela mulher. Ela continuou:

— *Vô fazê* umas oração *pro fio*, mas não sei se vai *dá* jeito, não. A coisa *tá* feia, *fio*. Mas vamos tentar, tudo depende de que o *fio* também melhore sua cabeça e seu coração.

Benzeu uma garrafa de água e me deu recomendando-me que a tomasse três vezes ao dia e antes de dormir. E toda vez que tomasse, pedisse em oração proteção a Deus e aos bons espíritos.

Saí de lá aliviado, não sei se pelo fato de as orações de Sinhá terem sido mesmo boas, ou se experimentava alívio por deixar um ambiente sufocante para mim.

Todavia, naquela noite, finalmente consegui dormir bem, mas confesso que tomei a água e não rezei. Durante três dias experimentei melhoras e, tão logo me senti bem, relaxei. Tudo aquilo devia ter sido bobagem minha. Que fizera aquela mulher de especial? Nada, simplesmente fizera um benzimento e me dera aquela água que eu já nem estava mais bebendo porque sentia nojo.

Deveria ter sido mais crédulo. Aquela noite, ao me deitar, já estava até pensando em uma escrava que desejava havia tempos. Eu a procuraria no dia seguinte com a intenção de satisfazer meus instintos. Afinal, eu pensava que era para isso que serviam as escravas.

Eu estava deitado ainda com a lamparina acesa, quando forte lufada de vento abriu a janela com estrondo e a luz se apagou. Dei um grito de pavor ao ouvir o canto agourento de um curiango, que mais parecia o eco de um triste lamento em uma noite tétrica. O vento zumbia lá fora como prenúncio de uma noite tempestuosa. Trêmulo de medo, levantei-me, fechei a janela e acendi novamente o lume. Deitei-me, mas o sono não veio mais. Assim fiquei até a madrugada. Quando os galos começaram a cantar anunciando mais um dia, finalmente conseguir dormir. Mas não deveria ter dormido, pois foi um pesadelo terrível. Era algo muito real e tenebroso, porque me via em um local tétrico, escuro, enquanto gargalhadas sinistras ecoavam pelo espaço. De repente, vejo à minha frente Genésio, o escravo que torturei, com um enorme chicote que brandia em minha direção. Aquilo foi um tormento terrível porque eu tentava correr para fugir de meu algoz, mas as pernas ficavam paralisadas enquanto ele se aproximava cada vez mais.

O terror me paralisava completamente. Eu queria gritar, mas o grito morria em minha garganta; queria correr, mas as pernas não me obedeciam. Que tormento medonho era aquele?

Um anjo protetor

Enquanto o desespero tomava conta de minha alma, observei meu algoz que brandia o chicote como eu costumava fazer com os escravos atados ao tronco. Dizia ele:

— Ah, agora chegou minha vez! Chegou a hora de minha vingança! Você não vai escapar de minha vingança, sinhozinho, porque o mal que mora em seu coração é o que nos mantém ligados. Não conseguirá escapar!

Tentei em desespero de causa, dialogar enquanto Genésio se aproximava perigosamente.

— Não se aproxime! — gritei desesperado. — Sinhá Mariana me benzeu!

— Sim, ela o benzeu, mas você não fez sua parte! Então agora não tem como escapar de minha vingança!

Seus olhos estavam injetados pelo ódio, que pareciam expelir chispas de fogo que me atingiam, provocando dores por meu corpo todo.

— Ela também me disse que tem um anjo da guarda que me protege!

Genésio gargalhou, saboreando meu desespero.

— *Sim, você tem um anjo da guarda que está sempre do seu lado, mas você não faz nada para merecer a ajuda desse anjo.*

E começou meu suplício. O chicote zumbia no ar atingindo minhas costas de forma violenta. A dor era insuportável, de modo que eu gritava desesperado.

— *Isso mesmo, sinhozinho, grita mesmo, porque você só está experimentando o início de minha vingança. Tem muito mais ainda! Tome!* — dizia estalando o chicote em minhas costas.

De repente, senti meu corpo ser sacudido de forma violenta e ouvi uma voz me chamando!

— Aristânio! Aristânio! Acorde!

Foi então que despertei daquele terrível pesadelo, aos gritos, vendo meu irmão Henrique, que me sacudia na cama para que eu acordasse! Ao me dar conta da realidade daquele pesadelo tenebroso e vendo Henrique ao meu lado, falei quase que automaticamente, sem perceber o que dizia:

— Que bom que você me acordou, Henrique! Você foi o anjo da guarda que me salvou da vingança do Genésio!

Eu estava completamente tomado pela dor. Minhas costas ardiam feito brasas, como se tivesse sofrido violento suplício de vergasta. Ao reclamar da dor, Henrique pediu-me que virasse de costas e, ao tirar minha camisa, ficou abismado com o que viu:

— Aristânio, suas costas estão cheias de vergões, como se você tivesse mesmo sofrido uma surra de chibata!

Aquele episódio deixou-me extremamente preocupado, levando-me de volta, premido pelo medo, à choupana de Sinhá Mariana! Ao me ver, passou-me uma tremenda carraspana. Disse que eu era um irresponsável, que estava brincando com forças muito perigosas do mundo invisível e que se quisesse mesmo amenizar as consequências de meus atos, teria de aprender a rezar e a mudar os sentimentos de meu coração.

Confesso que estava morrendo de medo e, por essa razão, concordei prometendo fazer tudo como recomendado. Ela novamente me benzeu e me passou outra cabaça com água-benta.

Senti melhoras, como da primeira vez. Mas rezar não era comigo. Comentei com Henrique, e ele pacientemente prometeu que iria orar comigo toda noite antes de dormir. Ele fazia as orações e eu procurava acompanhá-lo em pensamento, mas confesso que não conseguia.

Encontrei uma solução que parecia estar funcionando muito bem. Perto de Henrique, meu medo desaparecia, e eu que tinha medo do escuro, que não mais conseguia dormir com a luz apagada, pedi a ele que dormisse comigo no quarto.

Como um verdadeiro anjo da guarda, Henrique estava sempre ao meu lado. Quando saía a cavalo para a vistoria rotineira às lavouras, lá estava ele ao meu lado. Percebi que aos poucos meu irmão foi se animando, ficava até feliz quando podia ajudar os escravos idosos na lida da lavoura, que era muito pesada. Dispensou alguns dos trabalhos e fiz de conta que não me incomodei. Tudo pela minha paz de espírito.

Aquela noite choveu a cântaros. Parecia que o mundo ia se acabar em novo dilúvio. O barulho da chuva pareceu embalar meu sono, porque dormi como um justo. Tive novos pesadelos, sempre com Genésio, que ficava agora a distância. Parecia-me que ele não conseguia se aproximar, mas sua presença me dava medo.

No dia seguinte, acordamos cedo. Mamãe estava em estado lastimável e Henrique não queria sair porque desejava cuidar dela. Eu estava pensativo porque havia me habituado com a presença de Henrique ao meu lado, quando o feitor veio me dizer que o ribeirão havia transbordado, levando na fúria das águas uma velha ponte que ligava a sede da fazenda à lavoura.

Determinei que fosse imediatamente improvisada uma pinguela e que aquilo não deveria ser impedimento para que os escravos não fossem trabalhar. Assim fizeram.

Entretanto, eu não desejava ir ao cafezal sem Henrique. Esperei pacientemente que ele cuidasse de mamãe. Observei o cuidado com que a auxiliava a tomar a refeição da manhã. Depois, levou-a à cadeira de balanço no alpendre da casa e entoou cantigas, como se cantasse para uma criança. Em alguns minutos, ela adormeceu com um sorriso nos lábios. Ele então a tomou nos braços com carinho e a levou para a cama.

Então insisti com Henrique. Deveria ir comigo à lavoura para ver os estragos provocados pelas enxurradas e as providências que deveríamos tomar. Ele relutou, dizendo que aquele dia desejava ficar ao lado de mamãe. Argumentei que poderíamos voltar mais cedo e que, enquanto estivéssemos no roçado, as criadas poderiam perfeitamente tomar conta de mamãe.

Foi então que Henrique me disse algo que me preocupou:

— Sabe o que está acontecendo comigo, Aristânio? Tenho sonhado muito com Esmeralda e sentido muitas saudades. Eu a vejo feliz e sorrindo em meus sonhos, e isso tem se repetido nos últimos dias.

— Bobagem, Henrique, sonhos são sonhos, nada mais que isso!

— Você não deveria dizer isso, pois tem sentido na própria pele o resultado de seus sonhos! — retrucou ele pensativo.

— Ah, isso é muito diferente! Os seus são sonhos lindos, os meus são pesadelos reais!

Ele ficou pensativo por alguns instantes e, em seguida, me respondeu:

— Está bem, vou contigo, mas prometa que não ficaremos muito tempo na lavoura. Tenho um pressentimento muito ruim que está aqui dentro do meu peito — disse apontando na direção do coração —, e acho que não verei mais mamãe.

— Bobagem — retruquei, embora também impressionado. — Nada melhor que encilhar os cavalos e dar uma volta por aí para espantar os maus pressentimentos.

Assim fizemos. Cavalgando pela pastagem, observei que Henrique parecia ter recuperado a alegria. Até observou a presença de um urutau[8] no palanque da cerca. Precisei fixar

---

8. Ave com grande habilidade de mimetismo, tornando-se difícil de ser percebida.

minha atenção, pois essa ave, por natureza, confunde-se com a paisagem, mantendo-se, assim, a salvo de predadores.

Quando chegamos à pinguela, observei o grande perigo. As águas barrentas e turbulentas do riacho haviam invadido largo espaço além de seu leito e desciam com velocidade vertiginosa. Do outro lado do rio, estava o feitor. Ao nos ver, gritou:

— Cuidado ao atravessarem, porque a pinguela é escorregadia e o rio está muito profundo e cheio de enrosco. Hoje, por pouco, um dos escravos não morreu, porque escorregou e caiu, mas conseguimos salvá-lo a muito custo.

Como sempre, eu queria mostrar que era destemido, então retruquei:

— Ah, qual o quê! Esses escravos são muito moles, por isso caíram. Comigo não tem disso não!

Henrique ponderou:

— Aristânio, tenha cuidado! Aquela sensação ruim que senti esta manhã voltou novamente! Vamos atravessar um de cada vez para que, se acontecer alguma coisa, possamos nos auxiliar. O feitor fica do outro lado e eu deste. Assim será mais fácil.

Querendo demonstrar coragem, fiz uma bravata.

— Ah, vocês só podem estar brincando! Este ribeirão não cobre nem a sola do meu pé! Vou à frente e depois você me segue.

Desci do cavalo e comecei a travessia. Quando cheguei ao meio da pinguela, de repente minha vista escureceu! Ouvi uma voz rouca que sussurrou em meus ouvidos:

— *Agora te peguei! Você não escapará! Chegou sua hora, sinhozinho.*

Senti minhas pernas bambearem enquanto ouvia os gritos de meu irmão:

— Aristânio, cuidado!

Não ouvi mais nada. Era como se alguém tivesse me dado um violento empurrão e, quando me dei por conta, estava mergulhado nas águas profundas e lamacentas do rio. Parecia que meu peito ia explodir porque eu não conseguia respirar. Percebi que estava aprisionado no fundo do rio, pois meu pé havia se enroscado em um tronco que a correnteza arrastara para o fundo. Senti que havia chegado minha hora e que a morte era inevitável, pois meus pulmões não suportavam mais, pareciam prestes a se romper pela falta de ar. Chegando ao limite de minha resistência, tentei respirar sentindo então a angustiante e horrível sensação da água lamacenta adentrando minhas narinas e penetrando meus pulmões. Eu estava asfixiado e a morte era questão de segundos. Foi então que senti dois braços vigorosos que me puxavam para cima. Então desmaiei. Não sei quanto tempo fiquei desacordado, mas quando dei por mim, pude notar várias pessoas ao meu redor. Alguns choravam e outros se entregavam a dolorosos lamentos.

Ainda meio atordoado, tentei me levantar, mas caí novamente. O feitor tentou me amparar porque eu ainda estava muito debilitado. Notei a ausência de Henrique. Onde está meu irmão? — perguntei!

Uma escrava idosa se aproximou e, com os olhos em lágrimas, me disse:

— Seu irmão morreu, sinhozinho, para salvar sua vida!
Aquelas palavras gelaram meu coração!

— O que aconteceu com meu irmão? — gritei desesperado.

Foi então que o feitor me explicou o que aconteceu:

— Quando o senhor caiu da pinguela, inexplicavelmente afundou e não voltou à superfície. Esperávamos que isso acontecesse para que pudéssemos jogar uma corda e salvá-lo, mas em vão. Foi então que Henrique sem titubear mergulhou e, depois de algum tempo, conseguiu trazê-lo à tona, de forma que eu pudesse pegá-lo. Seu irmão parecia extenuado pelo esforço e então veio uma onda mais vigorosa e o arrastou para o meio do rio. Observei que ele não conseguia lutar contra a fúria das águas, tendo em seguida afundado, não mais aparecendo. O senhor estava desmaiado e, atraídos pelos gritos, os escravos correram para acudir. Tião, um dos escravos, não pensou duas vezes; tapou sua narina e tentou reanimá-lo com respiração boca a boca, enquanto outros escravos corajosos mergulharam no rio e, depois de algum tempo, encontraram o corpo de Henrique, que se enroscara em um galho de árvore, em local profundo do rio. Infelizmente seu irmão morreu para salvá-lo, sr. Aristânio.

Pela primeira vez na vida senti vontade de chorar e confesso que chorei para valer. Parecia-me que havia perdido o bem mais precioso de minha vida, um amigo, um companheiro, um irmão. Mais do que tudo isso: tinha a impressão de que havia perdido meu anjo protetor!

Jamais havia imaginado a importância de Henrique em minha vida! Sua morte causou grande comoção entre os escravos e em toda a vizinhança. Pessoas de toda a redondeza acompanharam seu funeral.

Mamãe parecia ter recobrado temporariamente a razão e, surpreendentemente, observei-a chorando em silêncio ao lado do corpo de Henrique, enquanto acariciava seu rosto. Nenhuma lamúria, nenhum lamento. Apenas as lágrimas desciam por seu rosto macerado e cheio de vincos das rugas, marcas da idade e de tanto sofrimento.

Senti-me abalado em minhas estruturas. Na verdade, sentia-me completamente perdido pensando o que seria de minha vida doravante. Olhei para mamãe, que parecia estar sussurrando uma oração, e pela primeira vez senti pena. Aproximei-me e a abracei. Ela parecia alheia à minha presença, como se não se importasse comigo. Ouvi o que ela dizia baixinho, como se Henrique pudesse escutá-la:

— Meu filho querido, por que Deus permitiu que você fosse embora tão cedo? Você era meu anjo da guarda, meu anjo protetor. E agora, o que será de mim?

Interrompeu para enxugar as lágrimas que desciam abundantes. Surpreendi-me porque as palavras que mamãe proferia eram exatamente iguais aos meus pensamentos de segundos antes! Realmente, cheguei à conclusão de que Henrique representava para nós dois o sustentáculo, o equilíbrio, a paz e a razão. Nesse momento, resolvi abrir meu coração e dizer a mamãe que podia contar comigo.

Foi então que ela me olhou, como se só então percebesse minha presença, e disse:

— Aristânio, você não é meu filho! Para mim, você é um estranho! Filho de verdade era Henrique, que sempre me respeitou e comigo teve carinho e amor. Você diz que cuidará de mim, tomara que você possa cuidar de si mesmo, porque nem isso você consegue. Pensa que não sei os desatinos que você tem praticado com os escravos? Para piorar as coisas, Aristânio, uma coisa me assusta: você nem acredita em Deus!

Aquelas palavras de mamãe me atingiram profundamente, de forma que resolvi sair da sala e ir para o meio da pastagem. Eu queria pensar em minha vida, no que deveria fazer! Mas mamãe dissera uma coisa que havia me intrigado: realmente eu não acreditava em Deus!

Os dias seguintes após a morte de Henrique foram muito turbulentos. Mamãe voltou ao seu estado de demência e, quando me via, gritava:

— Você matou seu irmão! Você tem uma nuvem negra em torno de sua cabeça e espíritos medonhos que querem pegá-lo! Você morrerá!

Tudo aquilo me deixava arrasado e assustado, porque, em sua demência, sentia que mamãe falava a verdade!

O medo, o pavor e a insegurança voltaram a fazer morada em meu coração. Não mais conseguia dormir à noite, apenas quando os galos começavam a entoar sua triste cantiga é que o sono vinha. Então eu desmaiava e vinham os pesadelos tormentosos dos quais eu não conseguia despertar. Eram perseguições terríveis em que espíritos medonhos e zombeteiros se divertiam de meu pavor! Gargalhavam:

— *Onde está agora seu anjo protetor? Agora você é nosso e irá experimentar nossa feroz vingança, sem tréguas!*

Notei a ausência de negro Genésio e isso me deixava ainda mais temeroso. Por algum motivo ele havia me dado uma trégua, mas e quando voltasse? Pareceu-me que eles liam meus pensamentos, porque entre gargalhadas de escárnio me disseram:

— *Está sentindo falta do nego Genésio? Não precisa sentir mais falta não, sinhozinho, porque ele está aqui e veio para terminar o que começou enquanto ainda estava vivo!*

Foi então que vi a figura de Genésio à minha frente. Sua aparência era assustadora! Sua face parecia alterada de tal forma que ele parecia a personificação da maldade! Seus olhos vermelhos, injetados, pareciam querer saltar das órbitas. Brandia um chicote cujas pontas estavam providas de material pontiagudo, próprio para ferir profundamente. Ele gargalhou sinistramente e gritou:

— *Agora chegou sua vez, agora você não escapa! É hoje que levo sua alma para um local de tormentos que você jamais imaginou existir! Prepare-se para morrer, sinhozinho* — completou com um esgar de ironia!

Veio em minha direção e começou o terrível suplício. A dor era intensa e eu gritava desesperadamente. O chicote ia e voltava impiedoso sobre minhas costas, enquanto Genésio gargalhava. Gritei desesperado, chamando por Henrique. Não era ele meu anjo protetor? Não poderia gritar por ele? Tanto gritei, tanto implorei que de repente senti em meu corpo violentos tremores, como se alguém estivesse me sacudindo. Ouvi meu nome sendo chamado como se fosse uma voz longínqua:

— Arnaldo! Arnaldo! Acorde, Arnaldo! Você está tendo um pesadelo!

Finalmente acordei. Estava com o corpo completamente banhado de suor, sentindo dores terríveis nas costas, enquanto Felipe me sacudia!

— Acorde, Arnaldo, você está tendo um pesadelo!

Dei mais um grito, como se fosse ainda resquícios daquele tormentoso pesadelo e então vi Felipe ao meu lado, trazendo-me de volta à realidade.

— O que aconteceu, Arnaldo? — perguntou.

Olhei para ele. Aquele sonho ou pesadelo era muito real. Fiquei feliz ao ver que ele estava vivo ao meu lado e então o abracei.

— Que bom, meu irmão, que você está vivo! Você é o anjo da guarda que veio me salvar.

Felipe ainda parecia combalido, mas esboçou um sorriso e me disse:

— Sempre estarei ao seu lado, meu irmão. Estava internado repensando minha vida, quando por meio de uma enfermeira soube que papai quase havia morrido e sofrido uma intervenção cirúrgica. Então tomei uma decisão: darei tempo ao tempo para que as coisas se resolvam, mas resolvi reassumir minha posição nas empresas e dar o melhor de mim. Mamãe disse que você estava muito cansado e que dormiu direto por mais de oito horas. Disse também que foi você quem esteve todo o tempo ao lado de papai. Mas me diga, que pesadelo foi esse?

Olhei para ele e simplesmente respondi:

— Você que é espírita talvez possa me dizer melhor. Sonhei por horas que era outra pessoa, em outra época. Eu castigava impiedosamente os escravos de nossa fazenda, e um deles, depois de morto, transformou-se em meu pior inimigo e obstinou-se em me perseguir. Mas você era meu anjo protetor. Só que o escravo, meu inimigo, me pegou e estava me desferindo violenta surra. Eu estava quase morrendo quando você me acordou! Mas estou sentindo muitas dores nas costas, não quer dar uma olhada, por favor?

Foi então que Felipe se surpreendeu com o que viu:

— Mano, suas costas estão cheias de vergões vermelhos, como se você tivesse sido mesmo chicoteado! Isso não é nada bom.

— O que significa isso, Felipe? — perguntei um tanto quanto temeroso.

— Significa que você tem mesmo um inimigo espiritual e que você também tem mediunidade de efeitos físicos e, por essa razão, ele o atinge na parte material.

— Ora, ora, bobagem! E você? Quando vim para casa, você estava internado.

— Pois bem, foi como lhe falei. Fiquei pensando que a vida é maravilhosa, que papai confia tanto em nós e que não era justo que eu fugisse de meus compromissos em uma hora como esta. Mesmo não estando muito legal, quero, a partir de amanhã, retomar minhas atividades. Quando não estamos bem, o trabalho é a melhor terapia para o espírito. E como lhe disse: ter paciência e esperar que o tempo coloque as coisas em seu devido lugar. Tenho muita fé em Deus que isso possa realmente acontecer.

— Ah, você e sua fé em Deus, Felipe! Deus não existe!

— Um dia, quem sabe, você descobrirá que a essência divina de Deus está em sua própria essência, mano. Queira Deus que não necessite sofrer muito para descobrir o óbvio da vida! Deus é tudo!

Confesso que eu não estava em condições de discutir com meu irmão, de forma que fiquei quieto, em silêncio meditativo. Mesmo porque já passava da meia-noite, e Felipe me disse que desejava repousar, pois no dia seguinte gostaria de estar na empresa.

Eu já havia dormido demais e não desejava mais continuar na cama. Aquilo tudo havia me deixado extremamente inquieto e preocupado. Como minhas costas doíam demais, resolvi tomar um banho relaxante. Depois, fui até a sala, liguei a televisão e fiquei assistindo a todos os programas que ainda estavam no ar. O silêncio era completo e assustador, de forma que resolvi aumentar o volume da televisão para ocupar meus sentidos e não pensar em nada desagradável.

Mas aquele pesadelo havia sido real demais e, certamente, eu jamais haveria de esquecer aquele episódio.

No dia seguinte, também cheguei cedo à empresa e, quando cruzei com a faxineira, ela me olhou como se estivesse vendo uma assombração. Benzeu-se e exclamou com os olhos arregalados:

— *Vixe*, Mãe Santíssima! O sinhozinho parece que está com encosto e dos *brabo*!

Senti um arrepio percorrer meu corpo ainda dolorido. Aquela palavra, sinhozinho, me remeteu a um pesadelo que eu desejava esquecer. Sentia-me esquisito, como se tivesse feito uma viagem no tempo. Um tempo que ficara sepultado no esquecimento e que agora eu havia vasculhado e, à semelhança de um lago cujas águas são remexidas, trazido à tona muitas impurezas e sujeiras que jaziam acomodadas no fundo de minha alma.

Na verdade, aquele pesadelo havia mexido comigo mais do que eu imaginava no início e eu tinha uma sensação inexplicável de mal-estar. Dirigi-me à sala sem conversar com mais ninguém e tentei ler os jornais que costumeiramente estavam à minha disposição, mas não consegui me concentrar. Em minha mente, a figura de negro Genésio vinha a todo instante em *flashes* para me atormentar.

De repente, o telefone tocou. Até me assustei porque o retinido da campainha me trouxe de novo à realidade. Era a secretária de papai informando que o Conselho estava marcando uma reunião extraordinária para as dez horas e que eu deveria estar presente.

Às dez horas em ponto adentrei a sala de reunião, onde se encontravam os conselheiros. Felipe, com a fisionomia abatida, lá estava também. Quem presidia aquela reunião era sr. Cavalcante, o mais velho e ranzinza de toda aquela velharia. Fora ele quem me dissera que "um dia eu seria um bom administrador".

O sr. Cavalcante assumiu a palavra, informando a todos a situação temporária impeditiva de papai como presidente, até que pudessem de consenso agendar uma assembleia ordinária para avaliar a situação se papai tinha ou não condições de reassumir o posto ou se haveria eleição para escolha do novo presidente.

Os conselheiros foram unânimes na aprovação da proposta de sr. Cavalcante.

Não gostei da decisão. Quanto tempo ficaria nessa situação de indefinição? Inquiri o conselheiro, que me esclareceu que, no máximo em três meses, saberiam se papai estaria em condições de retornar ou não. Então definiriam a eleição para escolha do novo presidente, caso papai não pudesse retornar.

Pensei comigo mesmo: eu teria de ter um pouco mais de paciência, pois, afinal de contas, três meses passam rápido. Tudo conspirava a meu favor, pois Felipe não estaria em condições emocionais e certamente eu seria o escolhido.

Terminada a reunião, retornei para minha sala. Afinal de contas, a reunião tinha sido muito boa para mim, pois servira para espantar os maus pensamentos da cabeça. Sentia-me novamente na plenitude de minhas forças e não poderia esmorecer, justamente agora que estava muito próximo de alcançar meus objetivos.

Às vezes, eu me surpreendia com pensamentos que até me causavam arrepios com minha própria maldade. Pensava comigo mesmo: "e se papai ficar bom e retornar à empresa? Irá reassumir a presidência e meus sonhos demorariam um pouco mais". Eu não desejava que isso acontecesse e passei a torcer para que papai não se recuperasse, pelo menos tão cedo.

Os prognósticos da saúde de papai pareciam que colaboravam com meus anseios. O médico nos reuniu e disse para mamãe em tom grave:

— A saúde de sr. César é muito delicada. Foi uma cirurgia muito complicada e ele não poderá ser submetido a nenhuma situação de estresse, nem contrariedade, nem pressão emocional. Não é aconselhável seu retorno ao trabalho tão cedo. Aliás, seria conveniente que ele não mais retornasse às atividades profissionais, pois não poderá se desgastar novamente. Uma recaída pode ser fatal.

No fundo, sorri satisfeito. A estrada estava sendo pavimentada a meu favor. Observei que mamãe chorava e que Felipe continuava abatido.

Assim que o médico saiu, mamãe desandou em um choro inconsolável. Fiquei quieto em meu lugar enquanto Felipe a abraçava tentando consolá-la.

— Não chore, mamãe, o importante é que papai está vivo e, se Deus quiser, ainda viverá muito tempo.

Mamãe então o abraçou e, em soluços, respondeu:

— Obrigado, filho, você sempre tem palavras consoladoras. Você é um anjo que protege minha vida.

Senti meu corpo arrepiar e estremecer. Em minha memória, como que em uma cena de cinema, tive a nítida impressão de que aquela cena era uma repetição de outra ocorrida em um passado distante, que eu desejava esquecer.

Lutando para vencer

Nos meses que se seguiram, procurei dar o meu melhor em termos profissionais. Convoquei reuniões com meus diretores, gerentes e subordinados. Pedi autorização ao Conselho para poder estar sempre presente em suas reuniões com o objetivo de demonstrar meu interesse aos conselheiros, procurando dar opiniões sobre os mais variados assuntos discutidos, para, assim, deixar claro meu conhecimento da empresa.

Os conselheiros acharam minha ideia tão boa que também convocaram Felipe para que participasse. Eu não podia reclamar, pois ele era também parte interessada no assunto. Sem dúvida sobressaí-me, pois nas reuniões sempre procurei ser participativo, questionando, apresentando ideias, sugestões e alternativas.

Por outro lado, Felipe estava sempre silencioso. Fazia anotações e raramente se manifestava. Sem dúvida, pensava com meus botões, eu estava me sobressaindo e o Conselho estava nos observando. Certamente eu estava em vantagem.

Papai teve alta do hospital. Observei que sua recuperação era lenta, mas gradativa, porém sua fisionomia revelava tristeza e seus olhos pareciam não ter o mesmo brilho de antes. O médico o acompanhou com visitas regulares e, depois de um mês, reuniu novamente a família, sem que papai soubesse e nos deu outro diagnóstico.

— Sr. César está se recuperando bem da cirurgia. A evolução está dentro dos padrões de um enfartado, mas o problema mais grave que estou identificando agora é a prostração, o sentimento de melancolia e tristeza. É um caso típico de pós-operados que perdem a confiança em si mesmos, a alegria de viver e a vontade de lutar e trabalhar. O trabalho seria uma ótima terapia, mas ele não reúne as mínimas condições de enfrentar os desgastes dos problemas e desafios empresariais. Em minha opinião, o sr. César está adentrando um processo depressivo, e isso é muito grave. Recomendarei um colega especialista para que vocês o levem para uma análise mais apropriada.

Assim fizemos e realmente o psiquiatra identificou os sintomas de uma depressão grave. Papai deveria fazer rigoroso tratamento com medicamentos fortes, que seriam administrados com acompanhamento médico. Esse novo problema era agravado pelo fato de papai ser enfartado, esclareceu o psiquiatra. Teria de se dar tempo ao tempo e verificar a evolução do tratamento. Era tudo o que eu desejava para concretizar meus objetivos.

Assim, Felipe e eu fomos nos dedicando às atividades da empresa e participando das reuniões do Conselho. Observei que, gradativamente, meu irmão foi retornando à sua condição habitual de trabalho. Aos poucos foi recuperando o entusiasmo e, no fim do terceiro mês, parecia-me novamente renovado. Aquilo era preocupante. Achei conveniente ir no fim daquele dia até sua sala para sondar como ele estava. Precisava detalhar o terreno onde pisava, porque os números que recebia através dos relatórios financeiros demonstravam a empresa aumentando sua participação de mercado com vendas crescentes e margens de lucro significativas.

As divisórias de sua sala eram de vidro, de forma que, de onde se encontrava, Felipe podia acompanhar o trabalho de todos os seus comandados. Quando viu que eu me aproximava, levantou-se e abriu a porta com um largo sorriso nos lábios:

— Seja bem-vindo, mano! Faz tempo que não me faz uma visita! A que devo essa honra? — concluiu com uma manifestação de satisfação que não era usual nele nos últimos tempos.

Confesso que aquela manifestação de carinho e alegria me surpreendeu. Novamente veio-me à lembrança o pesadelo em que o negro Genésio me dizia que eu tinha um anjo da guarda. Todavia, naquele momento Felipe era meu adversário, representando um empecilho para o posto de presidente do grupo.

— Vim ver como você está, mano — respondi, tentando traduzir cordialidade. — Temos conversado tão pouco ultimamente! Hoje resolvi vir aqui para trocar ideias, saber como está. Na verdade, tenho visto você em uma surpreendente recuperação psicológica. Você me parece muito bem. Como conseguiu isso?

— Você tem tempo? A história é longa, Arnaldo.

— Sou todo ouvidos. Quero ouvir de viva-voz o que você está fazendo e como está.

Felipe fechou os olhos, suspirou fundo e, depois de alguns segundos, me respondeu:

— Sabe o que lamento de verdade, mano? O que eu sinto mesmo é um grande carinho por você. O que lamento mesmo é que não consigo transferir para você o que sinto, a sensibilidade de alma, que não desse tanta importância às coisas materiais, porque é tudo muito fugaz e transitório, que acreditasse nos benfeitores espirituais, que pudesse enfim acreditar em Deus! Mas você já declinou mais de uma vez que não crê em nada disso, então eu lamento mesmo, de verdade.

Fiquei quieto, porque aquele discurso de Felipe revelava que ele continuava não priorizando nem se preocupando com o cargo que eu mais almejava em meus sonhos. Ser presidente do grupo era meu projeto de vida, e Felipe não estava nem aí. Então resolvi ficar quieto e fazer de conta que estava interessado naquilo que ele me diria. Então o encorajei:

— Continue, Felipe, não se preocupe com o fato de eu não ter a mesma crença que você. Quero saber como está, o que fez para tanta melhora e como está seu coração — finalizei fazendo um sinal com a mão no peito.

Então ele sorriu e continuou:

— Pois é, por isso que precisamos acreditar em alguma coisa, porque o auxílio que recebi foi espiritual. Os bons espíritos me auxiliaram e muito, Arnaldo. Pois bem — continuou —, retornei à assistência espiritual e também à sala de aula, com a intenção de desenvolver a humildade, refazendo meus estudos sobre o Evangelho. A assistência espiritual que estou recebendo ainda não terminou, mas estou me sentindo bem melhor. Tenho assistido a palestras e participado, na medida do possível, de atividades sociais, visitando com os amigos creches de crianças assistidas pelo nosso centro e o abrigo de pessoas idosas mantidos pela instituição. Você não imagina o bem que isso tem me feito.

Permaneci em silêncio, pensando o que diria ao meu irmão. Por fim, consegui argumentar alguma coisa, de forma que meus argumentos não representassem descrença nem críticas. Não por caridade, nem por piedade, mas por conveniência.

— Tenho de concordar contigo, Felipe. Para mim é difícil entender essas coisas que você me diz, porque talvez eu não esteja ainda na elevação espiritual que você tem. Por exemplo, não acredito em vida após a morte. Acho que morreu, acabou tudo! Então para mim é difícil acreditar em seus valores. Mas se você se sente bem com essas atividades, acho que deve continuar. Quem sabe um dia você não possa me ajudar? Quem sabe você não se transforme em um anjo da guarda que venha me resgatar das trevas a que serei lançado após a morte? — respondi com um ar de pilhéria.

Felipe ficou pensativo e, depois de alguns instantes, respondeu:

— É uma pena mesmo, Arnaldo, porque você não sabe o que está dizendo. A morte não existe. Apenas cessa a vida neste corpo de carne porque a matéria é perecível, mas a vida continua. Apenas a matéria morre, o espírito se liberta, continuando mais vivo que nunca, apenas em outra dimensão, sem as amarras do corpo material. Tenho certeza de que isso que estamos conversando não será em vão. Um dia você se lembrará de tudo o que estou lhe dizendo, tenho certeza. Mas ainda quero lhe dizer outra coisa: não sou nenhum anjo, porque tenho consciência de minhas imperfeições, mas pode estar certo de que, se fosse necessário dar minha vida para salvar a sua, eu o faria com muito amor, porque lhe quero muito bem, mano. Você é um irmão muito querido!

Aquelas palavras de Felipe produziram em mim um impacto surpreendente. Lembrei-me, mais uma vez, de meu pesadelo em que ele havia morrido ao me salvar do afogamento. Fiquei calado, enquanto ele prosseguiu:

— Quanto a Lucíola, ah, meu Deus, esse ainda é meu tormento. Não, não me esqueci de Lucíola, e o que me mantém vivo é a esperança de revê-la um dia. Tenho certeza de que irei revê-la. Tenho mantido contato com ela, temos conversado por telefone, mas ela esta muito machucada, muito magoada com tudo o que aconteceu. Espero convencê-la a voltar ao Brasil ou, quem sabe, mais pra frente, quando papai estiver melhor e tiverem resolvido essa questão do novo presidente, eu possa pegar umas férias e visitá-la na Alemanha.

Observei que meu irmão continuava apaixonado por Lucíola. Seus olhos brilhavam novamente quando falava de sua paixão, de seu amor. Confesso que também senti atração por ela, mas foi diferente. Na verdade, meus desejos em relação à Lucíola eram inconfessáveis. Mas Felipe não precisava saber disso.

Aproveitei que ele havia tocado no assunto da presidência da empresa para sondar suas pretensões.

— Você tocou em um assunto interessante, Felipe. Você tem participado das reuniões do Conselho, o que você acha quanto à eleição da presidência do grupo?

— Sinceramente, Arnaldo, não estou nem um pouco preocupado com esse assunto. Entendo e confio, pois os conselheiros são muito experientes e qualquer um deles, particularmente sr. Cavalcante, apesar de muito conservador, é muito competente e, de repente, poderão entender que ele deva continuar como presidente. Mas, em minha opinião, que é muito pessoal, acho que deverão escolher um de nós e, sinceramente, entre mim e você, certamente você é a escolha mais viável porque tem demonstrado interesse, apresentado ideias interessantes, é participativo. Vou segregar uma coisa a você: se depender de meu voto, você será o próximo presidente do grupo. Tenho certeza de que será um grande e competente administrador.

Era o que eu queria ouvir. Aquelas palavras de Felipe me tocaram e me deixaram muito feliz.

Tomado por um impulso momentâneo, abracei-o comovido.

— Obrigado por suas palavras de carinho, Felipe. Tenho de confessar que não sou merecedor de toda essa consideração.

— São do fundo do meu coração, mano. Desejo mesmo que você seja muito feliz, que concretize seus ideais e projetos de vida e, se o cargo de presidente o faz feliz, serei aquele que fará de tudo para que concretize esse seu sonho.

— Mais uma vez, obrigado, mano — agradeci. — Mas vamos aguardar para ver o que o Conselho resolve, não é verdade? — conclui, procurando aparentar serenidade e confiança.

— Fique tranquilo, Arnaldo. Tenha certeza de que será o melhor para nós. Confio muito nos conselheiros, pois são pessoas honestas, de bom senso e, acima de tudo, comprometidos com o futuro da organização.

Mais uma semana se passou e confesso que estava me dando nos nervos. Sabia que mais dia, menos dia haveria um comunicado a respeito da reunião do Conselho, uma vez que já estava definido pelo diagnóstico médico que papai não teria condições de reassumir seu posto.

Nos últimos dias, eu andava muito irritado. Não podia imaginar o motivo, porque tinha certeza de que, na hipótese de escolha de um de nós para assumir o cargo de presidente, eu era a escolha mais razoável. Disso eu não tinha dúvidas. Então, por que meu nervosismo e minha irritação? Meus nervos estavam à flor da pele.

Naquela manhã, quando cheguei à empresa, recebi um comunicado do Conselho anunciando a reunião que eu tanto esperava: estava marcada uma assembleia extraordinária para a sexta-feira seguinte. Aquele comunicado serviu para mexer ainda mais com meus nervos. Minhas mãos tremiam e eu mesmo não entendia o porquê de tanto nervosismo. Afinal, não era aquela reunião que eu desejava havia tantos anos?

Passei o dia tratando as pessoas de forma ríspida até perceber que elas estavam me evitando. Quando chamava alguém à minha sala, observei que entrava constrangida.

No fim do dia fui surpreendido pela visita de Felipe. Anunciou sua visita batendo à porta em tom de brincadeira.

— Com licença, sr. presidente, posso adentrar sua sala?

Aquela atitude de Felipe me desarmou. Consegui finalmente sorrir diante da brincadeira de meu irmão.

— Ah, Felipe, que bom que você veio me fazer uma visita. Não sei por que, mas estou extremamente nervoso e irritado. Não tenho dormido bem, tenho pesadelos constantes e, hoje, ao receber o comunicado dos conselheiros a respeito da assembleia, fiquei ainda mais irritado.

— Mano, contarei uma coisa a você. Sei que não acredita, mas vou dizer assim mesmo. Tenho notado que não está bem espiritualmente e preocupam-me esses seus pesadelos repetitivos. Pedi uma orientação em seu nome no centro, e a informação que me foi transmitida é que você está envolvido em um processo de obsessão muito grave. Existem inimigos do passado que o estão envolvendo para cobrar débitos de outras existências.

Aquelas palavras de Felipe me provocaram um riso histérico, descontrolado. Ele não conseguia entender o que estava acontecendo, por que eu ria descontroladamente. Queria parar, mas não conseguia.

— Hahahaha! — eu ria tanto que até doía meu peito. — Por favor, Felipe — consegui balbuciar —, faça alguma coisa, não consigo parar de rir!

Então Felipe fez algo que me surpreendeu: fechou os olhos, respirou fundo, colocou sua mão sobre minha cabeça e orou, embora eu não tenha conseguido registrar as palavras. Só sei que pedia auxílio a Deus, a Jesus e aos bons espíritos.

De repente, senti um tremor arrepiante e, logo em seguida, um grande alívio. Foi como se retirassem um peso de minha cabeça. Foi então que ouvi uma voz conhecida que me dizia:

— *Você não escapará, sinhozinho. Não irá escapar! Seu irmão não conseguirá protegê-lo eternamente. Um dia você será meu!*

Mais tranquilo, fui amparado por Felipe, que me ofereceu um copo d'água.

— Meu Deus, o que foi isso? — perguntei assustado.

Felipe sorriu.

— Arnaldo, meu irmão, será que, finalmente, você confessa que acredita em Deus?

Foi então que percebi que havia pronunciado o nome de Deus. Aquilo me deixou um tanto quanto desconcertado, uma vez que realmente eu não entendia por que havia pronunciado o nome de algo, um ser, uma inteligência na qual sinceramente não acreditava. Mas diante daquele fato, não me encontrava em condições de discutir com Felipe, de forma que procurei amenizar o acontecido.

— Ah, Felipe, por favor, não valorize o que estou dizendo. Não entendo o que aconteceu comigo, possivelmente você tem suas explicações e tenho de admitir que, embora eu não acredite em nada disso, sua oração funcionou. Mas tenho que dar a mão à palmatória: terei de pensar muito a respeito disso. Para mim, é incompreensível.

Felipe sorriu benevolente.

— Arnaldo, nada é por acaso. Infelizmente, os processos obsessivos são necessários quando nos apresentamos endurecidos em nossos sentimentos e acabam servindo para nos reabilitar perante a justiça divina. No seu caso, talvez seja para despertar o íntimo, abrir sua mente. Quem não evolui pelo amor evoluirá pela dor, dizem os bons espíritos.

Resolvi ficar quieto. Ainda estava sob o impacto daquela sensação horrorosa de sentir que alguém domina seus instintos de forma violenta. Achei de bom senso me calar. Mesmo porque aquela conversa de Felipe de evoluir pelo amor parecia-me piegas demais. Admirava meu irmão, mas com aquele discurso, faça-me o favor, não me seduziria nunca.

Felipe prosseguiu:

— Hoje é quarta-feira e estou indo ao centro. Não gostaria de ir para tomar um passe? Também há palestra que fala sempre sobre alguma lição do Evangelho.

Aquilo era demais. Ouvir os discursos de Felipe, tudo bem. Meu irmão era uma alma pura e eu até o admirava por isso, mas eu não servia para aquilo. Ir ao centro? Quem estava perturbado era eu, mas Felipe estava delirando. Todavia, resolvi não contrariar meu irmão, de forma que respondi procurando demonstrar meu agradecimento.

— Não, Felipe, hoje não. Quem sabe um dia eu vá contigo para conhecer esse famoso centro que você tanto comenta. Confesso que até estou curioso. Entretanto, lhe pedirei um favor.

Percebi que Felipe ficou animado com minhas palavras.

— Fale, mano, o que puder fazer para você sabe que farei. Do que se trata?

— Sim, quero lhe pedir um favor muito especial. Você sabe de minha descrença em tudo, então fica até esquisito lhe pedir que ore por mim. É o que vou lhe pedir: por favor, ore por mim. Mas é um segredo que fica entre nós, está bem?

Nunca imaginei que aquelas palavras fossem fazer meu irmão tão feliz. Abraçou-me forte e segredou em meus ouvidos:

— Fique tranquilo, mano, comigo seu segredo está garantido. Irei orar por você e pedir que coloquem seu nome nas vibrações da noite.

— Obrigado, Felipe, faça isso por mim, por favor!

Meu irmão saiu de minha sala radiante de felicidade. Percebi naquele dia que fazer a felicidade dos outros não custa nada! Todavia, veio-me um pensamento: "Não, eu não poderia valorizar aquilo, pois Felipe era uma pessoa que se sentia feliz por qualquer coisa. Eu deveria ser firme".

Fui para casa me sentindo aliviado. Parecia que estava mais leve. Aquela noite dormi como um justo. Um sono tranquilo, mas pesado. Acordei no dia seguinte quando o despertador tocou. Minha cabeça parecia oca por dentro.

Durante o café, Felipe me segredou:

— Coloquei seu nome nas orações do grupo e nas vibrações. Mas você tem de procurar melhorar seu padrão vibratório.

— Depois você me explica isso, Felipe. Agora não é hora dessa conversa.

Papai, cabisbaixo, aproximou-se na companhia de mamãe e ambos se sentaram à mesa conosco.

Mamãe sorriu ao ver que eu e Felipe estávamos conversando baixinho e perguntou:

— O que estavam os dois conversando baixinho para que ninguém pudesse ouvir? Acaso estão com algum segredinho?

Olhei para mamãe. Papai também estava com o olhar fixo em mim aguardando a resposta. Talvez estivessem estranhando minha atitude, pois eu sempre fora muito seco e antissocial. Para estranheza deles, sorri e respondi:

— Como a senhora disse, mamãe, isso é segredo nosso, não é, Felipe?

Felipe sorriu diante da nossa cumplicidade, respondendo:

— Sim, mamãe, Arnaldo e eu estamos tramando algo, mas é segredo entre mim e ele.

Para minha surpresa, papai, que ultimamente estava sempre calado, se manifestou:

— Não se incomode com esses dois, Ofélia. São irmãos e entre irmãos existem muitos segredos. Mas esse segredo eu sei — disse papai sorrindo.

Felipe então respondeu, estimulando papai:

— Fale, papai, o senhor acha que sabe nosso segredo? Então fale para mamãe que ela está supercuriosa para saber que segredo é esse.

Papai pareceu ficar satisfeito com a atenção que estávamos dando a ele.

— Vocês pensam que podem passar a perna em mim? Estão enganados! Sou enfartado, mas tenho experiência de vida.

Foi a vez de mamãe insistir.

— Fale, César, fale, homem de Deus, senão quem vai sofrer um enfarte sou eu.

Ele então estufou o peito e parecia ter recuperado sua melhor forma.

— Acontece, Ofélia, que amanhã haverá a reunião do Conselho em assembleia para escolher o novo presidente. O que vocês acham que estes dois estavam falando? Certamente estavam discutindo planos, pois um dos dois será escolhido para assumir a presidência do grupo.

Ficamos em silêncio. Com um sorriso largo que havia muito tempo não via em papai, ele insistiu:

— Acertei ou não? — disse dirigindo-se a Felipe e a mim.

Olhei para Felipe e ele me piscou o olho antes de responder.

— Papai, o senhor é realmente um sábio. Arnaldo e eu discutíamos o que faríamos se um de nós fosse escolhido para ser presidente. Era segredo entre nós, mas o senhor descobriu.

A alegria estava estampada no rosto de papai. Novamente percebi que fazer a alegria dos outros, às vezes, era fácil e não custava nada. Papai estava feliz, mas queria dizer mais alguma coisa. Sua fisionomia ficou séria.

— Meus filhos, embora Arnaldo afirme que não acredita em Deus, eu quero dizer que vocês são o bem mais precioso que Deus me deu. Então queria pedir uma coisa para vocês e terão de prometer ao seu velho pai que irão cumprir.

— Diga, papai, o que o senhor quer que prometamos? — perguntou Felipe.

— Sim — insisti —, o que deseja de nós?

Papai pigarreou, talvez para fazer mais suspense e, em seguida, disse:

— Quero que, independentemente de quem o Conselho escolha para presidente, entre vocês não haja rivalidade nem disputas. Muito pelo contrário, queria que vocês prometessem ao seu velho pai que um irá colaborar com o outro.

A fisionomia de papai estava muito séria. Era importante para ele ouvir de viva-voz que não haveria brigas entre nós. "Claro que não haverá brigas, desde que eu seja o escolhido", pensei com meus botões. Como sempre, Felipe foi o primeiro a responder:

— De minha parte, papai, se isso o incomoda e se isso é importante, pode ficar tranquilo. Se Arnaldo for o escolhido, terá todo o meu apoio e colaboração para que possa desempenhar seu trabalho com competência e eficácia.

— Agora quero ouvi-lo, Arnaldo! — insistiu papai diante de meu silêncio.

— Ora, papai, o senhor está fazendo uma pergunta desnecessária. Já ouviu o Felipe. Não haverá brigas entre nós.

— Quero ouvir de sua boca, Arnaldo!

Mamãe também reforçou o petitório.

— Sim, Arnaldo, temos certeza de que entre vocês jamais haverá qualquer problema, mas tanto seu pai quanto eu queremos ouvir essa promessa de sua boca.

Então eu sorri, como que desdenhando aquela preocupação.

— Ora, ora, tanta preocupação por nada. Claro que tanto eu quanto Felipe não entraremos em nenhuma contenda fratricida pelo poder. Tenho certeza de que a cooperação entre nós é uma recíproca verdadeira.

Observei que papai não ficou muito satisfeito com minha resposta.

— Tudo bem — disse ele —, não era exatamente o que eu queria ouvir, mas me dou por satisfeito.

Terminado o café, abraçamos papai e mamãe e nos dirigimos ao trabalho. Sempre fomos em carros separados, pois, após o expediente, Felipe sempre tinha suas atividades extracurriculares (ri de minha própria piada. Atividades extracurriculares era boa!). Fui ouvindo música para relaxar, mas pensando na preocupação de papai. Veio-me à mente pensamentos de luta e poder. Eu era um guerreiro e tinha de lutar por aquilo que desejava e por aquilo que havia sonhado a vida inteira. Eu estava preparado para a luta e batalharia com unhas e dentes para alcançar meu objetivo. Papai estava redondamente enganado comigo. Eu lutaria até o fim e não mediria as consequências. Aquele pensamento rondava forte a minha mente e tinha uma certeza, uma convicção inabalável em minha vida: de que eu seria o presidente da *holding* que controlava as empresas de papai. Isso ninguém jamais iria impedir, e ai de quem ousasse se interpor no caminho entre mim e meu sonho.

Aquele dia foi longo. Procurei me distrair analisando números e relatórios, mas meus pensamentos pareciam um *looping* de programação no sistema informatizado, que gira e volta insistentemente ao mesmo ponto, provocado por algum erro no programa. No meu caso, o *looping* de minha programação mental era a assembleia do dia seguinte.

No fim do dia, retornei para casa e me enfiei em meu quarto. Não desejava conversar com ninguém. Tinha tanta certeza de que seria o escolhido, que até rascunhei um discurso de agradecimento. Fiz, achei que não estava bom, refiz, mas continuei achando que ainda não estava legal, tornei a fazer outro. Depois, nervoso, rasguei tudo e achei que seria legal falar de improviso. Tentei assistir a alguma coisa na televisão, mas não consegui. Aquilo parecia-me uma ideia fixa, uma obsessão e chegava a ser torturante. Por fim, resolvi pensar no que diria diante dos membros do Conselho e, para facilitar, escrevi em um papel as palavras-chaves de meu discurso, guardado cuidadosamente no bolso do paletó que usaria no dia seguinte.

Deitei-me e fiquei pensando na figura de um general romano sendo aplaudido pelo povo após grandes conquistas efetuadas. Eu me via como um general romano sendo aclamado pelos conselheiros e por todos os funcionários.

Finalmente dormi. Novamente um sono pesado, como se tivesse apagado completamente minha consciência, minha existência. Acordei com o despertador me trazendo de volta à vida.

Levantei-me dando um pulo da cama. Fui ao banheiro, tomei uma ducha cantarolando, pois aquele finalmente seria o grande dia de minha vida.

A eleição

Cheguei ao escritório pontualmente às oito horas. A assembleia estava marcada para as nove horas, então resolvi tomar uma atitude simpática: dirigi-me à copa para tomar um cafezinho com os funcionários, que sabia, ficavam ainda alguns minutos tomando café e papeando (enrolando) antes de começarem a trabalhar. Normalmente era o pessoal da área comercial, então eu não podia dizer nada.

Todavia, naquele dia, eu estava disposto a fazer um gesto de simpatia. Entretanto, depois que fosse eleito, eles veriam o que era bom para a tosse. Sorri antevendo a cara que fariam quando eu adentrasse a copa. Certamente ficariam quietos, mudariam de assunto, tomariam rápido o cafezinho e sairiam rapidamente. Entretanto, eu iria surpreendê-los: pediria que ficassem e procuraria conversar com eles. Queria ver o sorriso amarelo dos funcionários quando estivessem em minha presença. Felipe era muito tolerante com seus subordinados.

Entrei de supetão, empurrando a porta da copa exatamente para pegar todo mundo de surpresa, mas surpreso quem ficou mesmo fui eu, pois a copa estava vazia. Apenas a senhora da limpeza estava presente. Aquela senhora mal-encarada que não ia com minha cara. Não consegui segurar meu riso, porque ela se assustou com o jeito intempestivo que entrei, arregalou os olhos como se estivesse vendo alguma coisa estranha e gritou com seu jeito simplório de falar:

— *Vixe* Maria, *cruiz* credo, vou sair daqui agora! O patrão *tá* com o coisa ruim com ele e uma nuvem escura na cabeça!

Fez o sinal da cruz repetidas vezes e saiu rapidamente sem olhar para trás. Não pude deixar de rir e, ao mesmo tempo, me preocupar. O que aquela mulher tinha contra mim? Sempre que me via dizia que eu estava com coisas ruins. Tomei o café e não dei importância. Para matar o tempo, resolvi fazer uma visita à gerente do RH. Quem havia contratado aquela senhora da limpeza que eu nem sabia o nome?

Quando entrei na sala da gerente do departamento de Recursos Humanos, ela ficou surpresa com minha visita:

— Doutor Arnaldo! Que surpresa!

Resolvi ser simpático. Aquela era minha funcionária, era minha subordinada, e eu a trazia na rédea curta.

— Bom dia, dona Simone, como vai?

— Bom dia — respondeu ela meio desajeitada. Afinal, aquela era a primeira vez que eu ia até sua sala. — Em primeiro lugar, sei que hoje é o dia da assembleia em que escolherão o novo presidente. Desejo ao senhor boa sorte!

— Boa sorte não, Simone. Sucesso! Porque o sucesso é o prêmio das pessoas competentes.

Simone era rápida no gatilho. Imediatamente corrigiu:

— Então desejo ao senhor muito sucesso, dr. Arnaldo!

Dei um sorriso largo e simpático. Certamente, Simone estava surpresa com aquela minha atitude de simpatia. Era uma pessoa inteligente e sabia que por trás de minha visita havia algum objetivo, de forma que perguntou sem rodeios:

— Em que posso ajudá-lo, doutor?

— Em nada, Simone. Apenas desejo saber mais a respeito daquela senhora de cor que faz a limpeza.

— O que deseja saber, doutor?

— Primeiro: quem a contratou. Segundo: qual o nome dela? Terceiro: quero que a dispense imediatamente.

Simone ficou séria, mas respondeu quase que de pronto.

— Doutor Arnaldo, fui eu quem admitiu aquela senhora. Segundo, o nome dela é Genésia. Terceiro, perdoe-me, mas não irei dispensá-la por dois motivos: em primeiro lugar, porque é uma boa funcionária e trabalha muito bem. Mantém um escritório deste tamanho na maior limpeza. Em segundo lugar, porque foi muito bem recomendada.

Quando Simone mencionou o nome da mulher, senti um arrepio. Recordei meu pesadelo. Mas não gostei da resposta de Simone, porque era uma afronta à minha autoridade. Um calor subiu por meu corpo, um sentimento de raiva tomou conta de meus pensamentos e meu rosto parecia em fogo. Respondi ríspido:

— Você diz que não irá despedir aquela mulher horrível? Está afrontando minha autoridade, mocinha? — respondi com raiva incontida.

— Perdoe-me, jamais afrontaria sua autoridade, dr. Arnaldo, mas realmente essa senhora foi muito bem indicada.

— E quem teve o trabalho de indicar uma faxineira? Quem? Vamos, me diga! — questionei quase aos gritos.

Intimamente até senti admiração pela gerente, pois normalmente outros gerentes e diretores jamais tomariam alguma atitude que pudesse me afrontar. Eram todos uns bajuladores, mas Simone estava bem à minha frente dizendo que não despediria dona Genésia. Realmente era uma atitude que eu deveria respeitar. Então, sem perder a educação e o respeito, ela respondeu com voz pausada e firme:

— Quem me pediu para contratar dona Genésia foi seu irmão, o dr. Felipe.

Fiquei pasmo com aquela notícia. Por que Felipe havia se incomodado e pedido a contratação de uma reles faxineira? Mas não poderia jamais deixar que minha autoridade ficasse arranhada diante de Simone. Baixei meu tom de voz, mas disse firme olhando em seus olhos:

— Olhe aqui, Simone, gosto muito de você e de seu trabalho. Tudo bem que você esteja respeitando um pedido de meu irmão, mas não pense que este assunto foi encerrado. Voltarei a falar contigo.

— Quando quiser, dr. Arnaldo, estou às suas ordens!

Saí da sala do RH e me dirigi imediatamente à sala de Felipe. Estava sentindo raiva incontida pela forma como fora afrontado. Não observei que o tempo havia corrido, já eram quase nove horas. Quando estava chegando, Felipe adiantou-se e abriu a porta. Percebeu que algo não estava bem comigo.

— O que está acontecendo, mano? — indagou-me, antecipando-se às minhas palavras. — Você não está bem, vejo uma névoa escura em torno de sua cabeça.

Aquelas palavras de Felipe me desarmaram, pois haviam sido as mesmas proferidas por dona Genésia.

— Não, é que passei por um momento de irritação e contrariedade com a srta. Simone do RH.

— O que houve para irritá-lo tanto?

— É que eu dei uma ordem e ela desobedeceu.

— Isso é inconcebível. Você é o diretor da área, por que ela teria desobedecido uma ordem sua? Conte-me o que aconteceu.

— Determinei que ela despedisse a senhora da limpeza e ela me disse que não faria isso.

Observei que Felipe ficou pensativo antes de me responder.

— E por que você quer mandar embora dona Genésia?

— Como você sabe o nome daquela mulher? — questionei.

— Arnaldo, conheço todos os nossos colaboradores e a maioria pelo nome. Especialmente dona Genésia, pois ela foi contratada a pedido meu.

— Foi o que Simone me disse, mas o que você tem a ver com uma mulher tão ralé, uma faxineira? — perguntei irritado, mostrando todo meu caráter preconceituoso.

Novamente Felipe ficou pensativo antes de me responder.

— Você deveria conhecer mais as pessoas, Arnaldo. Somos seres humanos iguaizinhos a qualquer outro. Dona Genésia é uma frequentadora de um centro espírita. Seu marido está muito doente, ela tem filhos para cuidar e estava passando muitas necessidades. Alguém comentou comigo e, como estávamos precisando de uma faxineira, solicitei a Simone, e ela prontamente a contratou.

— Você deu uma ordem para uma subordinada minha sem me consultar! — respondi ríspido.

— Ora, Arnaldo, não façamos drama nem tempestade em um copo de água. Você mesmo acabou de dizer que é uma funcionária em um cargo desprezível. Por que iria eu incomodá-lo para contratar uma faxineira? Aliás, dona Genésia revelou-se uma funcionária exemplar e esforçada. A rotatividade na faxina era muito grande, e dona Genésia resolveu a questão. Você não deve nem ter notado, mas ela já está conosco há mais de um ano.

Felipe falava como se aquela sua atitude fosse a mais natural do mundo. Foi a minha vez de ficar pensativo. O que levaria um diretor de um grupo tão importante como o nosso se envolver na contratação de uma faxineira? Entretanto, Felipe interrompeu minhas reflexões, acrescentando:

— Vou lhe dizer mais, Arnaldo. Dona Genésia é uma criatura simples, mas de uma bondade ímpar. Quem dera houvesse mais pessoas dedicadas e leais como ela. O mundo seria muito melhor.

Estava difícil disfarçar minha contrariedade com tudo aquilo. Felipe chamou-me a atenção, pois já passava alguns minutos das nove horas e deveríamos nos dirigir ao salão do Conselho. Respirei fundo e pensei com meus botões: "isso vai ficar assim apenas por mais algumas horas. Quando a reunião do Conselho terminar, comigo na condição de presidente, Felipe terá de se submeter às minhas ordens, porque ele também será meu subordinado. Então colocarei na rua não apenas a faxineira, como também Simone".

Adentramos a sala da reunião. O Conselho estava presidido pelo sr. Cavalcante, velho conhecido meu. Convidou-nos a sentar ao seu lado, na cabeceira da mesa, o que significava um gesto de consideração.

Iniciou a reunião lendo a pauta do dia: eleição do novo presidente. Apresentou como candidatos naturais Felipe e eu, e solicitou a manifestação da assembleia para saber se alguém desejaria também concorrer. A assembleia foi unânime aprovando nossos nomes como candidatos. Eram sete conselheiros, e o sr. Cavalcante era o presidente. Ele manifestou desejo de falar um pouco sobre nós: "os filhos muito competentes do sr. César, que certamente estava orgulhoso dos filhos que tinha". Disse ainda que qualquer um de nós tinha "plena capacidade de assumir o mais alto posto dentro das organizações".

Depois, continuou sua breve apresentação falando de nossas capacidades. De Felipe exaltou sua liderança natural, sua inteligência, sua visão de mercado, seu carisma, seu relacionamento fácil com todas as áreas da empresa, sua simplicidade e, sobretudo, destacou seu aspecto humano:

— Felipe é um profissional que tem uma qualidade que aprecio muito nos executivos modernos — disse. — Ele tem a capacidade de aliar sua experiência racional com seu raciocínio intuitivo. Este é um detalhe extremamente raro e uma característica muito pessoal encontrada em poucos profissionais. Felipe é um profissional dotado de uma visão prática das necessidades do mercado e de uma facilidade muito grande de relacionamento e comunicação — finalizou.

Na sequência, passou a falar sobre mim:

— Quanto a Arnaldo, quero dizer que tenho me surpreendido com sua energia, sua capacidade de raciocínio rápido e lógico, seu otimismo, sua persistência e sua visão dos negócios da organização, sem jamais perder o foco da vocação mercadológica da organização. Tenho visto e acompanhado de perto sua evolução como profissional e sua característica marcante é sua racionalidade. Está sempre atento às turbulências do mercado, apresenta ideias e alternativas e tem uma iniciativa típica dos grandes líderes. Em minha opinião, Arnaldo é um profissional do mais alto gabarito, mas ainda não demonstrou toda a sua potencialidade. Acho que, com o tempo, irá muito longe porque tem uma inteligência rara e uma arguta capacidade de observação que não se encontra fácil em qualquer profissional no mercado.

"Enfim, senhores conselheiros, queiram apresentar seus votos. Tenho absoluta convicção de que, seja quem for o escolhido, as organizações estarão muito bem representadas, tanto por Felipe, quanto por Arnaldo."

Depois da fala do presidente do Conselho, fez-se um silêncio sepulcral de alguns segundos, que me pareceu uma eternidade. Por fim, o primeiro se manifestou:

— Sem maiores comentários — disse ele —, meu voto é de Arnaldo.

Fiquei feliz. Havia começado bem a votação. Foi a vez do segundo conselheiro, pela ordem, manifestar seu voto.

— Também, sem mais delongas, meu voto é de Arnaldo.

Senti um frio percorrer minha espinha. Dois votos a meu favor, sem dúvida influenciaria o voto dos demais conselheiros. Foi então a vez do terceiro se manifestar.

— Não acrescentarei mais nada, senhor presidente, porque o senhor falou muito bem e o suficiente de ambos os profissionais. Meu voto é de Arnaldo.

Senti meu corpo tremer de emoção, enquanto um suor frio e abundante cobria a minha fronte. Foi a vez do quarto votante. Se seu voto fosse a meu favor, já seria o novo presidente.

— Senhor presidente, senhores conselheiros, senhores candidatos — disse dirigindo-se a nós —, não estamos aqui em uma simples votação para escolher alguém para ocupar o mais alto cargo desta organização. Isso tem um significado muito mais amplo e profundo: estamos elegendo o novo presidente e colocando em suas mãos o destino deste conglomerado que emprega hoje centenas de pais de família. Estamos elegendo alguém que esperamos que dê continuidade ao grandioso trabalho do dr. César, que infelizmente não pode estar presente. Sr. César foi o homem que construiu este império, com nossa colaboração, e ele sempre reconheceu isso. Sempre foi muito dedicado, trabalhador, companheiro, sempre soube dividir as glórias e nunca teve medo de assumir riscos. Mas tinha uma capacidade invejável: dr. César nunca trabalhou sozinho, e toda vez que precisava tomar alguma decisão, ele se reunia conosco e ouvia nossas opiniões. Dr. César sabia ouvir e respeitava as opiniões contrárias sem perder a calma nem abusar das prerrogativas de seu cargo, revidando críticas. Acima de tudo, tenho de reconhecer uma qualidade extraordinária no nosso querido dr. César: ele sempre foi muito humano e sensível aos problemas de qualquer funcionário que fosse. Acho que o presidente a ser escolhido hoje precisa necessariamente ter um perfil muito próximo ao de dr. César, porque construir um império como este não foi fácil. Exigiu lutas, muita dedicação, companheirismo, amizade, sensibilidade e, acima de tudo, humanidade. Portanto, meu voto vai para Felipe, sem desmerecer Arnaldo. Em minha opinião, Felipe tem muitas das características de dr. César. Sabe ouvir, não subestima nenhum profissional companheiro e, certamente, terá sabedoria e sensibilidade para levar em frente os destinos de nossa Organização Empresarial. Meu voto é de Felipe — repetiu.

Sinceramente não gostei daquele discurso. Senti que o ambiente ficou pesado e muitos conselheiros ficaram emocionados à menção de papai. Percebi que o discurso do velho Apolônio poderia trazer-me surpresas desagradáveis. Procurei manter a calma, pois o próximo conselheiro votaria e, se ele votasse em mim, o discurso daquele velho que eu considerava uma peça de museu iria definitivamente para o lixo.

— Eu não iria falar nada, simplesmente votar — manifestou-se o conselheiro seguinte. — Todavia, confesso que as palavras de Apolônio me emocionaram e me fizeram refletir muito nestes últimos minutos. Para não me alongar, quero dizer que meu voto é de Felipe.

"Que droga", pensei. A eleição estava ganha e aquele velho idiota com um discurso sentimental havia me criado problemas. O sexto conselheiro iria manifestar seu voto.

— Faço minhas as palavras do conselheiro Apolônio. Este grupo precisa de cérebros, de intelecto, mas também de coração e alma. Meu voto é de Felipe.

Quase tive um ataque. Agora poderia dar qualquer coisa, pois o último voto era do presidente do Conselho. A ele competia o desempate. Sr. Cavalcante levantou-se, olhou bem nos meus olhos e, em seguida, olhou para Felipe. Pigarreou para dar mais emoção e suspense antes de definir seu voto. Confesso que estava nervoso ao extremo e quase estava tendo um ataque. Sentia meu corpo molhado, transpirava por todos os poros. Sem parar, enxugava o rosto com lenços de papel. Aquilo não era bom. Será que o imbecil do Cavalcante havia percebido meu nervosismo? Não deu tempo de pensar mais, porque ele começou a falar:

— Senhores do Conselho, sr. Arnaldo, sr. Felipe. Este empate reflete muito bem o elevado nível dos profissionais que disputam o cargo mais importante das organizações empresariais de nosso grupo. Cabe-me a difícil tarefa do desempate, porque o eleito desta assembleia terá a grandiosa tarefa de imprimir sua marca pessoal e dar prosseguimento à administração e ao sucesso dos empreendimentos que dr. César muito bem conduziu até os dias de hoje. Como bem lembrou nosso membro, sr. Apolônio, a marca pessoal de dr. César sempre foi de muita sabedoria, de muito bom senso, de equilíbrio, de sensibilidade e, acima de tudo, de humanidade. O próximo presidente deverá ter a sabedoria e o bom senso de saber dar prosseguimento às iniciativas da administração anterior, que permitiram ao nosso grupo empresarial grande projeção no mercado e conquistas formidáveis em termos de reconhecimento público e empresarial. Dessa forma, senhores conselheiros, eu gostaria de definir meu voto, porque não tenho nenhuma dúvida de que, apesar de os dois candidatos reunirem condições técnicas absolutamente iguais em termos de capacidade gerencial, minha escolha recai sobre sr. Felipe, porque, além da aptidão técnica, vejo também nele bom senso, equilíbrio, humanidade e, acima de tudo, sensibilidade de alma.

O presidente da assembleia fez um silêncio calculado para que pudéssemos assimilar o teor de suas palavras e o impacto de sua escolha. Em seguida, voltou-se para Felipe e o cumprimentou:

— Parabéns, Felipe, você é o novo presidente de nosso grupo empresarial.

Eu estava atônito, incapaz de reagir. Minha cabeça parecia rodar e perdi a noção do que estava acontecendo no ambiente. Aquilo foi uma fração de segundo. Quando voltei à realidade, vi os membros do Conselho em pé aplaudindo Felipe, que, abobalhado como eu, também parecia não entender bem o que acontecia. Sr. Cavalcante pediu, em tom solene, que Felipe dissesse algumas palavras.

— Sr. Felipe, gostaríamos de ouvir suas palavras. Aliás, as primeiras palavras do novo presidente. Por favor, a palavra é sua.

Felipe levantou-se e, antes de dizer qualquer coisa, olhou para mim com os olhos enevoados de lágrimas. Estava muito emocionado e, com a voz embargada, iniciou seu discurso:

— Senhor presidente da assembleia, senhores membros do Conselho e meu irmão Arnaldo — disse voltando-se para mim —, quero dizer a todos que é com muita surpresa, mas também com muita alegria e gratidão que recebo esta alta incumbência, esta enorme responsabilidade para, na condição de novo presidente, gerenciar os destinos de nosso grupo empresarial. Sinceramente, estou profundamente surpreso porque imaginei que meu irmão Arnaldo seria uma escolha lógica, mas acato e aceito agradecido a escolha desta assembleia. Quero dizer a vocês que ainda tenho muito o que aprender e conto com a preciosa colaboração de todos para dar prosseguimento às ideias e aos projetos de papai.

Voltando-se mais uma vez para mim, Felipe prosseguiu:

— Especialmente você, Arnaldo, conto com seu apoio, suas ideias e sua cooperação. Não quero ser um presidente autossuficiente, gostaria sempre de estar em estreito relacionamento com vocês todos, analisando cada situação, ouvindo suas opiniões e, da mesma forma que papai, pretendo estar sempre buscando o equilíbrio e o bom senso nas tomadas de decisão. Arnaldo, meu querido irmão, quero você não simplesmente como vice-presidente, mas como um conselheiro das horas difíceis. Quero que estejamos todos juntos, unidos no mesmo ideal, embalados nos mesmos sonhos e objetivos. Tenho plena convicção de que, trabalhando dessa forma, honraremos o nome de papai, que certamente estará feliz ao ver o resultado de sua semeadura prosperando, não apenas no sucesso da empresa, mas também no sucesso de nossos colaboradores, desde os mais importantes de nosso grupo empresarial, até os mais simples, como dona Genésia, a senhora da limpeza.

A citação de dona Genésia me surpreendeu. Felipe foi interrompido em seu discurso pelos aplausos dos conselheiros. Eu ainda não havia assimilado tudo aquilo e me remoía por dentro, contrariado. Mas não havia alternativa, tinha de aceitar, pois a decisão da assembleia era soberana. Felipe estava concluindo seu discurso:

— Por fim, senhores, mais uma vez quero agradecer a confiança que depositaram em minha pessoa e prometo solenemente diante de todos que haverei de desenvolver uma administração justa, equilibrada, que contemple resultados econômicos e financeiros, sem esquecer o compromisso com nossos colaboradores e oferecendo a todos condições de crescimento humano, de forma que tenham oportunidade de progredir profissionalmente e intelectualmente, por intermédio de programas de apoio educacional e plano de carreira, que sempre foi o sonho de papai e, agora, como novo presidente, espero materializar esse seu sonho. Obrigado mais uma vez a todos!

Em seguida, sr. Cavalcante voltou-se para mim e pediu em caráter formal:

— Sr. Arnaldo, gostaria de dizer algumas palavras?

Levantei-me, mas me sentia totalmente atordoado. Sentimentos conflitantes se agitavam em meu íntimo. Minha vontade era gritar minha raiva, minha revolta, expressar minha contrariedade e proferir impropérios contra os membros do Conselho. Por outro lado, um sexto sentido me dizia que eu deveria dar tempo ao tempo, porque aquela batalha ainda não havia terminado. Eu estava emudecido, sem conseguir proferir nenhuma palavra, enquanto todas as atenções se voltavam para mim. Felipe percebeu minha dificuldade e facilitou as coisas. Levantou-se, aproximou-se e deu-me um abraço carinhoso. Confesso que chorei. Solucei no ombro de meu irmão, que me acolhia fraternalmente. Mas meu choro era de revolta, de ódio, de inconformismo. Todavia, ninguém precisava saber a verdadeira razão de minhas lágrimas, e foi justamente Felipe quem concluiu e fechou aquele episódio de minha vida, dizendo:

— Senhores, perdoem-nos porque, acima de profissionais, somos irmãos. Arnaldo está extremamente emocionado e nos últimos tempos é ele quem tem sido o sustentáculo em casa, depois do problema vivido por papai.

Aquele dia passou como um vendaval em minha vida. Confesso que me senti abalado em minhas convicções, mas Felipe, sempre preocupado, agora na condição de presidente, me chamava para todas as reuniões, procurava ouvir meus conselhos, estimulava-me a emitir novas ideias, buscava me dar apoio. Estava acontecendo exatamente o contrário: em vez de ele ter o meu apoio, era ele quem me acolhia com uma paciência inacreditável.

Três meses se foram e Felipe em sua nova função parecia ter sido talhado para o cargo que ocupava. Contratou um novo diretor comercial, sr. Gervásio, com o qual não simpatizei desde a primeira vez que o vi. Era mais uma contrariedade que eu teria de suportar.

Por outro lado, eu queria esquecer aquele episódio, mas era muito difícil para mim. Meu orgulho estava ferido. Nem sequer tinha mais vontade de fazer reuniões com meus diretores, com gerentes, com ninguém. Felipe me convidava para participar das reuniões com os membros do Conselho e demais diretores, mas eu não comparecia. Em suma, na condição de vice-presidente, eu estava falhando completamente em minhas funções. Nem com Simone eu quis mais discutir, mesmo porque como presidente, quem mandava era meu irmão, e o assunto da demissão de dona Genésia fora sepultado com a eleição de Felipe. Era mais uma derrota que eu havia sofrido e que não conseguia engolir. Tudo aquilo estava atravessado em minha garganta.

Um ano se passou e eu acompanhava pelos relatórios os bons resultados da organização sob a direção de Felipe, que no corre-corre do dia a dia era extremamente tolerante com minha passividade. Todavia, o tempo estava me fazendo bem e, aos poucos, fui me recuperando psicologicamente. Gradativamente voltava à velha forma e comecei a convocar novamente reuniões com meus subordinados e tratá-los com rispidez. Descarregava neles minhas decepções e contrariedades. Percebia que, quando agendava as reuniões, o pessoal ficava nervoso, e isso me divertia. Fazia-me bem quando questionava algum gerente, ou mesmo diretor. Todos se apavoravam quando eu os convocava para as reuniões e se transformavam em verdadeiros bajuladores que gaguejavam me chamando de dr. Arnaldo. Meu diretor financeiro foi o único que em uma reunião me afrontou quando o questionei sobre alguns números com os quais eu não concordava. Os relatórios financeiros e contábeis demonstravam que nosso lucro havia aumentado muito. Eu queria que ele alterasse os números do balanço, pois, caso contrário, sofreríamos uma tributação muito alta, mas Felício me surpreendeu:

— Dr. Arnaldo, o senhor me desculpe, mas os números são estes que o senhor está vendo. Por que o senhor deseja que eu os reveja? A empresa com a nova administração de dr. Felipe está indo muito bem. Tivemos mesmo um lucro como jamais tivemos anteriormente.

Fiquei contrariado e, irritado, levantei meu tom de voz:

— Felício, você é um homem inteligente. "Quem pode manda, obedece quem tem juízo", não é esse o ditado?

— Sim, senhor! O ditado é esse mesmo.

— Então obedeça, cale sua boca e não discuta comigo — respondi aos gritos.

O ambiente ficou pesado. Os demais presentes à reunião fecharam a boca e o silêncio que se seguiu contrastou com o barulho de minha gritaria. Poder-se-ia ouvir uma mosca voando no ambiente. Foi então que a atitude daquele homem me surpreendeu, porque ele não se deixou amedrontar diante de meus gritos. Levantou-se e, com voz calma e equilibrada, me respondeu:

— Dr. Arnaldo, pedirei apenas uma coisa para o senhor.
— Fez breve pausa e, com voz grave e pausada, acentuou firme sua resposta: — nunca mais grite comigo!

Confesso que sua atitude me surpreendeu. Aquele homem tinha seu valor e eu tinha de respeitá-lo por isso. No entanto, eu não poderia deixar-me desmoralizar diante dos demais diretores e gerentes. Mas não tive tempo de reagir, porque Felício concluiu suas palavras:

— Se o senhor deseja fazer as modificações que lhe interessam, fique à vontade, porque eu não sou mais seu diretor financeiro. Estou me demitindo! Com licença, pois estou me retirando e preparando minha carta de demissão.

Levantou-se e, antes de sair, voltou-se para mim e concluiu:

— Por favor, seja um profissional responsável e coerente. Não tente me prejudicar, porque tenho informações sigilosas de "Vossa Excelência" — disse com ironia —, que espero não ter de usar em minha defesa. Lamento muito por dr. Felipe, que é digno do maior respeito, mas "Vossa Excelência" causa-me asco, porque age como se fosse ainda um senhor de escravos. A escravidão foi abolida há muito tempo, e a lei do chicote e do tronco também!

Fiquei perplexo diante das palavras de meu ex-diretor financeiro, que fechou a porta vagarosamente e foi embora.

Todos ficaram me olhando com cara de espanto. Eu não poderia deixar que aquele episódio me derrubasse, de forma que, recuperando minha posição de mando, questionei com raiva:

— Alguém mais deseja se demitir? Aproveitem agora, porque se não corresponderem às minhas expectativas, eu os demitirei. Ficou claro?

Eu não era bobo. Lógico que todos naquela sala permaneciam em seus cargos por necessidade, afinal nosso grupo remunerava bem seus profissionais. Mas, se tivessem alternativas, não tenho dúvidas de que engrossariam as estatísticas de rotatividade de pessoal da empresa.

Dei por encerrada a reunião e fiquei em minha sala meditando. Estava na hora de retomar minha batalha para a conquista de meu objetivo. Entretanto, eu tinha de reconhecer que a situação para mim estava difícil, pois todos gostavam de Felipe e os negócios prosperavam. Os resultados financeiros eram excelentes, e a empresa estava em uma posição confortável de aplicadora nos bancos, que me procuravam com as mais variadas ofertas para aplicações mais vantajosas.

A notícia da saída de Felício se espalhou rapidamente e, no fim do dia, Felipe me chamou em sua sala. Queria saber o que havia acontecido.

— O que aconteceu, Felipe — respondi contrariado pelo questionamento —, é que não suporto profissionais que não têm criatividade, que não apresentam sugestões.

— Disseram-me que você pediu a ele que alterasse os números do balanço. Isso é antiético, Arnaldo. Isso não se pede a um profissional responsável e competente como Felício. Acho que você errou.

O tom de seriedade de Felipe me irritou mais ainda. Ele jamais havia falado comigo naquele tom antes. Resolvi revidar:

— Olhe aqui, Felipe, se errei ou não, isso é problema meu! Eu assumo a responsabilidade. Ele resolveu pedir demissão e eu aceitei. Espero que você não corra atrás dele agora, porque nesta situação, ou sai ele ou saio eu.

Felipe ficou pensativo alguns segundos para concluir:

— Está bem Arnaldo, o que você fez está feito e não irei em hipótese alguma desautorizá-lo nem passar por cima de sua autoridade. Procure urgente outro profissional. Enquanto isso, terá de acumular funções.

— Está bem, amanhã mesmo cuido disso — respondi laconicamente saindo de sua sala.

Naquela noite não dormi direito. O dia não fora bom para mim. Eu estava com raiva de Felício e contrariado com a atitude de meu irmão, que me chamara atenção. Felipe não fazia ideia de como eu havia me sentido mal com seu questionamento. No fundo, eu mesmo reconhecia que não havia motivos para ficar tão aborrecido. Afinal, Felipe era o presidente e tinha autoridade e obrigação de saber o que estava acontecendo. Meu problema era outro. Eu ainda não havia assimilado a situação em que estávamos. Felipe era o presidente e eu era o vice. O que é vice? Não é nada, absolutamente nada. Era simplesmente o segundo e, em uma competição, o segundo lugar é do perdedor. O vencedor é o primeiro e único que recebe os louros. E, ainda por cima, eu assistia muito contrariado à boa administração desenvolvida por Felipe. Todos na empresa pareciam felizes, e minha vontade era acabar com a alegria daqueles aduladores.

Mas os ventos começaram a mudar de rumo.

No dia seguinte pela manhã conheci o gerente de um dos bancos em que éramos correntistas e aplicadores. De modo geral, os bancos procuram clientes que têm disponibilidades financeiras para aplicações em seus papéis. Seus gerentes têm metas a serem cumpridas e, dessa forma, procuram identificar clientes como a nossa organização para oferecer novas modalidades de aplicação, que, lógico, trazem grandes vantagens não só para os aplicadores, mas também para os bancos.

Sr. Salviano era gerente de um dos bancos mais tradicionais, e nossos objetivos eram convergentes. As diretrizes de nossa organização eram efetuar aplicações apenas em instituições financeiras sólidas, de primeira linha, mesmo que a rentabilidade não fosse a mais atrativa do mercado. A segurança era o primeiro quesito das normas. Os bancos, por sua vez, se interessavam por nossas aplicações porque direcionavam nossos recursos para suas próprias aplicações com rentabilidade muito maior.

Eu achava aquilo perda de dinheiro. Havia aplicações mais atrativas no mercado, mas Felipe, na condição de presidente, se tornara, a exemplo dos membros do Conselho, muito conservador e, por essa razão, não permitia que essas aplicações fossem efetuadas, porque "não só aumentava a rentabilidade, mas também os riscos", dizia ele.

Gostei de Salviano porque ele era falante e nos simpatizamos desde as primeiras palavras. Parecia que ele havia lido meus pensamentos e conhecia minhas ideias, porque sua visita fora agendada com Felício, mas como ele não fazia mais parte de nosso quadro de profissionais, eu o atendi. E não me arrependi.

Salviano me disse que havia observado pelos números que o banco tinha de nossa organização que os lucros haviam aumentado significativamente.

— Sabe o que isso significa? — perguntou-me sem rodeios.

Sorri, porque havia percebido aonde o gerente queria chegar.

— Significa que pagaremos muito imposto de renda!

— Exato! — exclamou ele entusiasmado. — É por essa razão que estou fazendo esta visita hoje. Na verdade, eu queria mesmo era falar contigo já algum tempo, mas não podia passar por cima de Felício.

— Estou gostando desta conversa, Salviano. Vamos, fale mais. Quero ouvi-lo, pois se você está me procurando é porque deve ter alguma ideia interessante, alguma alternativa que eventualmente possa nos interessar.

Fazia apenas quinze minutos que estávamos conversando, mas eu tinha a impressão de que já éramos velhos conhecidos. Gostei de seu estilo direto, objetivo, de sua esperteza, suas artimanhas. Senti que iríamos nos dar bem.

Ele então se aproximou e, falando baixinho como querendo segregar alguma coisa, disse:

— Aplicações no exterior, meu caro. Muitas empresas fazem isso, começam a operar com caixa dois, abrem uma filial no exterior, em um paraíso fiscal, e assim escapam do imposto de renda. Posso arranjar tudo isso. Claro, a diretoria do banco não pode saber de nossa parceria. Se concordar, cuido disso com a maior segurança. Conte comigo!

Olhei para o gerente com admiração. Confesso que eu já havia pensado nisso antes, mas não tivera condições de dar prosseguimento àquela ideia. Agora eu tinha um aliado que poderia me auxiliar naquela empreitada. Resolvi colocar algumas complicações para ver até onde eram consistentes as ideias de Salviano.

— Olhe aqui, Salviano, tenho de admitir que gostei de sua ideia. Aliás, é sempre simpática a ideia de fugir do fisco. Mas nem sempre se consegue. Temos alguns fatores de complicação. Primeiro: meu irmão é o presidente do grupo e é terminantemente contra este tipo de artifício operacional. Além do que o Conselho da administração também não aprovaria em nenhuma hipótese essa operação. Segundo, teríamos de dar uma maquiada nos números de nossos balanços e, para isso, necessitamos de profissionais muito competentes e de confiança. Foi por essa razão que Felício se demitiu.

O gerente sorriu e me surpreendeu, porque tinha as respostas prontas. Até parece que já conhecia antecipadamente todos os meus planos.

— Vamos pela ordem: seu irmão tem confiança irrestrita em você?

— Lógico que tem. Acima de tudo, somos irmãos.

— Ótimo, porque você não precisa dizer toda a verdade a ele. Apenas meia verdade.

— Como assim?

— Já levantei os dados e verifiquei que você importam matérias-primas em volumes que envolvem altas cifras. Além do mais, exportam valores significativos aos países do Cone Sul. Diga ao seu irmão que a abertura de uma filial no exterior facilita os negócios, as importações e as exportações e os recebimentos no exterior. É uma operação perfeitamente legal e lógica, que facilitará a vida de vocês. Lógico que no bojo dos documentos a serem assinados, nas entrelinhas, haverá também a abertura de uma conta em um paraíso fiscal para remessa dos lucros do caixa dois.

— Ótimo. Gostei da sugestão. Não vejo problema, levo os documentos dizendo a Felipe que já li e está tudo legal. Ele assina numa boa. Inclusive, deixo a ele a incumbência de justificar ao Conselho. Bom, temos ainda o problema de como poderemos forjar números. Preciso de um bom profissional e, acima de tudo, de extrema confiança.

Salviano sorriu novamente.

— Tenho o profissional perfeito para você. É um amigo meu de longa data, extremamente competente e de muita confiança. Digo com convicção porque ele já fez essa operação em outras empresas em que trabalhou.

Foi minha vez de sorrir.

— Meu amigo Salviano, você hoje veio para trazer as soluções de que preciso!

— É para isso que estou aqui, dr. Arnaldo. Não venho simplesmente bater papo e captar recursos para aplicar no banco. Quero que o senhor entenda que posso fazer muito mais do que isso, trazer ideias — ideias lucrativas, sejam quais forem, independentemente da organização da qual faço parte. Coloco-me à sua disposição como um parceiro interessado em lhe trazer vantagens!

— Ótimo, mande esse homem vir conversar comigo. Mas que fique em sigilo entre nós. Ninguém pode saber que estou contratando um profissional indicado por você. Solicitarei ao Departamento de Recursos Humanos que peça às empresas de contratação de executivos para selecionar um diretor financeiro, mas será um jogo de cartas marcadas. Mande-me urgente o currículo dele para que eu possa dar uma olhada. Qual é o nome dele?

— Carlos, você gostará muito dele. Encaminharei ainda hoje o currículo em um envelope fechado, em seu nome, com a tarja de "confidencial".

— Ótimo! Faça isso, por favor. Urgente!

Depois que Salviano se retirou, senti-me feliz como há muito tempo não sentia. Fiquei pensando e digerindo aquela conversa, quando uma ideia brotou em minha mente, como se alguém estivesse me sussurrando aos ouvidos: "abra também uma conta em nome de seu irmão sem que ele saiba. Deposite dinheiro em sua conta e, depois, o denuncie para o Conselho. Ele será destituído e você será o presidente".

Confesso que aquela ideia até me assustou, mas aos poucos fui digerindo e pensando uma forma de concretizar aquele objetivo, que parecia fantástico. Felipe seria destituído e eu seria o novo presidente. Eu precisava arquitetar melhor aquele plano. Teria de ser infalível.

Logo em seguida, chamei Simone à minha sala e determinei a ela que tomasse as providências para a contratação de um profissional cujos requisitos passei a ela. Logo em seguida, chegou um mensageiro do banco com um envelope à minha atenção, com a inscrição: "Ao Doutor Arnaldo — 'confidencial'".

Observei com atenção cada detalhe de Carlos. Tinha trabalhado em importantes organizações, sobejamente conhecidas no mercado. Havia apenas uma restrição de que particularmente não gostei: Carlos não permanecia mais do que três anos em cada empresa. No restante, seu currículo era extraordinário: falava inglês e espanhol com fluência, havia feito mestrado em renomada instituição no Brasil e também no exterior. Enfim, tirando aquele detalhe da curta permanência nas empresas, Carlos era o profissional perfeito para os objetivos que eu tinha em mente.

Orientei Salviano para que Carlos encaminhasse seu currículo por determinada empresa de colocação de executivos já minha conhecida, e o processo foi rápido. Entrevistei meia dúzia de profissionais e contratei o indicado por Salviano.

A conversa com Carlos foi muito interessante. Embora já tivesse definida sua contratação, eu o questionei em tudo o que pude:

— Você tem um currículo invejável, Carlos, mas tem um problema que eu reputo como sério: por que você ficou tão pouco tempo nas empresas?

Carlos era esperto e respondeu de bate pronto:

— Dr. Arnaldo, se o senhor considera três anos pouco tempo, respeito sua opinião, mas não é o que acho. Sou um profissional competente e renomado, e por todas as empresas em que passei, pude dar minha contribuição efetiva para o sucesso daquelas organizações. Tenho história, tenho passado, basta tirar informações e o senhor verá quem sou. Além do mais, depois de três anos em uma empresa, de modo geral, o profissional tende a se acomodar e não é esse o meu perfil. Gosto de desafios, novos horizontes, novas empresas, segmentos diferentes e posso lhe afiançar: passei por várias empresas, o que me permitiu adquirir uma vasta e sólida experiência que poucos profissionais na minha idade alcançaram. Além do mais, poucos profissionais têm a flexibilidade e o conhecimento necessários para ajustar os números de acordo com a necessidade das organizações em que atua. E, acima de tudo, ser um profissional da mais irrestrita confidencialidade em tudo o que faz. Eu sou esse profissional.

    Se eu tinha algumas dúvidas ainda, elas se dissiparam. Contratei Carlos como novo diretor financeiro. Era o homem ideal para concretizar meus projetos. Seria meu grande aliado naquela empreitada.

A estratégia

Fiquei muito satisfeito com a contratação de Carlos, que se revelou rápido de raciocínio, trazendo ótimas sugestões fruto de sua larga experiência anterior. Tendo ele como aliado em uma área estratégica da empresa que envolve muito sigilo, que é a área contábil e financeira, passamos em conjunto a analisar os números e a modificá-los.

Felipe estava envolvido em tantos projetos e problemas que decididamente deixou a área financeira sob minha total responsabilidade. Eu apenas apresentava os números, justificava os resultados. Ele assinava e não questionava muito, talvez por precaução em não ferir minhas suscetibilidades. Foi seu grande erro, porque eu trabalharia nas sombras, acobertado exatamente por seu excesso de confiança.

Com a cumplicidade de Carlos e Salviano, criamos contas extracaixa, cujos valores não eram contemplados nos registros contábeis, o famoso caixa dois. Salviano cuidou dos documentos para a criação de uma filial em um paraíso fiscal, e pedi a ele que preparasse também os papéis para que Felipe e eu abríssemos uma conta cada no exterior.

— Boa ideia, dr. Arnaldo, aprovou o gerente. Vocês também podem usufruir dos benefícios de uma conta em um paraíso fiscal para driblar o "leão faminto" da Receita Federal.

Eu não havia dito a Salviano que, além da conta da empresa, apenas a de Felipe seria aberta. Era minha estratégia colher sua assinatura sem que ele se desse conta da extensão do problema em que estava se metendo. Não haveria conta em meu nome, apenas a de Felipe, o que era extremamente irregular. Aquela era minha grande estratégia para derrubar Felipe da presidência e ocupar seu lugar. Salviano não precisava saber desse detalhe, pelo menos por enquanto.

Eu já havia preparado Felipe para a assinatura daquela papelada, justificando a facilidade e a conveniência de uma filial no exterior, para agilizar e minimizar custos de nossos negócios que estavam se expandindo muito rápido com aumento de nossas exportações para os países do Cone Sul. Reforcei meus argumentos dizendo que vivíamos uma realidade que papai jamais havia sonhado, pois estávamos na era digital em um mundo globalizado, em que as decisões têm de ser muito rápidas e os negócios, idem.

Escolhi um dia em que havia percebido que Felipe estava envolto em uma série de decisões, mas me surpreendi porque ele me disse: deixe os papéis em minha mesa, Arnaldo. Entrarei em uma reunião com o Conselho agora e colocarei este assunto em pauta em caráter emergencial. Não irei assinar nada sem que os membros do Conselho autorizem a abertura dessa filial no exterior.

Fiquei contrariado. Não contava com aquele cuidado de Felipe, mas procurei disfarçar meu nervosismo.

— Não tem problema, mano, tenho certeza de que você irá convencer aqueles velhos caducos da necessidade de nos adaptarmos à nova realidade do comércio mundial. Não se esqueça de dizer a eles que vivemos a era da modernidade e não podemos ficar para trás; senão, seremos ultrapassados.

Felipe estava tão absorto em seus problemas que parecia não ter me ouvido. Cobrei-o, mas ele estava atento, porque me respondeu:

— Lógico que ouvi, Arnaldo, vivemos em um mundo globalizado e as decisões têm de ser rápidas, porque senão corremos o risco de sermos ultrapassados em pouco tempo.

— Isso mesmo, mano, não se esqueça de que na moderna economia de mercado, "não é o maior que engole o menor, é o mais rápido que engole o mais lento".

Não deu tempo de dizer mais nada, porque Felipe pediu-me desculpas e foi para a reunião. Fiquei torcendo na expectativa de que o Conselho aprovasse tudo aquilo. Seria o máximo, regozijava-me intimamente com minha esperteza.

Não deu outra. Depois de mais de duas horas, Felipe chamou-me em sua sala. O Conselho havia aprovado a abertura de uma filial no exterior, mas recomendava cautela acerca de como gerenciar os recursos para lá enviados. Teria de ser feito tudo via Banco Central, obedecendo às normas legais.

Tratei de tranquilizar meu irmão; afinal, seria eu o gestor daquela operação. Eu não era um homem de confiança do presidente?

— Lógico, respondeu Felipe. Oriente-me onde devo assinar — pediu-me segurando os papéis.

Depois das assinaturas, reclamou:

— Quanta papelada, Arnaldo, você leu tudo direitinho? Orientou-se com nossos advogados? Nunca vi tanta assinatura e tantos papéis.

— Fique tranquilo, mano, examinei item por item. É que abrir uma filial no exterior não é fácil, é uma operação de muita complexidade. Então, há mesmo muitos papéis e assinaturas.

— Todavia — argumentou Felipe —, não é que esteja desconfiado de você, mas como você disse que é muito complicado, quero que você procure dr. Hernandes, que é amigo nosso de muitos anos. Ele inaugurou seu novo escritório na Alameda Santos. Peça orientação a ele antes de prosseguir, por favor. Irá me deixar mais tranquilo.

— Ora, Felipe, os advogados do banco conhecem sobejamente este assunto. Existe uma área no banco que é especialista neste assunto.

— Advogado do banco é do banco. Advogado nosso é de confiança e isento. Se existir algum problema, ele nos orientará. Posso deixar este assunto por sua conta? — finalizou.

Fiquei pensativo por alguns minutos. Felipe não me conhecia mesmo, porque se me conhecesse de verdade, jamais teria cometido dois erros gravíssimos no mesmo dia: assinar aqueles papéis e deixar por minha conta a consulta a dr. Hernandes. Sorri, surpreendendo-me com minha própria falsidade, e argumentei:

— Ora, mano, se você não confiar em seu irmão, em quem mais você iria confiar?

Finalizamos a conversa. Saí rapidamente da sala de Felipe e, em seguida, fui ao banco levar pessoalmente os papéis a Salviano. Disse a ele que estava tudo bem, mas apenas a conta de Felipe seria aberta porque o Conselho havia aprovado daquela forma.

Assim foi feito. Abertas as contas no paraíso fiscal, o banco providenciou para que as remessas fossem devidamente feitas para as contas da organização e a de Felipe.

Tudo estava sacramentado e correndo como eu previra. O caixa dois estava funcionando maravilhosamente sob a responsabilidade de Carlos, meu novo diretor financeiro e sob minha supervisão imediata.

Seis meses se passaram e Felipe manifestou desejo de fazer uma viagem de negócios ao exterior. Iria visitar algumas feiras na China, desenvolver parcerias por lá. Demandaria alguns dias naquele país emergente e, depois, aproveitaria para visitar a Alemanha, porque segundo ele, haveria outra feira muito interessante que desejava conhecer. Intimamente, eu sabia que seu maior interesse era reencontrar Lucíola.

Felipe, na condição de presidente, convocou o Conselho, que autorizou sua viagem. Ele ficaria ausente por mais de quinze dias e, a pedido do próprio Felipe, os membros do Conselho aprovaram que eu, na condição de vice-presidente, assumisse interinamente a presidência em sua ausência. Os membros aprovaram com satisfação a sugestão de meu irmão, mesmo porque, segundo eles, a oportunidade era excelente, pois também desejavam analisar meu desempenho à frente dos negócios da organização, na condição de presidente.

Quando os ventos sopram a favor, as coisas ficam bem. No meu caso, tudo ia a favor de minha estratégia. Aqueles velhos caducos não sabiam o que estavam fazendo e com quem haviam se metido. Deixaria que meu irmão aproveitasse o máximo sua viagem e, às vésperas de seu retorno, eu daria meu golpe final.

Foi exatamente assim que aconteceu. Felipe havia me ligado naquele dia dizendo que estava muito feliz. Havia se reencontrado com Lucíola, e ela planejava seu regresso ao Brasil. Por essa razão, ele, que deveria retornar no dia seguinte, prolongaria sua estada por lá mais uns dois ou três dias para aproveitar ao máximo aquele momento de felicidade.

Estimulei-o para que ficasse. Afinal, se aquilo representava sua felicidade, que pudesse permanecer mais alguns dias. Sem problema, pois eu estava no comando. Só que não completei meu pensamento: "Estou no comando em definitivo!".

No dia seguinte, convoquei os membros do Conselho para uma reunião emergencial e, diante do Conselho, espalhei cópia das contas de Felipe no exterior, onde constavam depósitos significativos.

— Senhores do Conselho — comecei a reunião com voz solene —, este assunto é da mais alta gravidade e não deverá em nenhuma hipótese sair do círculo de confidencialidade deste Conselho porque envolve nosso presidente.

O silêncio que se seguiu foi sepulcral. Cada um dos membros do Conselho examinava os documentos assinados por Felipe e os extratos que eu havia anexado, parecendo incrédulos com o que tinham em mãos. O primeiro que se manifestou foi o sr. Cavalcante:

— O que significa isso, Arnaldo? — questionou-me rispidamente.

A impressão que tinha é que duvidava do que estava vendo.

— Exatamente o que o senhor está vendo, sr. Cavalcante — respondi com firmeza. Nosso presidente tem uma conta no exterior e com um saldo generoso! — concluí.

— Recuso-me a acreditar que Felipe tenha se prestado a esse tipo de coisa — argumentou o presidente do Conselho. — Recuso-me a acreditar porque conheço bem sua índole. É um homem de bem. Deve ter sido alguma armação!

— Contra fatos não há argumentos, senhor presidente. Causa-me espanto sua atitude diante dos documentos dizer que não acredita que isso esteja acontecendo. Ora, ora, aonde pretende chegar dizendo que acha que foi alguma armação? De onde tirou esta suposição?

— Desde quando o senhor sabia desta situação? — questionou o conselheiro Apolônio, o mesmo que havia feito aquele discurso e revertido a situação na eleição a favor de Felipe.

— Desde o início eu sabia, sr. Apolônio. Confesso minha responsabilidade. Inclusive Felipe queria que eu também tivesse aberto uma conta em meu nome. Concordei, mas depois não abri.

— Se você tinha conhecimento disso desde o princípio e concordou, por que agora traz este assunto ao conhecimento deste Conselho?

— Primeiro, porque Felipe é meu irmão. Confio e sempre confiei em meu irmão, além do que era a ordem do presidente. Inicialmente, a estratégia era abrir uma conta para que pudéssemos escapar das teias do fisco, mas depois vi que Felipe queria mesmo era rechear sua conta com muito dinheiro.

— Ele não sabia que você não abriu a conta? — questionou sr. Cavalcante.

— Eu disse a ele algum tempo depois, e ele afirmou que era bobagem minha.

— E o que é que o fez mudar de ideia e trazer este assunto à pauta do Conselho? — questionou mais uma vez o presidente do Conselho.

Confesso que eu tinha ganas de pegar aquele velho caduco pela garganta. Ele não confiava em mim, mas agora era eu que iria me divertir, pois tinha a faca e o queijo na mão.

— O que me fez mudar de ideia é que nestes dias em que estou exercendo o cargo de presidente interino pude avaliar a grandeza e a responsabilidade que representa o cargo do líder máximo e a grandiosidade das empresas que compõem esta organização. Isto é um legado de meu pai, que deve ser levado com a maior lisura, e senti que Felipe não estava sendo honesto ao praticar esse ato. Embora eu tivesse concordado com esse procedimento, arrependi-me porque o considero um roubo, por essa razão, coloco à vossa apreciação para que possamos corrigir este infeliz equívoco.

Sr. Cavalcante se calou pensativo, bem como os demais membros do Conselho. Por fim, foi o sr. Apolônio quem quebrou o silêncio:

— Senhor presidente do Conselho, estamos diante de um fato extremamente grave. Os documentos são provas irrefutáveis de que ocorreram transferências fraudulentas para uma conta no exterior em nome do presidente das organizações que representamos.

O sr. Cavalcante então pediu a opinião dos demais membros. Todos foram unânimes: Felipe teria de ser destituído, uma vez que não havia condições de mantê-lo como presidente depois daquele fato de tamanha gravidade.

Todavia, o sr. Cavalcante ponderou:

— Senhores, não podemos tomar nenhuma atitude intempestiva sem antes ouvir a defesa do acusado. Ele tem o direito de defesa! — concluiu.

Foi a vez do sr. Apolônio mudar sua opinião e engrossar a voz do presidente do Conselho.

— Concordo com a opinião do senhor presidente. Além do que, diante desse impedimento e considerando que também houve participação neste episódio do presidente interino, ele também pode ser considerado impedido. Teremos de nomear outro presidente. Ou, até quem sabe, contratar um profissional do mercado. Até lá, o presidente do Conselho volta a ocupar temporariamente o posto de presidente das organizações.

Eu não estava gostando do rumo que aquela conversa estava tomando. Será que eu assistiria mais uma vez escapar pelos vãos de meus dedos o posto de presidente com que havia sonhado toda a minha vida? Não, não e não! Teria de engrossar de vez com aquele bando de velhos caducos. Pedi a palavra e então coloquei à mesa a última cartada que tinha em mãos. Era tudo ou nada, mas eu não poderia mais deixar que as coisas seguissem rumos diferentes daqueles que eu havia planejado.

— Senhor presidente e senhores membros do Conselho, quero dizer-lhes uma coisa que talvez vocês ainda não entenderam: como disse no início, este assunto envolve o mais absoluto sigilo, portanto, ele não deve sair desta sala. Nossas empresas têm ações negociadas em Bolsas de Valores e qualquer denúncia seria o fim de tudo. Além do mais, envolveria problemas com a Receita Federal e com a polícia, e tudo isso não seria nada bom para ninguém.

Falei dando ênfase às palavras e fiz uma breve pausa para que eles deglutissem adequadamente minhas intenções. Todos estavam no mais absoluto silêncio, prestando a maior atenção possível. Prossegui:

— Pois bem, exijo agora que vocês destituam Felipe em caráter irrevogável e que me nomeiem como novo presidente, porque, caso contrário, serei eu a levar aos jornais estas graves denúncias que trago em primeira mão a vocês, dignos membros do Conselho — concluí com um sorriso de ironia no rosto.

Os velhotes ficaram pasmos. Pareciam não acreditar no que ouviam. Sr. Cavalcante se insurgiu contra aquela ideia.

— Sr. Arnaldo, recuso-me a acreditar no que estou ouvindo. O senhor está se revelando um verdadeiro canalha!

Foi minha vez de bater na mesa e falar firme. Afinal, aquele velhote caduco merecia.

— Senhor presidente do Conselho, meça suas palavras! Se duvida do que estou dizendo, então não faça nada do que estou falando. Amanhã mesmo o senhor verá estampado nos principais jornais deste país a grande fraude deste tão honrado grupo empresarial.

Todos os membros do Conselho estavam em polvorosa. Estavam nervosos, agitados, enquanto eu me regozijava. Senti que tinha as rédeas nas mãos. Por fim, sr. Cavalcante ponderou:

— Sr. Arnaldo, pedirei ao senhor que nos dê meia hora. Quero discutir com meus pares a melhor alternativa. Por favor, poderia deixar esta sala e aguardar meia hora?

Encarei seu olhar com desprezo. Agora me sentia dono da situação, pois ele me pedia "por favor". Agora sim, estava gostando do rumo daquela reunião.

— Muito bem, senhores, tomarei um café e aguardarei tranquilamente meia hora! Nem mais um minuto. Combinado?

Sorri com ironia antes de me retirar, desafiando-os mais uma vez!

— Vocês têm idade suficiente para ter juízo nessa cabeça dura e caduca de vocês! Vejam o que farão! — concluí.

Fui para minha sala e, confesso, estava com a cabeça pegando fogo. Ouvia uma voz silenciosa que me dizia: "Finalmente! Virou a mesa! Você será o novo presidente, não tenha dúvida. Aqueles velhos caducos não terão coragem de enfrentá-lo".

O tempo demorava a passar. Quinze minutos haviam decorrido e fiquei imaginando: o que estariam eles confabulando? O que estariam dizendo a meu respeito? Queria mesmo era ser uma mosca para estar naquele ambiente ouvindo as conversas.

Após vinte e cinco longos e intermináveis minutos, o telefone tocou:

— Sr. Arnaldo, poderia, por favor, vir à sala de reuniões do Conselho?

Quando adentrei a sala de reuniões, sr. Cavalcante declarou:

— Por favor, sr. Arnaldo, sente-se porque desejamos transmitir-lhe a decisão deste Conselho: por unanimidade, resolvemos que o senhor é o novo presidente deste conglomerado de empresas. Desejamos sinceramente que o senhor possa desenvolver um bom trabalho e honrar este cargo como seu pai sempre honrou.

Quase nem acreditei nas palavras que estava ouvindo. Finalmente, eu era o presidente das organizações empresariais de meu pai! Havia conquistado com raça, muita luta, inteligência e astúcia. Assim é a lei da natureza: os fracos sucumbem em favor dos fortes!

— Emitiremos imediatamente um comunicado dizendo que, devido a problemas pessoais, sr. Felipe está se demitindo do cargo de presidente e o senhor é o substituto natural. Sr. Felipe será comunicado de nossa decisão assim que retornar de sua viagem. Parabéns, sr. Arnaldo, o senhor conseguiu seu objetivo — concluiu com desprezo o presidente do Conselho.

Fiquei um pouco cismado. Foi tudo muito fácil, por que será que capitularam sem mais questionamentos? Fiquei um pouco desconfiado, mas sacudi a cabeça, afastando qualquer pensamento contrário aos meus interesses. O que iriam dizer a Felipe? "Problema deles", pensei com meus botões. Quem mandava agora era eu, o novo presidente!

Todos se retiraram da sala, ninguém me olhou nos olhos, ninguém me cumprimentou. Vi que eles me desprezavam profundamente, mas o que eu tinha com isso? Aquele era um bando de velhos ultrapassados. Quem mandava agora era eu e fim de papo.

Quando tudo vai bem, parece que tudo corre a nosso favor. Realmente, os ventos estavam favoráveis insuflando minhas velas a mar aberto, e o tempo era de bonança. Naquela noite recebemos uma ligação de Felipe da Alemanha. Ele estava desesperado, pois sofrera um acidente gravíssimo em uma rodovia quando viajava com Lucíola. Lucíola havia falecido no acidente. Felipe chorava desesperado, e papai, que não podia passar por nenhuma situação de estresse, desesperou-se juntamente com minha mãe.

No dia imediato tomaram um avião para a Alemanha para dar suporte a Felipe, que parecia completamente desorientado.

Quando o comunicado do Conselho informou que, por motivos pessoais, Felipe não era mais o presidente do Grupo, todos imaginaram que deveria ter sido em razão do acidente sofrido. Foi melhor assim.

Assumi a presidência e com mão de ferro conduzi os destinos da companhia. Eu trouxe para mais perto de minha administração os funcionários que eram de minha confiança, incentivando-os e premiando-os, enquanto os demais sofreram em minhas mãos — principalmente o novo diretor comercial, sr. Gervásio, por quem eu não nutria nenhum sentimento mais nobre.

Passados quinze dias, finalmente papai, mamãe e Felipe retornaram da Alemanha. Felipe estava acabado, só chorava. Fui conversar com ele, mas não adiantava nada, apenas chorava e dizia:

— Meu Deus, eu havia me reconciliado com Lucíola, inclusive fazíamos planos para o retorno dela ao Brasil e pensávamos em nos casar. Ela me amava, Arnaldo, ela me amava. Só era um pouco teimosa. Estávamos felizes, muito felizes e acontece esta tragédia. Por que, Meu Deus? — dizia entre soluços. — Agora o que me resta na vida?

Fiquei quieto. O que poderia dizer para consolar meu irmão? Na verdade, até sentia pena, porque não era mais meu adversário. Eu havia conquistado o que desejava, Felipe não era mais um empecilho em minha vida. O Conselho decidira deixar no esquecimento o caso da conta de Felipe no exterior. Todavia, ele ainda não sabia que havia sido destituído e que eu era o novo presidente. Abracei-o em silêncio e, de repente, Felipe olhou-me nos olhos e disse:

— Arnaldo, não voltarei mais às empresas. Nada mais me interessa na vida, quero apenas daqui para frente me dedicar aos pobres, pois afinal era este o sonho de Lucíola quando retornasse ao Brasil. Pedirei demissão e você assuma, por favor, o cargo de presidente, porque acho que você sempre foi o merecedor. Encaminharei carta ao Conselho neste sentido.

Felipe, ah, meu irmão Felipe! Sempre me surpreendia com sua bondade e sua fraqueza de sentimentos. Mal sabia ele que eu já ocupava o cargo que ele queria me dar! "Ótimo", pensei, "afinal tudo ficou como eu havia imaginado".

No fundo, algo ficou engasgado em minha consciência. Surpreendi-me, porque aquilo passou a me fazer mal. Um pensamento passou a rondar minha mente dia e noite, dizendo: "Por que traiu seu irmão? Ele sempre foi seu anjo da guarda! Não precisaria ter feito nada do que fez, porque você seria o presidente, indicado por seu próprio irmão. Está vendo, sinhozinho?".

Aquele pensamento passou a me torturar e procurei me distrair no trabalho para esquecer e, com o tempo, finalmente acabei esquecendo mesmo.

Um ano se passou. Felipe não retornou mais à empresa, e papai não manifestava o menor desejo de ir lá também. Reunia-me com ele de vez em quando e o colocava a par da situação. Tudo estava indo bem, as empresas apresentavam resultados excelentes. Ninguém poderia reclamar. O caixa dois, que eu não revelara aos membros do Conselho, ia muito bem, obrigado.

Neste ínterim, com consentimento de papai e mamãe, Felipe se tornou um samaritano das ruas, como diziam no centro que frequentava. Aos sábados, fazia reunião e orava na sala, com a participação de papai e mamãe, que pareciam fazer de tudo para trazer de volta a alegria de viver de Felipe.

Foi em uma dessas reuniões que conheci uma moça que balançou meu coração! A primeira vez que nossos olhos se cruzaram, senti um arrepio percorrer minha espinha e percebi que havia encontrado a mulher de minha vida. Seu nome era Lívia e confesso que fiquei perdidamente apaixonado. Até passei a frequentar as reuniões e orações do grupo só para ficar juntinho dela.

Ela percebeu, mas não me dava muita atenção. Tive a impressão de que ela gostava mesmo era de Felipe. "Que diacho", pensei, "será que sempre terei meu irmão atravessando meu caminho?" Eu fazia questão de participar das reuniões e questionar à exaustão, às vezes me tornando até meio antipático, mas queria demonstrar interesse para atrair a atenção de Lívia.

Como percebi que Felipe não demonstrava interesse por Lívia, resolvi pedir ajuda a ele. Queria conquistar o coração da moça e, para isso, Felipe sempre fora prestativo. Quando falei com ele, senti que Felipe ficou feliz.

— Mano, você não imagina como me sinto feliz com o que está me dizendo. Eu não mais serei feliz nesta existência, porque a criatura que era dona de meu coração e de minha vida se foi. Mas você pode ser feliz! Ainda mais com Lívia, que era amicíssima de Lucíola. Deixe comigo, mano, que conduzirei de forma que tudo dê certo. Confie em mim! Será uma união feliz, porque Lívia é uma alma sensível e muito espiritualizada. Quem sabe não lhe desperte o desejo do conhecimento e você acabe acreditando em Deus? Sei que é muita pretensão a minha, mas não perco a esperança.

Fiquei calado, porque não era hora de desencorajar Felipe. Acreditar em Deus? Que Deus era esse que deu vida a pobres, a estropiados, a criaturas horrorosas, e a ricos e privilegiados ao mesmo tempo? Sempre me questionei isso, porque não via lógica em meu raciocínio ao ver pessoas passando por verdadeiras tragédias de sofrimento, mortes estúpidas, crianças morrendo de fome, e outras tantas na miséria, além das guerras sangrentas. Que Deus era esse que permitia que tudo isso acontecesse? Decididamente, para mim tudo era fruto do acaso. O acaso nos leva a caminhos tortuosos em que os mais espertos e os mais fortes sobrevivem. Eu mesmo era um exemplo de tudo isso.

Felipe me dizia que o Espiritismo respondia a todas essas questões de forma racional e lógica, mas eu achava que era muito trabalho ficar estudando essas questões. Para quê? Eu já tinha tudo o que desejava: juventude, beleza, dinheiro e poder. Só me faltava mesmo conquistar Lívia, porque tinha certeza de que ela era a mulher de minha vida. Lívia havia conquistado meu coração, mas daí eu me converter ao Espiritismo, era mais um delírio de meu pobre irmão.

Uma semana, depois Felipe me trouxe notícias animadoras.

— Mano, dei um toque à Lívia, dizendo que você estava muito interessado nela, e ela me disse que também gosta de você, mas acha que você está sempre com a cara amarrada, que não dá um sorriso. Então ela prefere manter distância.

Fica aí a dica, mano, mude seu comportamento, seja mais simpático! As pessoas mudarão a opinião a seu respeito.

— Tem razão, Felipe. Reconheço que meu jeito sério afasta as pessoas. Preciso mudar mesmo meu comportamento, aprender a ser simpático e a sorrir mais.

— Faça isso, Arnaldo, você verá que as pessoas gostam de você. Quem sabe você conquista o coração de Lívia.

Duas semanas se passaram. Tive de viajar neste ínterim a serviço e, quando retornei, fiz questão de participar da reunião. Olhei fixamente para Lívia com um sorriso nos lábios e ela correspondeu. Meu coração quase saiu pela boca de emoção.

Naquelas reuniões — das quais meus pais participavam — formadas, em sua maioria de jovens, estudava-se *O Livro dos Espíritos*, de Allan Kardec. Detinham-se em longas explicações e, confesso, eu não prestava a mínima atenção no que diziam. Meus olhos só tinham um objetivo: o rosto lindo e meigo de Lívia.

Eram mais de seis horas da tarde quando terminou a reunião, e Felipe, em voz alta, me convidou:

— Mano, hoje é o dia em que costumamos sair pelas ruas de São Paulo para levar lanches e roupas aos moradores de rua. Depois de terminada nossa jornada, por volta das onze horas da noite, vamos a uma pizzaria. Não gostaria de ir conosco?

Olhei para Lívia e notei que ela aguardava com certa ansiedade minha resposta. Tudo bem, eu estava disposto a conquistar seu coração, mas daí a sair com aqueles malucos para levar lanches e roupas a mendigos e molambos era uma distância muito grande. Mas era uma grande oportunidade de poder conversar com ela. O que fazer? De repente, uma ideia me veio à mente:

— Amigos, permitam que os chamem de amigos — falei tentando ser simpático —, eu até poderia ir com vocês, embora confesse que não esteja preparado para isso. Por outro lado, viajei a semana toda e estou cansado. Eu gostaria de descansar um pouco e encontrá-los na pizzaria. Tudo bem?

Felipe sorriu e respondeu pelo grupo.

— Lógico, meu irmão, sabemos que você está cansado. Quem sabe em outra oportunidade você possa estar conosco neste trabalho maravilhoso com nossos irmãos menos felizes que moram nas ruas e sob viadutos. Iremos nos encontrar na pizzaria, então. Às onze da noite esteja lá, pois estaremos à sua espera.

Na verdade, eu não precisava descansar coisa nenhuma. Assisti a um programa esportivo na televisão e as notícias do dia e da semana. Quando faltavam quinze minutos para as onze horas, saí direto para a pizzaria. Quando lá cheguei, o grupo já estava a postos. Para minha surpresa, entre Felipe e Lívia havia uma cadeira vazia, e meu irmão sinalizou:

— Reservamos para você este lugar! — disse com um sorriso de cumplicidade.

Sentei-me ao lado de Lívia com o coração aos saltos batendo descompassado de emoção. Ela estava vestida com uma calça jeans bem simples e uma blusa cinza-escura, que contrastava com seu rosto alvo e seus cabelos negros. Pela primeira vez a olhei bem de perto e pude perceber os olhos verdes mais lindos que eu já tinha visto. Ela sorriu-me com simplicidade e fiquei todo atrapalhado. Um rubor subiu pela minha face e o calor tomou conta das maçãs de meu rosto. Senti-me como um menino apanhado fazendo alguma traquinagem inconfessável ou um colegial apaixonado que não sabia o que dizer nem o que fazer com as mãos.

Ela sorriu mais uma vez ao perceber minha timidez e minha confusão.

Nem eu mesmo me reconhecia: quem era eu mesmo diante daquela moça tão linda que havia mexido com meu coração? Um homem sério de negócios, um profissional inteligente, um presidente de um grande conglomerado de empresas? Quem era eu mesmo? Reconheci que, naquele momento, eu não era ninguém. Na verdade, era apenas um menino encantado diante de uma princesa inacessível que de repente estava bem ao meu lado, uma deusa de luz que estava bem ao alcance de um toque de minha mão e não ousava estender minhas mãos.

Quando a felicidade chega

Eu estava tão atrapalhado que não conseguia articular sequer um pensamento para puxar conversa com Lívia. Ela parecia bem descontraída, e o pessoal comentava algumas das experiências daquela noite. Alguém comentou que um mendigo de rua se ajoelhou diante de Lívia e quis beijar suas mãos, dizendo que ela era uma deusa.

Ela riu com um sorriso cristalino, justificando:

— Pobre daquele irmão! Estava tão bêbado que nem conseguia enxergar direito. Não deixei que ele beijasse minha mão, mas dei um abraço nele.

Foi então que eu quebrei o encanto.

— Como foi que você conseguiu dar um abraço em um morador de rua, um bêbado? Não sente repulsa dessas criaturas?

Ela me olhou, não com olhar de reprovação, nem como se estivesse diante de um ser de outro planeta. Acho que ela sentiu pena de minha ignorância, mas foi delicada na resposta:

— Sabe, Arnaldo — posso chamá-lo de Arnaldo simplesmente?

— Por favor, lógico que sim.

— Então, Arnaldo, essas criaturas que seus olhos veem como repugnantes são simplesmente nossos irmãos. São filhos de Deus como nós e merecedores de nossa amizade e compaixão. Não, não sinto repulsa porque já estamos acostumados e realmente nosso sentimento é verdadeiro e genuíno. Às vezes, um abraço carinhoso é muito mais importante que o lanche, o chocolate ou o suco que distribuímos. Não me furto a dar um abraço em uma criatura desvalida, de levantar um caído, de sentar-me ao lado de um molambo de rua. Eles são nossos irmãos.

Interessante. Percebi que Lívia se expressava com simplicidade e sua fala me acalmou. Percebi que seu ideal de vida era ajudar as pessoas necessitadas. Eu tinha de envolver Lívia e conquistar sua simpatia. De repente, nova ideia brotou em minha mente: e se eu fosse um maltrapilho, um molambo, um necessitado não da parte material, mas da parte espiritual? Será que ela me auxiliaria? Eu já sabia como conduzir aquela conversa e conquistar definitivamente o coração de Lívia. Ela simplesmente precisava me ver com outros olhos: os do amor e da piedade. Afinal, eu era um necessitado espiritualmente falando.

— Sabe, Lívia — respondi com a voz pausada, tentando manter o controle da situação —, você já sabe que não creio em Deus nem nos postulados que vocês têm estudado constantemente aos sábados. Apesar de acompanhar as reuniões, tenho dificuldades em entender tudo isso, porque para mim é tudo muita novidade. Tenho de confessar que sinto inveja de vocês, da sensibilidade de alma, de sentimentos, essa capacidade de doação que vocês têm, de sair pelas ruas esquecendo o conforto de seus lares e deixando de lado as diversões próprias da idade de vocês, mas fazer o quê? Eu não sou assim. Ouvindo você falar, na verdade, me sinto e me comparo com esses pobres molambos de rua. A diferença é que minha pobreza é espiritual. Queria tanto ter essa sensibilidade de alma que vocês têm, acreditar no que vocês acreditam, ter essa fé inabalável que vocês têm em Deus, mas repito: sou exatamente como os mendigos que vocês atendem na rua, ou pior ainda, eles acreditam e eu não. Só que estou bem-vestido e tenho posição social, por isso ninguém sentiria pena de uma criatura miserável como eu.

Percebi que havia acertado em cheio no alvo. Os lindos olhos verdes de Lívia se encheram de lágrimas. Ela havia ficado emocionada ao acreditar piamente na sinceridade de minhas palavras.

— Não fale assim, Arnaldo. Posso lhe dizer que, quando o olho, não vejo uma pessoa ruim nem má como você quer aparentar ser. Vejo em você uma pessoa sincera, que reconhece sua incapacidade em acreditar! Você tem nobres sentimentos e é simples de coração. Percebi isso quando você se sentou ao meu lado e estava tímido e sem jeito.

Conversando com Lívia, parecia que estávamos apenas eu e ela, que os demais não estavam no ambiente, e eu só tinha olhos para ela. O resto do mundo não existia para mim naquele momento.

— Você disse toda a verdade, Lívia. Aparento ser uma pessoa dura, severa, mas no fundo sou apenas um menino, um bobão, que não acredita em Deus nem nos espíritos. Acho que sou um caso sem remédio.

— Por favor, não fale assim — disse ela tocando minha mão. — Se você permitir, posso tentar ajudá-lo, mas você terá de colaborar.

Era o que eu mais desejava. Todavia, a paixão que tomava conta de meu coração não poderia turvar minha razão nem me deixar cego como um bobo. Percebi o risco que corria, mas me sentia firme.

— Adoraria que você pudesse ajudar este pobre mendigo de sentimentos e de alma! Quem sabe até chegaria ao ponto de merecer um abraço seu?

Ela riu gostosamente, enchendo meu coração apaixonado de esperança.

— Bobo — disse ela dando um tapinha em minha mão —, só vou lhe dar um abraço quando você fizer por merecê-lo.

O clima estava descontraído e eu me sentia feliz e senhor da situação.

— Quem sabe eu me esforce de tal forma que além do abraço eu também não ganhe um beijo!

Foi a vez de Lívia ficar ruborizada. Naquele instante, senti a mais absoluta certeza de que ela seria minha esposa. Era uma certeza inabalável, uma convicção que eu não sabia explicar, mas era a realidade que eu sentia no fundo de meu coração.

Passamos horas conversando e rindo. Parecíamos dois colegiais conversando amenidades e se divertindo com tudo o que ouvíamos dos demais amigos à mesa. Na verdade, eu me sentia tão feliz que minha vontade era mesmo ficar rindo o tempo todo como um bobão. "O que era aquilo?", perguntei para mim mesmo. Seria o amor que visitava meu coração? "Se for", pensei, "seja bem-vindo, porque estou muito feliz e seria até capaz de dar um abraço em um mendigo no meio da rua".

Quando estávamos indo embora, pedi para que me deixasse levá-la para casa. Ela recusou delicadamente, dizendo que tomaria um táxi. Ela morava em um bairro afastado da região nobre onde eu morava. Talvez estivesse envergonhada, não querendo que eu visse a casa onde residia. Então implorei:

— Por favor, sinto-me tão bem ao seu lado que eu gostaria de ficar pelo menos mais uns minutos. Conceda-me esse privilégio, por favor, vá...

Lívia sorriu, com aquele sorriso mais lindo que eu jamais desejaria apagar de minha memória, e concordou, só que sob condições.

— Que condições? — perguntei.

— Venho de uma família muito simples — alegou. — Você é uma pessoa acostumada à riqueza e ao luxo, não irá gostar do bairro onde moro. Só se prometer de não reparar na simplicidade de minha casa.

Era o que eu queria ouvir. Por ela eu iria até o fim do mundo!

— Lívia, não se preocupe comigo, não. Já lhe disse que sou mesmo meio "botocudo", mas, sinceramente, desejo mudar, olhar o mundo por um prisma diferente. Já lhe disse que até sinto inveja de vocês, pelo desprendimento, pela sensibilidade de alma que vocês têm. Sou mesmo meio bronco, apesar da aparência de refinado. Por favor, quem sabe você poderá me estimular a rever e a mudar meus pensamentos e conceitos.

Foi tiro e queda. Percebi que havia acertado novamente na mosca. Lívia era uma moça admirável e seu desejo era ajudar as pessoas. Eu tinha de parecer diante dela alguém necessitado de ajuda.

— Está bem, Arnaldo, você venceu! Pode me levar, mas, por favor, seja compreensivo.

Aproveitei para deixar o caminho já preparado para uma declaração. Tudo caminhava bem. Quando íamos saindo, Felipe ainda contribuiu para o sucesso de meus objetivos. Aproximou-se do carro, dizendo a Lívia:

— Tenha cuidado com meu irmão caçula! Ele é grandão assim, mas é um bobão quando se trata de assuntos femininos. Sabia que ele nunca teve nenhuma namorada séria antes?

Fiz-me de vítima mais uma vez, com cara de cachorro abandonado e necessitado de que alguém cuidasse de mim:

— Por favor, mano — respondi aparentando timidez —, não precisava dizer a Lívia que sou um bobão em assuntos de namoro. Assim fico sem graça.

Quem ficou sem jeito foi Felipe, mas eu estava feliz. Ele havia contribuído direitinho para o sucesso de minhas pretensões.

— Desculpe, mano, quis apenas brincar para descontrair. Não queria lhe causar nenhum desconforto.

— Não esquenta a cabeça — respondi.

Acelerei o carro e saí. Não faltaria o que conversar com Lívia durante o caminho. Não hesitei, conhecia bem a cidade de São Paulo. Desci a Avenida Vinte Três de Maio e saí na Radial Leste, em direção ao bairro do Tatuapé. Nem conseguia prestar muita atenção ao trajeto. Estava entusiasmado.

— Desculpe meu irmão, Lívia. Felipe é uma pessoa maravilhosa, sempre foi meu ídolo, meu referencial. Só que eu não queria que ele lhe revelasse esta minha particularidade. Na verdade, até hoje nunca tive nenhuma intimidade com mulheres. Não sei se você me entendeu.

Lívia olhou-me com expressão de incredulidade.

— Arnaldo, não posso acreditar no que está me dizendo! Você não existe! Então estamos quites, pois vou também lhe revelar um grande segredo meu: eu também jamais tive qualquer intimidade com homem algum.

Foi minha vez de fazer caras e bocas, e acho que representei bem:

— Também não acredito no que está me dizendo, Lívia! Então posso dizer que somos duas pessoas puras.

Lívia ficou séria e calada por alguns instantes. Resolvi que deveria investir mais no sentimento de castidade e pureza.

— Perdoe-me, Lívia por lhe dizer isso. Sempre me achei um tremendo de um bobão quando o assunto era mulheres e sempre fui muito tímido e desajeitado. E, por outro lado, elas sempre me trataram como um tonto. Às vezes, eu ficava pensando que era um ser de outro planeta e me perguntava: será que existe no mundo outra pessoa tão boba nesses assuntos quanto eu?

Ela continuava calada, apenas abria a boca para me orientar quanto ao trajeto. Fiquei preocupado, pensando com meus botões: "será que falei alguma coisa indevida que estragou tudo?".

— Estacione diante daquela casa com portão azul — orientou ela.

Observei a casa e a rua. Realmente era um bairro simples, bem diferente da região dos Jardins, local onde eu residia e estava acostumado a frequentar. Procurei ficar calado, achando que era a melhor estratégia naquele momento.

Estacionei o carro cuidadosamente e, em seguida, olhei para Lívia. Ela estava chorando.

— Lívia — perguntei querendo demonstrar preocupação —, você está chorando! Perdoe-me se lhe disse alguma coisa indevida.

Então ela enxugou cuidadosamente as lágrimas e me olhou fixamente, com olhar sério.

— Arnaldo, você me surpreendeu esta noite. Eu tinha uma impressão tão diferente e errada de você. Agora vejo que, apesar de fazer pose de durão e dizer que não acredita em Deus, você é uma pessoa sensível, é uma pessoa pura. Eu é que peço perdão por ter feito ideia errônea de você. Perdoe-me, por favor!

Aquelas palavras de Lívia me deixaram eufórico. Nem acreditei nas palavras que havia ouvido de sua boca, que soaram aos meus ouvidos como música! Não resisti e, num impulso, abracei-a e beijei-a longamente. Lívia correspondeu plenamente. Meu coração bateu disparado no peito e me senti a um passo do paraíso. Se o paraíso existisse, naquele momento eu estava entrando pela porta principal.

— Lívia, me perdoe, porque não pude me controlar! Eu amo você desde a primeira vez que a vi! Não sei explicar, porque foi um sentimento muito forte que eu jamais havia sentido antes! Passei a frequentar as reuniões que vocês fazem em casa, e durante a semana sua imagem não saía do meu pensamento. Eu ficava ansioso esperando que chegasse logo o sábado para vê-la novamente. Não sabia o que fazer para lhe dizer isso e, então, Felipe me convidou para irmos ao restaurante. Se isso é amor, quero dizer-lhe que estou amando loucamente! Você acredita em amor à primeira vista? Porque a amei desde a primeira vez que meus olhos se cruzaram com os seus.

Lívia também estava emocionada e, com a voz embargada, me respondeu:

— É uma pena que você não acredita em reencarnação, porque eu tenho a impressão de que já nos conhecemos de outras existências, Arnaldo. Este nosso encontro não é fruto do acaso. Tínhamos um encontro marcado nesta existência.

Abracei-a novamente e tornamos a nos beijar com sofreguidão. Todavia, Lívia tomou as rédeas da situação, me dizendo:

— Tenho de entrar, Arnaldo. Papai e mamãe estão me esperando, e não é prudente ficarmos aqui na rua desse jeito.

— Deixe-me entrar, quero conhecer seus pais.

— Meu Deus, Arnaldo, nós praticamente nos conhecemos hoje, conversamos, nos beijamos e nem sei ainda o que isso significa, e você quer entrar em minha casa para conhecer meus pais? Já lhe disse, somos gente simples, meus pais são pessoas humildes.

Então fiz um drama: implorei que ela me deixasse entrar e, sem jeito, ela concordou:

— Por favor, não repare!

— Já sei, você já me disse e repetiu, sua casa é simples e tudo aqui é simples. Quero lhe dizer que estou gostando da simplicidade.

— O que vamos dizer aos meus pais? Como o apresento?

— À moda antiga, se me permite.

— Como assim?

— Você me apresenta como sendo seu namorado, e eu vou pedir permissão e consentimento desse namoro aos seus pais.

Lívia então voltou ao seu estado normal e deu uma gargalhada gostosa!

— Você é mesmo um bobão! Nem meus pais, que já passam dos cinquenta anos de idade, são dessa época!

Foi minha vez de sorrir e dar uma piscadela, como cumplicidade.

— Quero surpreender seus pais e conquistá-los, mocinha, porque você pode estar me achando um louco, mas desejo me casar contigo o mais rápido possível, entendeu?

— Meu Deus! — exclamou surpresa. — Ainda hoje pela manhã eu não tinha sequer um namorado e agora já estou sendo pedida em casamento! Meu Deus, tudo isso é muito rápido. Eu é que preciso pensar.

— Não pense, não pense! — exclamei poético. — Quando a felicidade chega, abra as portas de seu coração e deixe a alegria entrar!

Beijamo-nos mais uma vez, rapidamente, como se fôssemos um casal de namorados de muitos anos.

Entramos e pude observar uma sala cujo ambiente era bem diverso daqueles a que estava acostumado a frequentar. Todavia, naquela casa havia uma joia rara que eu havia acabado de conquistar, era isso que me importava. Lívia apresentou-me seus pais, que não entendiam o que estava acontecendo:

— Você é o irmão de Felipe? De vez em quando ele vem aqui e nós gostamos muito dele — disse-me sr. Alfredo sorridente.

— Sim, sou eu mesmo, o irmão de Felipe!

Os pais de Lívia haviam sido apanhados de surpresa com minha presença e pareciam estar desconfortáveis, meio envergonhados.

— Que prazer recebê-lo em nossa casa, sr. Arnaldo! Desculpe-nos a simplicidade, mas somos o que somos. Querida — disse dirigindo-se à esposa —, faça um cafezinho para nossa visita! O senhor não quer sentar-se, sr. Arnaldo? — convidou-me oferecendo o sofá onde estava sentado.

Sentei-me ao lado de Lívia e observei que sua mãe estava muito sem graça querendo justificar a roupa que vestia.

— Desculpe-nos, sr. Arnaldo, mas nós não dormimos enquanto Lívia não chega em casa. Então nos enfiamos em qualquer roupa e ficamos aqui na sala assistindo à televisão esperando por ela. Ouvimos o barulho do carro chegando, olhei pela janela e vi que era Lívia, então já me preparava para deitar.

Entendi que o culpado daquele embaraço todo era eu. Os pais de Lívia eram realmente muito simples e estavam vivamente impressionados com minha presença e minha postura, e, cá entre nós, eu sabia me vestir muito bem e isso sempre causava boa impressão nas pessoas. Naquele caso, acho que eu havia exagerado. Resolvi então abreviar o objetivo de minha visita.

— Sr. Alfredo e dona Lúcia, por favor, não precisam se preocupar com cafezinho, pois já estou indo embora. O objetivo de minha visita inesperada à sua casa, sr. Alfredo, é que estou namorando sua filha e queria pedir sua permissão, seu consentimento.

O pai de Lívia abriu a boca, parecendo não acreditar no que ouvia. Dona Lúcia quase desmaiou.

— Meu Deus, o que estou ouvindo? É verdade, Lívia? E desde quando os jovens hoje pedem permissão dos pais para namorar? Ora, sr. Arnaldo, o senhor é uma pessoa de bem, podem namorar à vontade. Mas por que resolveu fazer isso? Confesso que estou surpreso e, já que você pediu autorização, quero lhe dizer que faço muito gosto com este namoro e espero que acabe em casamento!

— Alfredo, o que é isso? — questionou a mãe de Lívia.
— Desse jeito sr. Arnaldo não voltará nunca mais à nossa casa!

Sorri gostosamente, enquanto Lívia me dava um abraço.

— Por favor, sr. Alfredo e dona Lúcia, quero pedir um favor: quero que me chamem simplesmente de Arnaldo, tirem este senhor, porque não combina comigo.

— É verdade, disse dona Lúcia, não combina mesmo, porque o senhor é jovem e muito bonito.

— Mãe, a senhora o chamou de senhor novamente! — observou Lívia.

— Dona Lúcia, não se preocupe com as palavras de sr. Alfredo, porque hoje estou pedindo permissão para nosso namoro, mas quero dizer ainda que minhas intenções são as melhores possíveis. Se Lívia concordar, haveremos de nos casar no máximo em seis meses!

Foi a vez de Lívia se exaltar.

— Arnaldo, pare com isso. Não acha que está indo muito rápido com a carruagem?

Aproveitei a oportunidade para ser espirituoso:

— Não, minha querida, para mim você é uma princesa, digna de um casamento com uma carruagem. É exatamente isso que farei: você estará mais linda que uma princesa e chegará à cerimônia em uma carruagem real.

— Meu Deus, você é mesmo um palhaço! — retrucou ela, dando-me um tapa carinhoso no braço.

— Minha filha, que lindo seria, você de noiva em uma carruagem! Como uma cena de cinema!

— Mamãe, pare de delirar! Começamos a namorar hoje e, pelo que vejo, já estamos casando! Calma, calma!

Eu estava me divertindo com tudo aquilo, mas no fundo mesmo, meu coração pulsava de felicidade. Eu nunca havia experimentado algo tão lindo igual ao que estava sentindo. Meus olhos brilhavam e eu tinha vontade de sorrir, cantar, dançar e gritar ao mundo que eu estava amando e que me casaria com a mulher mais linda que havia encontrado em toda a minha vida! Tudo em minha volta vibrava alegria e felicidade.

Na verdade, eu era insistente em meus objetivos e, quando definia o que desejava, não media esforços para alcançar os resultados pretendidos. Exatamente seis meses depois, Lívia e eu nos casávamos no civil e depois passamos por uma breve cerimônia religiosa em uma chácara especialmente preparada para aquele fim. Fiz questão que Lívia chegasse ao local em uma elegante carruagem, como havia comentado naquela nossa primeira noite.

Em nossa lua de mel, viajamos pela Europa. Sentia-me flutuar de tanta felicidade, meu coração pulsava cantando melodias que pareciam inundar o espaço. Ouvia o doce trinado dos pássaros, o suave sussurrar do vento, o tamborilar da chuva e o cântico das águas dos regatos por onde passávamos de mãos dadas e sorrisos nos lábios. Passeávamos pelos lindos bosques de Viena e tudo conspirava para nossa felicidade, com as valsas de Strauss que embalavam nosso amor.

Depois de um mês repleto de prazer, alegria e felicidade, voltamos ao Brasil. Já tinha em mente: desejava que Lívia ficasse a maior parte do tempo possível comigo. Felipe não mais comparecia à empresa, de forma que tomei a decisão que Lívia ocupasse a vice-presidência.

O Conselho parecia estar a meu favor e, quando submeti a eles minha ideia, a aprovação foi unânime. A princípio Lívia pareceu-me feliz, e fiz questão que ela acompanhasse de perto a área comercial da empresa, mesmo porque eu já acompanhava com rédeas curtas a área financeira, e a comercial havia ficado um tanto quanto distante.

Lívia era extremamente inteligente e rapidamente conseguiu captar a rotina da área comercial, bem como os relatórios. De uma coisa eu não estava gostando: o diretor da área comercial era um profissional dos mais qualificados, chamado Gervásio, mas com quem eu não havia simpatizado desde o início.

Procurei tirar informações mais sigilosas de sua vida privada e fiquei sossegado. Era casado e tinha dois filhos e, segundo as informações, era uma pessoa muito pacata desde a juventude. Aquilo serenou meu coração, mas nunca deixei de acompanhar de perto suas atitudes. Confesso que jamais flagrei qualquer deslize ou algum olhar menos respeitoso em relação a Lívia ou a outra funcionária qualquer. Gervásio era aquele profissional que sabia muito bem se portar com ética e dignidade dentro do trabalho.

Todavia, eu continuava não gostando dele. Depois de algum tempo, comecei achar que era cisma de minha parte, e então relaxei um pouco, entretanto, sem perder de vista meu suposto inimigo. Gervásio era muito bem-apessoado e talvez essa fosse a razão de meu ciúme não justificado, mesmo porque Lívia era sempre um tanto quanto dura e seca no trato com ele. Isso me deixava satisfeito.

Todavia, aquela felicidade parecia estar destinada a não durar para sempre, como era meu desejo. Quando chegava os sábados em que os amigos se reuniam para os estudos espirituais, eu e Lívia participávamos, mas quando o pessoal saía para a rua, para a jornada com os mendigos, ela também ia e eu não tinha coragem de dizer que não queria que isso acontecesse.

Ela me convidava para que eu acompanhasse, mas jamais aceitei. Aquilo para mim era um ultraje. Minha esposa me deixava sozinho para cuidar de pessoas desconhecidas. Para mim era demais.

Aquele fato começou a criar em mim um sentimento antagônico. Até que chegou um momento em que não mais foi possível segurar. Em nossos momentos de intimidade, ela percebeu que eu não estava feliz e perguntou:

— Amor, o que está acontecendo? Você me parece triste e contrariado. Fica calado o tempo todo e quase não sorri. Quer me dizer o que está acontecendo?

Era o momento que eu esperava, então desabafei:

— Sim, querida, estou muito, mas muito chateado mesmo.

— Com o que você está chateado, querido? — disse ela acariciando meus cabelos.

Quase fraquejei. Tinha receio de ferir Lívia em seus sentimentos.

— Vou lhe dizer, mas você tem de prometer que não ficará chateada comigo. Prometa por favor! — insisti.

Ela percebeu que era algo sério. Respirou fundo e respondeu:

— Querido, desde que você saiba como falar e respeitar minha individualidade, ouvirei o que tem a dizer e prometo: não vou ficar chateada com você.

— Está bem: estou chateado porque eu sou seu marido! Quero que você fique comigo em vez de sair pelas ruas para cuidar de molambos. Deixe que os demais membros do grupo façam isso. Por que você tem de fazer isso?

Ela olhou fundo em meus olhos e duas lágrimas rolaram por seu rosto lindo. Quase me senti um monstro, porque na verdade estava tocando em um ponto de sensibilidade de Lívia. Ela enxugou as lágrimas e com a voz embargada, pela emoção, respondeu:

— Foi bom você tocar no assunto. Afinal nos casamos por amor, e não para que o casamento se tornasse uma prisão para nós. Eu o amo Arnaldo e por você me tornei uma profissional nas empresas de sua família, sem nunca anteriormente ter tido desejo de fazer isso. Todavia o fiz, para que você se sentisse feliz, pois poderíamos no dia a dia estar mais perto um do outro, apesar dos compromissos profissionais. Embora queira do fundo de meu coração que você seja feliz e, por conseguinte, nós sejamos felizes, você é meu marido, e não meu dono. Temos de aprender a respeitar as individualidades.

Eu quis interromper, mas Lívia colocou o indicador em meus lábios e pediu que me calasse. Ela ainda não havia concluído e eu deveria ouvi-la. Depois falaria. Então ela prosseguiu:

— Uma das coisas que mais me faz bem na vida e contribui para nossa felicidade é poder ir à casa espírita que eu frequentava regularmente até nosso casamento. Você percebeu que até a isso eu renunciei em nome de nosso amor? Nunca reclamei para você, embora ache que com o tempo haverei de retornar para lá levando você comigo. Essa é minha esperança. Você pode ter todas as razões do mundo, mas não tem o direito de ficar chateado com nada, porque quando você me conheceu, sabia que eu era assim. Você me conheceu assim. Estou tentando me adaptar a esta nova vida porque entendo que cada um tem de aprender a ceder um pouco, e você também tem de aprender a renunciar a certas coisas.

Lívia concluiu suas palavras e chorou. Abracei-a de encontro ao peito e beijei seu rosto molhado de lágrimas. Minha vontade era dizer também que, quando ela me conheceu, eu era um ateu e que continuava ateu. Disso ela também sabia, mas resolvi ficar calado. Aquele primeiro embate Lívia havia vencido e eu tinha de me curvar a ela.

Eu precisava ganhar tempo, fortalecer nossos laços, fazê-la sentir dependência de minha personalidade protetora e, mais tarde, voltar a esse assunto em uma outra circunstância mais favorável.

Meus pais amavam Lívia e cobravam um neto. Felipe era o que mais torcia por nós e, na verdade, parecia até mais feliz que eu mesmo. Mas Lívia era uma pessoa meiga de sentimentos, e quantas vezes a surpreendi amparando Felipe em suas recaídas de sentimento. Felipe soluçava e ela o abraçava, enxugando suas lágrimas. Eu ficava surpreso, porque de Felipe eu não tinha ciúmes, pois eles pareciam dois irmãos em sentimentos.

Três meses transcorreram e eu não voltei ao assunto com Lívia, permitindo que ela saísse com o grupo para as "jornadas dos samaritanos", como eles diziam. Ficava em casa ruminando minhas contrariedades e nunca mais fiz cara feia nem reclamei de qualquer coisa.

Fiz bem porque, mais uma vez, o universo conspirou a meu favor.

Um acontecimento doloroso

É verdade, os ventos estavam favoráveis aos meus planos. Aliás, ultimamente eu não podia reclamar, pois tudo estava conspirando a meu favor. Em uma bela manhã Lívia acordou reclamando de tontura e náuseas. Minha mãe, atenta, não teve dúvidas:

— Você está grávida, minha filha!

Papai ouviu e também comemorou:

— Até que enfim, um netinho para encher esta casa de alegria.

Felipe também não ficou atrás, abraçando Lívia e depois também a mim:

— Parabéns! Tenho certeza de que Lívia está grávida! Parabéns, Arnaldo, você será papai e eu serei titio. É muita felicidade! Parabéns! — dizia ele eufórico.

Havia reuniões naquele dia. Cancelei tudo e fomos ao médico, e então tudo se confirmou: Lívia estava realmente grávida! Confesso que o que senti naquele dia foi diferente do sentimento de amor que sentia por Lívia. Era algo diferente, surreal, que me colocava contra a parede criando tremendos conflitos íntimos: eu seria pai de uma criatura que estava sendo gerada no ventre de minha amada esposa! O que estava sentindo realmente? Amor era o que eu sentia por Lívia, eu tinha certeza! Todavia, aquele novo sentimento de saber que até algum tempo antes aquele ser não existia e depois de alguns meses estaria entre nós um novo ser que seria meu filho era um sentimento inexplicável que me deixava ao mesmo tempo eufórico e confuso. Descontrolei-me por completo e chorei convulsivamente enquanto Lívia, papai, mamãe e Felipe me abraçavam comovidos:

Felipe me dizia:

— Isso mesmo, mano, chore porque este seu sentimento prova que você acredita mais em Deus que nós mesmos.

Consegui finalmente controlar aquele impulso de choro, e, ainda soluçando, abracei e beijei Lívia. Todavia, eu queria dizer que continuava não acreditando em Deus nem em qualquer outra divindade. Tudo aquilo era fruto da genética que se manifesta na natureza, desde os vegetais que geram sementes para perpetuar suas espécies, até os homens. A natureza nos criou assim. Entretanto, achei melhor ficar quieto, pois havia observado que ultimamente, toda vez que eu me calava, ganhava a parada.

E tinha razão mais uma vez. Aquele meu choro descontrolado fez com que todos passassem a me olhar com outros olhos. Até cheguei a ouvir mamãe comentando com papai e Felipe:

— Vocês viram o Arnaldo chorando? Ele quer se fazer de durão e dizer que não acredita em nada, mas no fundo, ele acredita em Deus, sim.

— Concordo com a senhora, mamãe — retrucou Felipe.
— Arnaldo é uma pessoa muito sensível. Lívia comentou comigo que não é a primeira vez que ele chora. Aquele jeito de durão e descrente é só aparência. Precisamos compreendê-lo melhor.

A gravidez de Lívia foi um excelente pretexto para que eu conseguisse, finalmente, impedir suas atividades de rua. E agora de quebra eu havia conseguido adeptos favoráveis ao meu intento: Felipe e os demais companheiros de estudos não só concordavam comigo como também me apoiavam, dizendo:

— Lívia, agora sua responsabilidade é outra: você traz em seu ventre um filho e esta é agora sua prioridade. Quando chegar o momento certo, você volta às atividades.

Ela não teve mais argumentos, acabando por render-se às evidências. Ela ficava em casa comigo e eu a cobria de carinho e beijos. Eu estava muito feliz e observava, às vezes, em seu semblante uma sombra de tristeza que simplesmente ignorava. O importante é que eu havia vencido mais uma vez.

Lívia já havia chegado ao sexto mês de gestação. Procurei poupá-la do trabalho para que ela pudesse ficar bem, mas ela era uma guerreira, batalhadora e não concordava. Toda manhã se levantava, se aprontava e ia comigo para a empresa. Apenas nos dias de pré-natal ela saía mais cedo, mas fora isso, lá estava ela enfrentando o dia a dia em uma grande organização de negócios, com personalidade e inteligência. Confesso que foi a melhor ideia que tive, porque os membros do Conselho adoravam Lívia, paparicavam-na e eu ganhava pontos com isso.

Aquele fim de semana ocorreria algo que sinceramente eu não desejava que tivesse acontecido. Por mais bruto que seja o espírito (e eu me considerava um tanto quanto embrutecido em termos espirituais), existem coisas que nos marcam de forma indelével. Aquele acontecimento, se eu pudesse, digo com sinceridade, se eu pudesse ter evitado, confesso que teria feito de tudo, mas infelizmente vi quão impotente eu era diante de algo que abalou minha vida e minhas convicções.

Felipe era meu irmão querido. Sim, digo que era querido porque eu o sentia assim. Se em quase toda a minha vida eu o via como adversário, agora não era mais. Eu havia conquistado tudo o que mais desejava na vida: poder e amor. Eu era o presidente das organizações empresariais fundadas por papai e me casara com a mulher que amei de verdade desde o primeiro instante em que meus olhos cruzaram com os dela.

O contrário aconteceu com Felipe: perdeu a posição de presidente, e o pior: perdeu de forma trágica a mulher que ele tanto havia amado. Apesar de sua dor e de seu desinteresse pela vida profissional na empresa, vi Felipe se levantar e dedicar sua vida em prol dos menos favorecidos pela vida. Às vezes, em tom de brincadeira, eu dizia que ele deveria ter sido um monge franciscano. E ele ria com minha pilhéria. Seu interesse pelos mendigos e desvalidos da vida era algo genuíno, por isso, apesar de não acreditar em nada, eu o admirava.

A verdade é que agora eu era um homem realizado e Felipe não era mais uma sombra em meu caminho, muito pelo contrário, era ele o ponto de equilíbrio entre meus destemperos e o relacionamento de meu casamento. Sou obrigado a confessar que Felipe torcia por minha felicidade e que tudo fosse bem em meu casamento. Eu via isso em seus olhos. Eu o via abraçado e acariciando o ventre de Lívia e não sentia ciúmes.

Aquilo tudo me pegara de surpresa porque, em minha vida, jamais havia sentido sentimentos tão elevados e sublimes em meu coração. Sentimento de alegria, de felicidade, de gostar de alguém. Tudo isso era conflitante diante de minha descrença.

Era um fim de semana prolongado, pois a segunda-feira seria um feriado. Estávamos pensando em viajar para as praias do litoral norte de São Paulo, onde tínhamos casa, mas um fato mudou tudo.

Um amigo da família havia comprado uma grande fazenda no interior de São Paulo e nos convidou para viajarmos até lá para conhecer a propriedade, que, segundo dizia, era um verdadeiro Éden. Havia matas e muitos animais nativos, além de um rio que cortava a fazenda ostentando uma belíssima cachoeira, onde as pessoas praticavam esportes radicais como *rafting* e tirolesa. A distância era considerável, quase quatrocentos quilômetros, mas o amigo venceu nossa resistência convidando-nos a ir no avião da família. Além de tudo, a fazenda tinha um campo de pouso e meu amigo pilotava um belíssimo King Air, aeronave bimotor turbo-hélice de grande desempenho, desenvolvida para atender empresários de alto poder aquisitivo. Observei quando os olhos de Lívia brilharam e a alegria de Felipe. Não tive dúvidas, aceitamos o convite do amigo e para lá nos dirigimos.

A viagem foi tranquila e, depois de pouco mais de uma hora de voo, pousamos em um campo cujo verde das pastagens e das matas circundava quilômetros e quilômetros. A vista do alto, quando o avião contornou a propriedade para o pouso, nos extasiou.

Aquele fim de semana prometia muita alegria.

Meu amigo havia me dito que os peões costumavam fazer roda de viola e cantarolar em torno de uma fogueira no meio da pastagem, enquanto preparavam um saboroso churrasco no fogo. Seria uma noite memorável.

Assim foi. Descemos do avião, acomodando nossa bagagem no enorme casarão, que, na verdade, mais parecia uma mansão incrustada no meio daquela bucólica paisagem que nos encantava a vista. Lívia estava feliz, e seu sorriso estava estampado em seu belo rosto, enquanto Felipe parecia ter voltado à adolescência. Eu também estava muito feliz, embora não fosse tão expansivo em meus sentimentos como meu irmão.

A noite foi um espetáculo. Violeiros e cantadores, dos bons, fizeram a viola "gemer" (como diziam eles) em suas mãos, e suas vozes afinadas pareciam se perder na distância se incorporando à beleza da natureza e aos mistérios da escuridão que invadia o espaço. Meu amigo Alexandre, que era o dono da propriedade, pediu e os peões improvisaram uma mesa tosca perto da fogueira e vários troncos serrados serviam como cadeiras, enquanto alguns peões demonstravam a destreza também no manejo das facas, nos servindo churrasco, como se estivéssemos na mais requintada churrascaria de São Paulo.

Jamais em minha vida havia participado de algo tão simples e, ao mesmo tempo, tão requintado pela singeleza de tudo ao nosso redor. A caboclada simples não se intimidava, fazendo emboladas e desafios engraçados na cantoria que invadia a noite adentro, enquanto nós nos divertíamos naquele espetáculo tão pitoresco. O calor era intenso, mas uma brisa suave começou a soprar amenizando a temperatura, ao mesmo tempo em que nuvens começaram a se formar no horizonte e raios riscavam o céu em *flashes* que iluminavam o espaço.

Já passava das onze horas da noite, quando Alexandre dispensou os caboclos e fomos para casa. Em pouco tempo, desabou forte temporal. Choveu a noite inteira embalando meu sono. Fazia muito tempo que eu não me sentia tão bem. Dormi abraçado com Lívia, ouvindo o doce tamborilar da água lá fora e o barulho dos sapos em sua cantiga de alegria, talvez pela chuva que caía.

No dia seguinte, acordamos entusiasmados, porque a chuva havia se dissipado, embora ainda houvesse muitas nuvens pesadas sobre o céu. Alexandre nos trouxe a notícia:

— Convido vocês para irmos à cachoeira, pois meu capataz informou que está um espetáculo lindíssimo de se apreciar. A enxurrada aumentou muito o volume das águas, e a cachoeira que já é linda por natureza está ainda mais bela. Gostariam de ir?

— Não é perigoso? — perguntou Lívia receosa.

— Não, não há perigo algum. A queda é de mais de cinquenta metros, e o pessoal gosta muito de praticar esportes radicais, mas hoje não é recomendável. Vamos apenas apreciar a distância.

Felipe manifestou preocupação com o estado de Lívia.

— Podemos ir de carro até perto da cachoeira? — indagou. — Minha cunhada não pode fazer longas caminhadas nem esforço desmedido.

Alexandre mais uma vez nos tranquilizou:

— Certamente, meu carro tem tração nas quatro rodas, e a estrada é boa. Chegaremos a uma distância de mais ou menos cem metros. Lívia poderá descer e apreciar a distância. Se vocês quiserem, existe sobre o paredão uma espécie de escada natural com pedras superpostas que servem como degrau. Lá de cima, podemos ver toda a região que se perde na distância. A vista é muito linda e vale a pena o esforço.

Todos concordamos e para lá nos dirigimos. Alexandre determinou que alguns peões fossem conosco para oferecer algum suporte, caso necessário, e assim aconteceu. Quando chegamos perto, a visão da cachoeira nos encantou a vista: encravada no meio de um enorme paredão de pedra descia grande quantidade de água barrenta da chuva que emprestava um colorido belo e assustador ao mesmo tempo. Podia se ouvir a distância o barulho das águas despencando de grande altura.

Senti uma energia diferente me arrebatar e meu desejo era subir aquele paredão para de lá do alto apreciar aquele espetáculo que a natureza nos oferecia. Felipe também parecia contagiado pela mesma energia, enquanto Alexandre sorria diante de nosso entusiasmo.

— Vamos, rapazes — convidou-nos —, eu subo com vocês. Apenas precisamos ter cuidado e não nos aproximarmos muito, porque com a enchente, as águas estão revoltas e a cachoeira é muito perigosa.

Lívia olhou-nos apreensiva:

— Querido, cuidado, por favor!

Em seguida fez um pedido:

— Felipe, cuide de seu irmão para que não se aproxime muito das águas.

Subimos. Confesso que eu estava fora de forma, e as pedras, embora superpostas de forma caprichosa permitindo uma boa escalada, estavam escorregadias. Mas Alexandre, mais experiente, subiu na frente com uma corda em que eu e Felipe estávamos amarrados à cintura como medida de segurança.

Quando alcançamos o topo, nos desvencilhamos da corda. Fiquei em pé e descortinei o horizonte que se perdia de vista em uma visão inesquecível. O vento soprava forte e abri os braços, tendo a impressão de que estava voando. Gritei com toda a força dos pulmões, como um menino feliz que ganhou um brinquedo novo. O eco da minha voz sumia na distância.

Felipe não estava menos feliz!

— Meu Deus, e existem pessoas que não acreditam na existência de Deus, Alexandre — disse brincando comigo.

As águas desciam em uma velocidade estonteante e o barulho que produziam era algo simplesmente admirável e inesquecível. O rio não era muito largo, mas Alexandre nos advertiu:

Não se enganem com as aparências, porque o grande risco deste rio é a correnteza. A topografia deste local especificamente é de queda acentuada e as águas descem entre as pedras com grande velocidade. Se alguém escorregar e cair, é morte certa, porque não sobreviverá à queda da cachoeira. Lá embaixo forma-se uma grande lagoa, mas recheadas de pedras traiçoeiras e pontiagudas.

Entretanto, aquele espetáculo me hipnotizava. As águas pareciam cantar na turbulência dos vórtices que criavam no atrito da correnteza com as pedras. De repente, senti como que fora de meu controle. Era como se uma força estranha tomasse conta de mim fazendo com que eu caminhasse na direção das águas revoltas do rio.

Parecia ouvir uma voz que me comandava dizendo:

— Vem! Vem! Não tenha medo! Vem!!!!

Quando dei por mim, estava à beira do rio e minha vista escureceu. Ouvi o grito de Felipe!

— Arnaldo! Arnaldo! Pelo amor de Deus! Cuidado!

Meus pés escorregaram no limo das pedras, senti que uma mão me segurava enquanto eu batia com a cabeça em algo duro, e tudo se apagou em minha consciência.

Quanto tempo fiquei desacordado? Não sei, porque havia perdido completamente a noção do tempo. Quando voltei à consciência ouvi apenas o choro inconsolável de Lívia, que me acariciava, enquanto um médico me assistia. Eu estava com uma faixa na cabeça, que doía horrivelmente.

Estava deitado no leito da casa de Alexandre. Imediatamente me veio à lembrança os últimos momentos que antecederam minha queda. O que havia acontecido? Quem havia me salvado?

Verifiquei que as pessoas estavam consternadas, enquanto Lívia dizia:

— Graças a Deus, pelo menos você está aqui conosco, Arnaldo.

Senti um frio percorrer minha espinha. Sabe aquela sensação de que você já viveu aquela mesma situação anteriormente? Dizem que é o chamado *déjà vu*, isto é, uma experiência vivida anteriormente da qual você se lembra ao passar pela mesma situação novamente. Aquilo era muito real!

— E Felipe? — perguntei. — Onde está Felipe?

Não estavam querendo me dizer o que havia acontecido com Felipe, talvez para me poupar. Mas insisti tanto, porque não tinha dúvidas de que havia acontecido a mesma coisa que ocorrera naquele sonho maluco que eu tivera.

— Quero saber de Felipe — gritei em prantos.

Senti meu corpo sacudir em soluços que eu não conseguia conter, e as lágrimas brotavam de meus olhos porque eu já sabia o que havia acontecido com Felipe.

— Meu irmão morreu para me salvar novamente, não foi? — perguntei desesperado.

Lívia também aos prantos me abraçou e juntos choramos muito. Minhas lágrimas se misturavam com as suas na dor sincera que nos envolvia naquele instante, porque eu sabia que, mais uma vez, Felipe havia oferecido sua vida para salvar a minha.

Ninguém disse nada, respeitando nossa dor e, quando eu estava mais calmo, Alexandre esclareceu:

— Sim, Arnaldo, Felipe se foi. Estávamos admirando a paisagem e, quando demos conta, você caminhava como um autômato em direção ao rio. Parecia que você estava hipnotizado, porque gritamos várias vezes e a impressão que tínhamos era de que você não nos ouvia.

"Felipe correu em sua direção e, quando você escorregou, ele conseguiu segurar seu braço, mas perdeu o equilíbrio e caiu também. Todavia, se apoiou precariamente em uma pequena saliência de uma pedra enquanto eu resgatava você. Felipe tentou sair, mas escorregou novamente e caiu no rio. Ainda tentei jogar a corda, mas não foi possível alcançá-lo porque a força das águas o envolveram rapidamente, e vi quando despencou pela cachoeira.

"Gritei desesperado por socorro. Corajosamente, os peões mergulharam nas águas turbulentas e, com muito esforço conseguiram resgatar Felipe, mas era tarde demais. Felipe estava morto, em virtude de várias fraturas, principalmente na região da cabeça por ter se chocado violentamente contra as pedras da cachoeira."

Solucei desconsolado, arrasado por um sentimento profundo de culpa que tomava conta de meu ser. Na verdade, eu sentia que o único culpado pela morte de Felipe era eu.

Havíamos partido para uma viagem de fim de semana prolongado que prometia muitas alegrias e voltamos envoltos em uma tristeza profunda, com o corpo de meu irmão querido, para sepultá-lo em São Paulo.

O enterro de meu irmão foi de uma tristeza profunda, tendo marcado minha vida para sempre. Felipe era muito querido, eu não podia negar: o pessoal da empresa compareceu em peso ao funeral. Clientes, fornecedores, prestadores de serviço da companhia também lá se encontravam. Alguns deles referiam-se a Felipe de forma reverente, ressaltavam suas qualidades. O dirigente do centro espírita — acompanhado dos trabalhadores e frequentadores da casa — proferiu sentida e fervorosa prece, emocionando a todos. Não houve quem não chorasse e lamentasse a perda tão prematura de uma pessoa maravilhosa que era Felipe.

Fiquei admirado com a atitude de papai. Enquanto mamãe se desfazia em lágrimas, papai ficou o tempo todo ao lado do caixão observando e acariciando o rosto de Felipe. Seus olhos estavam inundados de lágrimas, que teimavam em não cair. Ele lá permaneceu o tempo todo pensativo e com a fisionomia que traduzia a tremenda dor que havia em seu peito. Mas não proferiu uma palavra sequer de revolta ou lamento.

Aquilo tudo contribuiu para meu isolamento, porque no fundo de minha consciência, eu me sentia culpado por tudo o que havia feito contra Felipe para alcançar meus objetivos pessoais, enquanto meu irmão havia doado a vida inteira a meu favor.

Os dias se passaram e me tornei um tanto quanto introspectivo e casmurro. O nascimento de minha filha veio para amenizar meu estado de espírito, mas o peso da consciência me corroía por dentro.

Eu era um admirador da história egípcia e admirava a figura de Cleópatra, por sua determinação, sua vontade de vencer de forma que, por minha insistência, batizamos nossa filha de Cleo. Lívia se afastou temporariamente da empresa e sua ausência contribuiu ainda mais para que eu me tornasse uma pessoa amarga e difícil no trato com os funcionários da empresa.

Os únicos com quem eu tinha mais afinidade eram Carlos, o diretor financeiro, e meu amigo Salviano, que se revelara um grande parceiro. Tanto Carlos como Salviano pareciam me compreender e me davam a maior força.

Depois do expediente, saíamos juntos para algumas casas de diversão adulta, onde havia muitas mulheres lindas que satisfaziam minhas vontades ocultas, sem questionamentos ou perguntas. Chegava a casa e Lívia sequer me questionava por onde eu havia estado até aquelas horas, e eu achava melhor assim.

Papai começou a dar as caras no escritório de vez em quando, e aquilo começou a incomodar. Percebi que ele conversava com todo mundo, e só no fim da visita passava em minha sala para me cumprimentar e ia embora.

Apesar de tudo, eu sentia a falta de Lívia no escritório. Sua presença era importante para mim, pois representava meu ponto de equilíbrio, embora seu retorno pudesse atrapalhar minhas escapadas após o expediente. Todavia, para tudo havia uma saída: pedi que ela voltasse para trabalhar meio expediente, retornando na parte da tarde para dar atenção à nossa filha, porque, afinal, o bem-estar de nossa filha era muito importante.

Assim aconteceu. Entretanto, houve um acontecimento que me desagradou profundamente. Seria algo que marcaria definitivamente nosso relacionamento e mudaria completamente o rumo de minha vida.

Despertando para a luz

Infelizmente o que aconteceu era o que eu mais temia. Havia sido acordado entre os conselheiros que aquele episódio da conta no exterior em nome de Felipe deveria ficar no esquecimento e sepultado entre as quatro paredes da sala de reunião daquele dia.

Todavia, apesar dos documentos que eu havia apresentado contra Felipe, sr. Apolônio não ficara convencido da veracidade dos fatos. Ele não gostava de mim e certamente desconfiou de que tudo aquilo havia sido fruto de uma trama muito bem urdida por mim para ocupar o posto de presidente do grupo.

A morte de meu irmão havia abalado profundamente a todos, particularmente sr. Apolônio, que um dia resolveu mostrar os documentos a Lívia e transmitir a ela suas desconfianças.

Ele deve ter sido muito convincente, pois Lívia acreditou piamente em suas palavras e, quando veio até minha sala para conversar comigo, sua fisionomia estava transtornada:

— Arnaldo, tomei conhecimento de um fato extremamente grave que aconteceu há algum tempo e que me deixou muito perturbada e aborrecida.

— O que foi, amor? — tentei amenizar o clima.

— Por favor, não me toque e não me chame de meu amor até esclarecer tudo o que quero saber.

Percebi que a situação era muito grave. Jamais tinha visto Lívia daquele jeito.

— Então me diga o que deseja saber e eu procurarei esclarecer.

— Sr. Apolônio mostrou-me cópia de documentos comprometedores contra Felipe e manifestou sua desconfiança. Ele tem certeza, embora não possa provar, que tudo não passou de uma terrível armação contra seu irmão feita por você, porque seu objetivo era destituir Felipe da presidência das empresas em seu favor.

Confesso que fiquei lívido. Minha respiração ficou ofegante, minhas vistas escureceram, senti tontura, tudo pareceu rodar à minha volta. Tive de me apoiar na mesa para não cair. Eu não estava preparado para ouvir aquela acusação, principalmente naquele momento em que sentia dor na consciência por tudo o que havia feito contra meu irmão. Eu acusei o golpe, e Lívia percebeu. Ela havia me apanhado em meu ponto fraco e, diante dela, eu não poderia negar aquele fato que me torturava dia e noite. Na verdade, eu queria esquecer tudo aquilo, mas não conseguia.

Sentei-me na cadeira e desabei em choro compulsivo. Não, não conseguiria negar diante de minha adorada esposa aquele episódio, mas teria de fazer de uma forma que ela se apiedasse de minha deslealdade. Eu estava realmente arrependido, mas teria de potencializar minha dor naquele momento, caso contrário, estaria colocando meu casamento em risco. Mesmo na dor, teria de ser racional e minhas atitudes teriam de ser cuidadosamente calculadas. Negar o fato era uma grande bobagem; a melhor forma era confessar, abrir meu coração e pedir sua clemência.

Ela deu o tempo necessário para que eu pudesse me recompor e, quando me senti melhor, ainda com os olhos em lágrimas, disse:

— Lívia, confesso minha culpa. Não negarei nada para você porque sinto o remorso corroer minha consciência. Dia e noite passo por este tormento irreparável, considero-me por essa atitude o pior dos seres humanos, sinto-me o mais maltrapilho dos maltrapilhos porque pequei contra meu irmão.

Percebi que ela se surpreendeu com minha confissão. Ficou calada e pacientemente me disse:

— Prossiga, estou ouvindo.

— Obrigado por me ouvir, porque preciso fazer esta confissão. Você é uma pessoa pura e sinto necessidade de colocar isso para fora, porque me faz muito mal.

Contei então a ela toda a história, excluindo alguns detalhes que não eram convenientes. No fim, externei meu sincero arrependimento chorando, me esvaindo em lágrimas e soluços. Eu sentia que chorar me fazia bem e tinha a impressão de que aquela era uma boa estratégia. Lívia tinha de sentir que eu era uma pessoa arrependida e necessitada de seu apoio e carinho.

Concluído meu relato, abaixei a cabeça e solucei à vontade. Queria que ela percebesse que eu não tinha coragem de sustentar seu olhar e acertei em cheio, porque senti suas mãos afagando meus cabelos.

— Arnaldo, o que você fez é algo abominável e irreparável porque seu irmão não está mais aqui, e a honra de Felipe ficou manchada diante dos conselheiros que acreditaram em uma história tão vil, urdida pelo próprio irmão. Confesso que tenho pena de você, muita pena! Mas não irei condená-lo, embora tudo isso para mim é de difícil aceitação. Na verdade, o que sinto por você é uma profunda piedade. Você tinha tudo para ser um homem feliz, mas é um infeliz! Felipe sempre o amou e sempre desejou o melhor para você. Certamente, seu coração generoso e bondoso encontrará motivos para perdoá-lo, coisa que eu ainda não consigo.

Parecia que eu ia me esvair em lágrimas. O tom da voz de Lívia era algo que jamais havia imaginado ouvir antes. Eu preferia que ela desabafasse me acusando, mas, em vez disso, sua voz era calma. Eu percebia que, exatamente por seu senso de equilíbrio ao me julgar, fazia-me crer que, embora aquele assunto ficasse apenas entre nós, nossa vida jamais seria como antes. Jamais!

Acertei em cheio.

Lívia afastou-se por completo das atividades da empresa e, quando questionada por papai, disse que a tarefa de mãe era mais importante naquele momento. Cleo precisava mais dela que a empresa. Ninguém mais a questionou. Dormíamos no mesmo quarto, mas em camas separadas, éramos quase dois estranhos no mesmo ambiente. Vivíamos uma farsa, um teatro, porque nunca mais tivemos nenhuma intimidade. Com os familiares e amigos éramos ainda um casal apaixonado, mas quando estávamos a sós, ela sabia manter a distância, e eu preferi dar tempo ao tempo. Aquilo haveria de passar. Era melhor ser paciente, e paciência, eu sempre tive de sobra.

Por outro lado, as coisas se tornaram cada vez mais difíceis, mas eu sabia como resolver com mão de ferro os problemas que surgiam. Para isso, eu tinha um aliado: era Carlos, o diretor financeiro apresentado por Salviano.

Eu admirava a esperteza e a rapidez de raciocínio de Carlos, e toda vez que tinha de escamotear algum relatório para o Conselho, o diretor financeiro era meu cúmplice. Mas eu estava de olho, porque percebi que aquele rapaz era esperto demais para o meu gosto. Acabei desconfiando de alguns números, mas com a ausência de Lívia, encontrava-me assoberbado em compromissos, de forma que a única solução era delegar autonomia ao meu diretor financeiro.

Aquilo não era bom, eu sabia. Um dia de manhã, quando cheguei ao escritório, sr. Edmundo estava me esperando à porta.

— Sr. Edmundo, o que deseja?

— Preciso falar com o senhor. É urgente!

— Seu diretor sabe que está aqui? Ele tem conhecimento?

— Não e nem pode ter porque é exatamente dele que desejo falar.

Fiquei pensando: "o que aquele palerma do Edmundo teria para me dizer?". Resolvi dar uma oportunidade ao contador.

— Entre, Edmundo, vejamos o que tem a me dizer.

Entramos e nos acomodamos. Sr. Edmundo começou então a me dizer:

— Sr. Arnaldo, temos nossas diferenças, mas para o bem da organização, tenho de trazer isso ao seu conhecimento.

— Do que se trata, Edmundo? Vamos, seja objetivo, fale logo!

— O senhor deve ter muito cuidado com o sr. Carlos! Ele não é de confiança, sr. Arnaldo.

Edmundo era um dos poucos que não me chamava de doutor! Achava até graça naquilo.

— O que é desta vez? O que tem a dizer sobre Carlos?

— Ele está adulterando os números dos balanços e dos relatórios financeiros, e há indícios de que existe um complô aqui dentro. Acho que estão preparando para dar um grande desfalque na companhia.

Que palhaçada. Não havia nenhuma novidade! Eu já sabia, Carlos estava adulterando os números de acordo com minhas orientações. Aquele paspalho do Edmundo viera me dizer que "achava" que havia indícios de desfalques. Aquilo era hilário. Todavia, eu tinha de agradecer a Edmundo e fazer de conta que averiguaria. Mas o contador representava um perigo, e eu tinha de demiti-lo urgentemente.

— Tudo bem, Edmundo, agradeço sua preocupação e sua informação. Irei averiguar com muito critério.

Antes de sair, olhou-me desconfiado:

— Sr. Arnaldo, terá de ser rápido em sua averiguação. Carlos é muito esperto e está aprontando! Cuidado!

Assim que ele saiu, chamei Carlos.

— Temos de ter cuidado com Edmundo — adverti. — Ele está atento, Carlos. Tome cuidado, porque ele está acompanhando seus passos e me disse que você está preparando um desfalque na companhia.

Carlos também era jogador. Um jogador conhece o outro, e a atitude de Carlos deixou-me com uma pulga atrás da orelha. Primeiro, riu muito; depois ficou sério!

— Esse sujeito é muito inconveniente e um incompetente, dr. Arnaldo! O que ele gosta mesmo é fazer tudo direitinho e pagar impostos à vontade! É isso que ele gosta: ver a empresa pagando vultosas somas de impostos.

— O que vamos fazer? — indaguei querendo ouvir a sugestão de Carlos. Ele não titubeou um segundo, respondendo de imediato:

— Vamos despedi-lo imediatamente! Ele não entende nada e pode nos trazer complicações.

— Concordo contigo. Só que ele tem mais de vinte anos de casa e papai o adora.

— Deixe comigo, eu assumo essa tarefa.

— OK. Faça isso, encontre alguma falha e dê um ponto final na carreira de Edmundo em nossa companhia.

— Hoje mesmo!

Não imaginei que a demissão do sr. Edmundo fosse trazer tantos transtornos. No dia seguinte à sua demissão, papai apareceu na empresa para me questionar:

— Arnaldo, por que você demitiu o sr. Edmundo? Era um homem íntegro, profissional competente e de minha mais absoluta confiança!

Jamais imaginei ser questionado por papai em uma decisão minha. Eu poderia não estar bem, com sérios problemas de relacionamento com Lívia, dor na consciência por tudo o que havia feito contra Felipe, mas não poderia mais fraquejar em nenhuma hipótese.

— Papai, por favor, não venha me questionar por alguma atitude que eu tenha tomado. Se um dia tomar alguma atitude que fizer a empresa perder dinheiro ou comprometer sua reputação, tudo bem. Mas a demissão de um funcionário ultrapassado, incompetente? Ora, faça-me um favor! Esse assunto não desejo discutir!

Papai ficou calado. Olhou-me profundamente com lágrimas nos olhos e respondeu:

— Não reconheço o filho que tenho! Você não tem sensibilidade nem sentimento em seu coração! Por que você ficou assim, meu filho?

— Eu sempre fui assim, papai, o senhor é que nunca teve tempo para me observar direito. Lógico, só tinha olhos para Felipe!

Papai abaixou a cabeça e chorou. Antes de sair, respondeu:

— Que pena que você é assim, meu filho, mas não precisava ser cruel! Seu irmão era uma pessoa muito sensível e amorosa, mas também um profissional competente e ponderado. Você terá de vivenciar ainda muitas encarnações para um dia ser igual a ele.

Saiu cabisbaixo, enxugando as lágrimas para que ninguém visse, e fiquei sozinho com meus pensamentos. Muitas encarnações! Essa era boa, papai também havia se tornado espírita?

Mais um ano se passou. Cleo era a razão de minha vida e, aos poucos, Lívia voltou a dialogar comigo. O assunto de meu irmão nunca mais voltou à pauta de nossas conversas.

Mas a empresa me absorvia completamente, e eu me tornava uma pessoa cada vez mais irritada e autossuficiente. Eu jogava minhas frustrações no trabalho e nas escapadas noturnas na companhia de Carlos.

Comecei a sentir dores no peito e procurei o médico de confiança da família que havia cuidado de papai. Depois da bateria de exames, incluindo eletrocardiograma, o médico deu o diagnóstico:

— Arnaldo, você está com hipertensão, além do colesterol altíssimo, artérias comprometidas, estresse em demasia. Irei adverti-lo: tudo isso são ingredientes comprometedores e você corre risco iminente de um colapso cardíaco. Para piorar seu quadro clínico, você está muito acima de seu peso ideal.

Receitou uma dieta alimentar rigorosíssima, à base de verduras. Bebida e cigarro deveriam ser excluídos de minha vida. Além do mais, eu deveria tirar umas boas férias, pois o nível de estresse estava muito alto.

Tudo aquilo me deixou ainda mais irritado e nervoso! De vez em quando, eu ouvia vozes ou tinha a impressão de que alguém me seguia. Os pesadelos começaram a marcar presença em meu sono. A verdade é que, quando acordava no dia seguinte, a sensação era de cansaço, como se tivesse levado uma surra, em vez de ter descansado.

Eu vivia em meu mundo de tormentos, tinha a impressão de que me perseguiam sem trégua e, no trabalho, confesso, nem estava mais atento aos relatórios de Carlos. Às vezes, ideias suicidas rondavam-me a mente, mas isso eu jamais faria. Então, afastava aqueles pensamentos intrusos, mas a verdade é que eu sentia minha vida rolando ladeira abaixo sem nenhum controle. Não tinha paz no trabalho, nem no trânsito, nem em meu próprio lar.

Estávamos no fim do semestre, e os resultados estavam aquém do esperado. O Conselho começou a me cobrar alternativas para reverter o quadro e voltar a ser superavitário, que, aliás, era a tônica da organização.

Foi quando naquela manhã fatídica Lívia sugeriu que aproveitássemos o feriado prolongado, viajando para uma praia onde tínhamos uma mansão a que raramente íamos. Era a oportunidade de descanso, conforme recomendara o médico.

Fiquei irritado, porque havia pedido ao médico que não comentasse com ninguém sobre minha situação de saúde, e ele confidenciara a Lívia. Aquilo tudo me aborreceu demais e, quando gritei, enlouquecido, nossa filha se assustou. Ainda está fresca a imagem em minha memória de minha esposa em lágrimas abraçando nossa filha, que chorava, dizendo aquelas palavras:

— Nós o amamos, mas você não dá importância a isso! Quer saber, Arnaldo, nem mesmo você consegue se amar! Um dia irá se arrepender de tudo o que está fazendo, e queira Deus que não seja tarde demais!

O que ela quis dizer com isso? Planejava talvez me abandonar? Aquelas palavras ficaram ressoando em minha cabeça, e saí pelo trânsito dirigindo como um tresloucado, brigando e provocando todo mundo, até a entrada no estacionamento do escritório, quando senti forte dor no peito e desmaiei!

Tudo aquilo passou rapidamente por minha cabeça como se fosse um filme. Parecia que eu via na tela os desmandos, erros e tropelias cometidos durante minha existência. Vi quando chegou o resgate, e os paramédicos tentaram inutilmente me reanimar aplicando choque no peito. Fui levado às pressas ao hospital mais próximo, onde o médico, após efetuar os exames necessários, deu a sentença que eu tanto temia:

— Está morto, nada mais poderemos fazer, infelizmente!

— *Meu Deus!* — exclamei perplexo. — *Então é isso! Estou morto! Estou morto!* — gritei apavorado!

Aquela voz que eu já conhecia, calmamente me confortou:

— *A morte não existe, meu irmão! Você simplesmente foi desalojado de seu corpo físico! Você está vivo, apenas em uma dimensão diferente da matéria. Você está no mundo espiritual.*

— *Meu Deus! Meu Deus! Eu não poderia ter morrido daquela maneira!* — exclamei em prantos.

— Que bom que você clamou por Deus, meu irmão, porque consta que você jamais acreditou no Criador!

Chorei intensamente. Percebi que as lágrimas eram minhas, mas fluíam por intermédio dos olhos do médium que me dava a oportunidade da manifestação. Entendi o quanto estava errado recusando-me a acreditar nos fenômenos mediúnicos dos quais eu era, naquele instante, um grande beneficiário. Sentimentos novos, que se confundiam, brotavam de meu peito. Sentia-me envolvido por uma paz que se irradiava daquela criatura que, anonimamente, me acolhia em espírito sem sequer me conhecer. Eu chorava, e ele chorava comigo. Pela primeira vez, expressei, daquela forma, o arrependimento sincero que sentia.

Envolvido fraternalmente por aqueles que me acolhiam, abri meu coração:

— *Eu não mereço o perdão de Deus! Não mereço ser chamado de irmão, porque o irmão que tive era um anjo que sempre me protegeu e eu o traí, apunhalei-o pelas costas! Não tenho coragem de enfrentar minha própria covardia! Tenho vergonha de pedir perdão a Deus, porque não sou digno de Sua misericórdia!*

Pela primeira vez, tive consciência da brutalidade de meus sentimentos, vergonha e pena de mim mesmo. Aquela criatura falava com tanta bondade que fazia com que eu me sentisse o pior dos seres humanos.

Foi quando ouvi alguém dirigir-me calmamente a palavra, procurando me consolar:

— Meu irmão, Deus é a essência do amor e da misericórdia! Ele perdoa sempre! Você é que deve perdoar a si mesmo! Vamos, acredite no que estamos lhe dizendo!

Meu pranto era compulsivo, eram as lágrimas de arrependimento verdadeiro, era um sentimento tão forte que eu jamais havia experimentado antes com tanta intensidade. Mas justamente por isso eu desejava ser punido por minhas atitudes irresponsáveis:

— *Por favor, quero voltar para aquele lugar escuro, porque lá é o lugar de alguém como eu! Não mereço perdão nem misericórdia divina e tenho vergonha de encontrar meu irmão! Não terei coragem de olhar em seus olhos!*

Novamente ouvi a mesma voz consoladora e respeitosa de alguém que ali se encontrava com o firme propósito de me orientar:

— Meu irmão, procure controlar-se. Olhe bem à sua frente! Alguém veio buscá-lo e está lhe dizendo que você já foi perdoado, porque ele o ama muito, assim como Deus o ama demais! Vamos, olhe, não tenha receio, porque apenas aqueles que amam sabem o valor do perdão, e o melhor que você pode fazer neste instante é aceitar o amor de seu irmão!

Senti que era amparado, e alguém fazia uma imposição de mãos sobre minha cabeça. De repente, senti-me reconfortado e olhei para a frente porque uma luz intensa se fazia no ambiente. No centro daquele foco luminoso, uma figura que eu conhecia tanto se formou! Era Felipe que se aproximava! Eu ouvia sua voz, que me dizia com o carinho e a brandura de sempre:

— Venha, meu irmão, para o Reino de Deus! Hoje é um dia de festa no Reino do Pai, porque você é um filho muito querido que se encontrava perdido e foi achado, estava morto e reviveu! Seu arrependimento é sincero, e hoje é o dia que marca sua existência e transforma um descrente em um filho de Deus, porque sua dor é verdadeira, suas lágrimas, sinceras, e seu arrependimento é apenas o primeiro passo para uma nova etapa de oportunidades redentoras que o aguarda sob os auspícios do Criador! Venha comigo!

Senti que Felipe me abraçava e me envolvia em energias incompreensíveis para meu coração. Ainda soluçando, consegui balbuciar:

— Perdoe-me, mano, por todo o mal que pratiquei contra você!

Senti que seu abraço era reconfortante e, antes de adormecer envolvido em suave halo de luz e energia, ainda ouvi suas palavras:

— Você é meu irmão muito amado de muitas existências, e minha tarefa era trazer para a luz seu espírito atormentado de tantas eras! Seja bem-vindo à casa do Pai.

Finalmente adormeci profundamente! Finalmente havia encontrado a paz!

Epílogo

Aquele sono profundo e reparador foi uma experiência diferente de todas as anteriores. Foi um sono sereno, sem as perseguições corriqueiras e sem pesadelos. Uma sensação de bem-estar invadia-me a mente, que foi clareando aos poucos à medida que eu despertava.

Olhei para os lados e vi que pessoas sorridentes me davam boas-vindas.

— Bom dia, irmão, seja bem-vindo ao Lar do Socorro Espiritual Mãe de Jesus!

Aquelas palavras me fizeram recordar a última conversa com Felipe. Eu estava morto, mas entendia, finalmente, que a morte não existia, e me sentia vivo! Sorri diante da aparente contradição. Eu ainda não estava familiarizado com a nova realidade.

— *Obrigado, irmãos, por tanto carinho e dedicação. Não sou merecedor de tudo o que estão fazendo por mim.*

— *Meu nome é Arthur* — identificou-se o enfermeiro —, e *não precisa agradecer, porque nenhum de nós ainda é merecedor dos favores que o Cristo nos faculta! É a misericórdia de Deus que nos assiste, mas todos nós haveremos de nos esforçar muito no trabalho em favor do bem para um dia sermos realmente merecedores da misericórdia divina. Por enquanto, é apenas acréscimo de misericórdia.*

Uma forte emoção invadia meu coração. De repente lembrei-me de minha adorada esposa, de minha filha tão querida, de papai, de mamãe! "Meu Deus", pensei, "quanto mal pratiquei!" Também Gervásio havia sofrido com minhas atitudes injustas! Ao focar meus pensamentos nas tropelias que havia praticado, senti-me mal, faltou-me ar e as vistas escureceram! Imediatamente, ouvi a voz de Arthur, que orientava outros amigos no auxílio a meu favor:

— *Vamos envolvê-lo em fluidos calmantes! Por favor, irmão Arnaldo, pense em Jesus, pense em coisas boas, afaste seus pensamentos do mal praticado, porque isso lhe faz mal!*

Senti que aos poucos me restabelecia, aquela sensação agradável de bem-estar me invadiu novamente, e adormeci mais uma vez. Quando acordei, tive uma surpresa! Felipe estava sorridente ao meu lado.

— *Olá, mano, como está se sentindo?*

Felipe saudou-me como nos velhos tempos, talvez para que eu me sentisse mais à vontade!

— Ah, meu irmão, como estou me sentindo? Finalmente estou me sentindo bem, mas morrendo, se isso for possível, de vergonha e arrependimento por todo o mal que pratiquei.

Ele sorriu mais uma vez com jovialidade, enquanto acariciava meus cabelos. Percebi que não era um simples afago, Felipe transmitia-me energias salutares que me faziam muito bem. Meu coração parecia transbordar de gratidão, de carinho e reconhecimento. Finalmente eu me sentia um ser humano.

— Isso é muito bom, mano, porque o sentimento de vergonha e arrependimento quando verdadeiros são os primeiros passos para a redenção do espírito. Sinto-me feliz por você!

— Todavia, estou muito preocupado, mano — respondi.

— Eu sei, eu sei — tranquilizou-me ele. — Mas você terá de se fortalecer, equilibrar-se espiritualmente para receber notícias daqueles que deixou na Terra, sem perder o controle das emoções. Quando estiver melhor, eu mesmo colocarei você a par de tudo o que aconteceu e está ainda acontecendo no plano material.

Nos dias que se seguiram fui aos poucos me sentindo mais disposto e mais leve. Equipes de dedicados enfermeiros me levavam a passeios pelo jardim que circundava a instituição onde me encontrava. Pessoas simples a quem eu nunca havia dado importância antes se apresentavam cheias de luz, enquanto eu era simplesmente uma figura opaca.

Eu sentia falta da alimentação grosseira, mas a sopa que era servida parecia reconfortar meu estômago. O que mais me torturava era a falta do cigarro e, para isso, esclareceu-me o enfermeiro Arthur, eu estava sendo objeto de um tratamento de desintoxicação perispiritual. Eu não entendia muito bem o que era, mas isso parecia surtir efeito, pois pouco a pouco aquela angústia que sentia pela falta do cigarro foi gradativamente desaparecendo.

Aprendi a ter paciência e a não ficar questionando, pois não entendia absolutamente nada dos tratamentos a que era submetido, como a terapia de exsudação das energias perispirituais deletérias.

Mais tarde, quando já tinha melhores condições de entendimento, esclareceu-me o enfermeiro que, além da dependência físico-química, há outra realidade no plano espiritual de que poucos suspeitam: a dependência química espiritual, porque nosso corpo perispiritual também fica comprometido pela ação das substâncias tóxicas volatizadas, além da dependência mental, que provoca grande angústia também no outro lado da vida.

Por essa razão, Arthur esclareceu-me que o tratamento tinha como objetivo apenas a desintoxicação de meu corpo perispiritual, mas que, mesmo assim, conservaria as marcas das lesões sofridas pela ação dos tóxicos. Esclareceu-me ainda que apenas em uma futura existência terrena eu teria a oportunidade de resgatar no corpo material as consequências desastrosas do vício do fumo e da bebida.

— *Os tratamentos a que são submetidos os dependentes químicos desencarnados são mecanismos da misericórdia divina, que sempre ampara o infrator arrependido, embora isso não vá isentá-lo do devido resgate na matéria em seu devido tempo* — finalizou o enfermeiro Arthur.

Já havia transcorrido mais de três meses de meu resgate e, confesso, sentia-me muitíssimo bem. Aguardava pacientemente que Felipe um dia se dispusesse a conversar comigo. Até que finalmente esse dia chegou. Eu estava me preparando para sair para minha primeira experiência no trabalho de limpeza das unidades de emergência, sob a tutela de Arthur, quando Felipe adentrou o quarto onde eu me encontrava acolhido.

— *Bom dia, mano* — sorriu-me Felipe com sua simpatia habitual. — *Vejo que você está muito bem! Parabéns por sua evolução!*

Agradeci com um sorriso suas palavras. Ia dizer alguma coisa, mas percebi que Felipe estava radiante de felicidade e tinha alguma coisa mais a dizer:

— *Hoje é um dia muito especial: estamos recebendo a visita de uma pessoa muito importante.*

Sorri também. Quem seria a visita tão importante mencionada por Felipe?

— *Não imagina quem seja?* — perguntou-me!

Antes que eu respondesse, voltou-se para a porta e disse:

— *Lucíola, venha até aqui dar um abraço em meu irmão!*

Senti meu coração pulsando forte no peito! Uma forte emoção tomou conta de minha alma quando Lucíola adentrou o recinto envolta em gracioso halo luminoso. Não consegui articular nenhuma palavra diante daquele momento de emoção. Apenas chorei e abaixei a cabeça ao verificar que Lucíola estava simplesmente linda, maravilhosa. Com um sorriso nos lábios e um brilho nos olhos que me invadiam a alma, senti que ela não me julgava nem me condenava! Abraçou-me forte com carinho fraterno, enquanto eu soluçava tal qual uma criança que encontra amparo depois de tanto sofrimento.

— *Chore, irmão, chore porque estas lágrimas redimem os sentimentos que ficaram no passado! Ninguém pode condenar quem quer que seja, porque todos nós também já erramos, e erramos muito! Apenas um na face da Terra teve credenciais e autoridade para julgar e condenar, mas foi justamente Ele, o Divino Amigo, que jamais julgou ou condenou quem quer que fosse! Então chore, deixe as lágrimas fluírem para que você se liberte desse sentimento de angústia que ainda atormenta seu coração e oprime sua consciência.*

Senti que fluidos calmantes penetravam meu peito e acalmavam meu coração. Já reconfortado e equilibrado, consegui em um esforço extremo encarar o olhar de Lucíola.

— *Perdoe-me, Lucíola, por misericórdia, me perdoe!*

Ela simplesmente abraçou-me mais uma vez osculando minha fronte.

— *Nada tenho para perdoar-lhe, mas se isso lhe faz bem, sinta-se perdoado de todo meu coração.*

Felipe sentou-se ao meu lado e também me abraçou. Já recomposto, consegui articular e exteriorizar minhas preocupações. Mas Tanto Felipe quanto Lucíola pareciam já ter conhecimento do que eu ia dizer, então meu irmão me esclareceu:

— *Você está preocupado com Lívia e com sua filha Cleo. Também se angustia com a situação de Gervásio, que foi acusado de fraude, bem como a situação da empresa. É natural que seja assim, porque você deixou muitas pendências para trás, Arnaldo.*

Aquele era um momento solene e eu sentia que deveria ficar calado. Piedosamente, Felipe não fez qualquer referência à armadilha que preparei contra ele para assumir a presidência das empresas. Eu ainda não tinha estrutura para encarar tamanha covardia que havia perpetrado contra meu irmão. Felipe continuou:

— *Serene seu coração, meu irmão, porque aos poucos as coisas estão retornando à normalidade. O sr. Edmundo conseguiu provas suficientes contra Carlos, o diretor financeiro, que, acuado por Lívia e os membros do Conselho, acabou confessando a tramoia toda em troca da delação premiada. O gerente do banco foi denunciado à diretoria, que o demitiu mediante processo criminal grave por usar a instituição para desvio de divisas ao exterior. No processo, em desespero de causa, Salviano confessou todo o plano, incriminando Carlos, que também acabou sendo processado. Todavia, ambos contam na defesa com bons advogados especializados em recursos infindáveis e medidas protelatórias, contando com a morosidade da justiça para se safarem. O tempo será o senhor de todas as coisas.*

Felipe fez breve pausa, enquanto eu pensava em Lívia e em Gervásio, que havia sido acusado injustamente.

— Quanto a Gervásio — prosseguiu Felipe —, *diante da descoberta de toda a tramoia e da confissão de Salviano, foi inocentado e retomou seu posto nas organizações. Felizmente, porque ele é um grande ser humano e um profissional dos mais gabaritados.*

Fez nova pausa e pude observar que a melhor notícia estava por vir. Era o que eu mais aguardava e estava ansioso por ouvir.

— Agora a melhor notícia, mano! *Sua esposa é uma mulher admirável, além de mãe dedicada, tem demonstrado aptidão e muita competência na direção das empresas. Papai retornou à organização na condição de presidente do Conselho e ambos estão fazendo uma administração admirável. Recentemente fiz uma visita à nossa casa e constatei que papai estava muito feliz, brincando com sua filha. Cleo é a alegria da casa!*

— Papai se tornou espírita? — perguntei timidamente.

Felipe sorriu com satisfação ao responder:

— *Não só se tornou como também se transformou em um grande idealista. Estimulado por Lívia e Gervásio, assumiu a presidência de uma instituição voltada ao atendimento a crianças necessitadas e moradores de rua. Nunca vi papai tão feliz ao fazer o bem àquelas criaturas necessitadas.*

Havia ainda uma pergunta a fazer, mas tinha receio de fazê-la. Felipe antecipou minha dúvida:

— *Você está preocupado com Lívia, não é mesmo? Na condição de viúva, ela poderia encontrar outro homem e você morria de ciúmes de Gervásio. Não se preocupe, porque pelo menos por enquanto não está nos planos de Lívia novo relacionamento, além de que Gervásio, de quem você tinha muito ciúme, é bem casado. É um pai de família amoroso e um marido exemplar. Gervásio é uma criatura extraordinária, e tudo o que fez em favor de Lívia, o fez de forma desinteressada. Ele foi de grande valia em momentos de tristeza e agonia que sua esposa atravessou. Sem maiores interesses, mesmo porque ambos frequentavam o mesmo centro espírita.*

Diante das palavras de Felipe, meu coração se aquietou. Mas ainda persistiam algumas dúvidas de difícil entendimento porque me era difícil entender os mecanismos da reencarnação, que eu percebia ser fundamental na filosofia espírita. O que significou aquele pesadelo em que eu e Felipe vivemos em uma fazenda, e que Lucíola, ou melhor, Esmeralda, era uma escrava? Fora realmente lampejos de memória de uma existência passada? Por que eu sempre fora uma pessoa insensível e de coração endurecido, incapaz de manifestar bons sentimentos, enquanto Felipe era bondoso de coração e sentimentos?

Felipe mais uma vez me abraçou e, com um sorriso compreensivo, respondeu:

— *Sim, mano, refere-se a existências passadas. Todavia, você ainda não reúne condições psíquicas e espirituais para ouvir as revelações a respeito. Prepare-se estudando, trabalhe pelo amor do Cristo, aprenda a servir em nome de Deus e, quando você estiver realmente preparado, saberá o que ocorreu em existências passadas e o porquê de sua dificuldade em aceitar o Criador e sua aparente dureza de coração. Você nem sempre foi ateu, mas isso será objeto de esclarecimentos posteriores, no momento certo.*

Eu ainda tinha uma dúvida e queria saber. Por que não tive consciência de minha morte e fiquei perambulando pelas trevas e escuridão? Por que ninguém me via, nem encarnados nem desencarnados?

— *Ah, meu irmão, essa foi uma lição dolorosa de aprendizado que o espírito colhe em seu próprio benefício quando abusa do poder, quando extrapola o egoísmo, quando exorbita de sua posição social. Sempre colhemos o que semeamos, sejam as coisas boas ou o mal que praticamos, sempre! Esta é uma lição que você aprendeu na dor e no sofrimento, porque ainda não havia aprendido a soletrar as palavras do amor verdadeiro. Você viveu a existência inteira preocupado apenas com você. Desprezou as pessoas mais humildes, humilhou os menos favorecidos, pisou nos menos afortunados, ignorou as criaturas que estavam* ao seu redor, exacerbando sua condição privilegiada de mando. Abusou da inteligência e das práticas menos dignas para atender a seus objetivos. Enfim, você vivia em seu mundo particular e todos os demais não existiam para você. Em seu estado de egoísmo e soberba, apenas você era importante, os demais, descartáveis. As pessoas que não lhe interessavam eram simplesmente invisíveis para você. As pessoas "não existiam" e você fazia questão de ignorá-las. Seus pensamentos foram aos poucos cristalizando uma realidade mental de um mundo muito pessoal, que estava latente em sua mente, e, então, como resultado de sua própria semeadura equivocada, descobriu um dia que o invisível era você mesmo. Você não estava consciente de sua desencarnação. No plano onde se encontrava, os espíritos que o cercavam identificavam sua presença. Você é que não os via, tal era o seu descrédito na continuidade da vida depois da morte do corpo físico. As trevas e a escuridão estavam cristalizadas em seu próprio mundo mental, e seus perseguidores se divertiam com sua desventura e agonia. Por isso Jesus nos recomendou que vivêssemos com alegria no coração, sem nos preocuparmos com o amanhã, porque o amanhã a Deus pertence.

— Obrigado, meu irmão, reconheço que eu estava precisando ouvir esses esclarecimentos. De alguma forma, isso me faz sentir melhor para poder analisar meus erros e equívocos cometidos em minha existência. O que será de mim de agora em diante? Terei a oportunidade de reencarnar? Em que condições?

Felipe olhou-me com amor tão profundo e intenso que não era apenas de um irmão, mas de um amigo, um pai, um anjo da guarda. Serenamente me respondeu:

— *Recordemos mais uma vez as palavras do Divino Amigo: Não vos preocupeis com o amanhã. Viva com alegria o dia de hoje, trabalhe com amor, pratique a caridade, cultive a humildade de espírito e aguarde serenamente o amanhã, porque o amanhã a Deus pertence!*[9]

Uma sensação de alegria exultava em meu peito! Era como se tivesse sido liberto de um tremendo peso que oprimia meu coração e, mais uma vez, chorei! Mas desta vez eram lágrimas de alegria e, agradecido, pude dizer, recordando as palavras de Felipe quando fora acolhido na noite de minha libertação:

— *Obrigado, meu Deus! Obrigado por ter-me acolhido em seu regaço de amor! Obrigado por ter me recebido em Sua casa, porque eu era um filho perdido e aqui estou, era morto e revivi em meus sentimentos mais puros e sublimes! Cubra-me com seu manto de amor e misericórdia e calce meus pés com as sandálias da pobreza e humildade! Obrigado, Senhor!*

Juntos mais uma vez nos abraçamos, enquanto eu sentia que uma luz suave vinda do alto nos envolvia. Pela primeira vez, sentia que Deus me amparava, me perdoava e me dava oportunidades redentoras para um filho ingrato e pródigo.

Eu desejava sinceramente ter a oportunidade de reparar o mal praticado, e disto eu tinha certeza: o Senhor haveria de facultar todas as oportunidades necessárias, mas eu estava consciente de que o resgate poderia ser pelo amor ou pela dor! Agora estava consciente de minha responsabilidade! E, sobretudo, confiante na misericórdia divina que não desampara nenhum filho!

---

9. *O Evangelho segundo o Espiritismo*. Allan Kardec. Petit Editora, cap. 25, item 6.

Às vezes, a vida só nos dá uma opção: recomeçar!

Um romance envolvente...

Laura apaixonou-se por Afonso, um jovem atleta. Ela é fiel, não divide seu coração. Ele a ama, mas é volúvel: às escondidas, entrega-se aos vícios, até que uma gravidez os conduz ao casamento. Tempos depois, a obsessão, o perigo invisível, ronda o lar da família. Da forma mais difícil, Laura aprende que sempre é possível amar... e recomeçar!

Best seller da Petit Editora!

Tolstói nos leva para a época da Rússia imperial!

Ela foi desejada, amada e traída...

Na Rússia dos czares, na primavera, um bando de cossacos acampa numa aldeia dos Montes Urais. Ludmila apaixona-se por Yuri, o líder dos guerreiros. Seduzido, ele a sequestra e faz dela sua mulher. Dimitri, inconformado com o rapto, quer resgatar a amada.

Lançamento da Petit Editora!

O sétimo selo já foi quebrado!

Você está preparado para o Apocalipse?

O sétimo selo foi rompido, "os tempos são chegados", alertam os espíritos de luz. Os acontecimentos previstos no Apocalipse de João se desencadeiam. A corrupção, a violência, a perversidade envolvem as nações. Cataclismos se delineiam no horizonte das almas: estamos às portas de grandes transformações. Mundo de sofrimento, a Terra se prepara para se transformar em planeta de regeneração, do qual as trevas serão banidas – a Nova Jerusalém, anunciada por Jesus.

Mais um sucesso da Petit Editora